思想觀念的帶動者

文化現象的觀察者

本土經驗的整理者

生命故事的關懷者

心靈工坊 | PsyGarden |

Holistic

探索身體，追求智性，呼喊靈性
攀向更高遠的意義與價值
是幸福，是恩典，更是內在心靈的基本需求
企求穿越回歸眞我的旅程

這麼想就對了：哲學家教你破除11種負面想法

The New Rational Therapy：
Thinking Your Way to Serenity, Success, and Profound Happiness

作　者—伊利特・科恩（Elliot D. Cohen）
譯　者—蔡淑雯
審閱者—尤淑如

目錄

contents

目錄

contents

目錄

contents

改變？本章討論一廂情願及錯誤的預測等錯誤思考。以培養遠見為處方，一個有遠見的人能夠成功地運用這種能力為生活做決定。

你常常焦慮晚歸的家人是否出了意外嗎？或是一直質疑為什麼找不到真愛？本章藥方是講求以科學思考來面對負面想法。一個講求科學的人會重視真憑實據，而不是被個人的情緒反應，像是恐懼和罪惡感所控制。

各方推薦

從哲人的智慧找到生活的解方

國內學者黎建球對於「哲學諮商」下了一個廣義的定義：「使用哲學語言、智慧、成語、甚至是邏輯來幫助人進行更深刻的思考或省察，而能有效的改善人們的觀點或生活。」學者尤淑如也說：「根據此定義，哲學助人並不一定要用傳統所理解的諮商方式進行，只要能夠自行運用理性閱讀並思考各種和『哲學語言、智慧、成語、甚至邏輯』相關的讀本，就可能得到自我幫助。」

讀者現在閱讀的就是這樣的一本書。本書提到許多哲學家，他們透過理性的思考及生活的智慧，對於存在、道德、知識、美、合理的信念、如何快樂生活等提出獨到的見解，作為給一般人如何生活的指引與參考。在本書中，哲學家們扮演了諮商師的角色，教導人處理情緒與行為的問題。本書從哲學家的眼光指出了導致人有情緒困擾的多種思想謬誤，也提出了針對不同的思想謬誤的多帖哲學解藥，讀者們一定可以在這些哲人的智慧中找到適合自己的情緒解方。

——陳秉華．台灣師範大學心輔系所教授

救救你自己

你能想像嗎？荼毒人生幸福的殺手就是自己！因為你總是喜歡把事情都做得很完美；你喜歡每件事都照著自己的期望而發展；你還常常跟自己過不去，用「我不可能成功」來恐嚇自己……你何時想停止對自己的殘害，就矢志精讀本書吧！

讀這本書時，許多情感會被激發出來：先是訝異，因為發現一些看似司空見慣的想法，其實暗藏著致命的錯誤；然後是欣慰，因為發現有人了解你，並且告訴你可以怎樣超越；最後是慶幸，因為在閱讀本書時，你不但不會感到無助，更會激起許多動力去實踐與練習，讓自己從這些致命的錯誤中，被「解救」出來。

讀完全書之後，你會發現：書中教讀者「如何運用十一個超越方法去克服十一個致命思想」的這些技術，足夠你咀嚼、練習大半輩子，因此你擁有的是一本值得一讀再讀的好書。

——錢玉芬．政治大學心理系助理教授

潛力無窮的哲學諮商

這是一本關於哲學諮商與治療的書。基本的想法是，將歷來卓絕的哲學觀點帶入心理諮商及治療的領域中應用。作者科恩博士認為人生的煩惱苦難，多源自思想觀念的謬誤不明，哲學這個古老專業所累積的資源對此可提供有力的協助，然而近現代的心理諮商與治療專業，除了存在心理治療學派等少數例外，卻將之棄置不用，殊為可惜。哲學諮商致力將哲學思想的內涵透過諮商的形式來助人，此一取向雖仍屬小眾市場，然而除本文作者所代表的美國地區外，在加拿大、德國及以色列等地，均已有哲學諮商師執業，後續發展的潛力可期。台灣本地的哲學諮商學會也已於去年成立，本書除了可為深陷煩惱的現代眾生，提供一帖清涼解藥外，也與本土哲學諮商的專業發展遙相呼應。

——蔡昌雄．南華大學生死學系助理教授

【推薦序一】

新穎的哲學諮商，在心理諮商之外的新選擇

余德慧　慈濟大學宗教與人文研究所　人文臨床與療癒研究室

經過不少哲學家的努力，終於使哲學諮商成了自助助人的新領域。哲學諮商迴異於心理諮商，最關鍵之處則在理路的釐清，尤其是對應事理性的耙梳，有過人之處，尤有甚之，哲學家還與心理諮商在理情分析上一較長短，本書即是一例。

理情治療原本是心理治療界提出的一個方案，試圖減低非理性想法，因為他們認為，許多苦惱常來自非理性的想法，只要讓腦袋更合理一點，人就不會那麼受苦。但自從理情治療的創始者艾理斯博士以來，這方面的進展並沒有很大，大概就停留在艾理斯博士的那幾套非理性想法打轉，但這被哲學家看在眼裡，覺得這本是我們的本行，心理學家有點搶在前面撈過界，所以作者在本書提出的新理性治療，大有後發先到的味道。

哲學家的訓練使他們練就一身論理的功夫，平常人的一句話，在他們的邏輯大腦可是大事。例如，我們可能會評論某人說，「他長得不高」，聽話的人就會想「他可能長得矮」，但哲學家

會立即抓到我們聽話的邏輯錯誤：不高只是反陳述並非矛盾敘述，但「矮」卻是把「不高」轉為矛盾詞，照邏輯來說，不高也可能不矮，就如不瘦並非胖，可能不胖不瘦。

從心理學家的立場來看這本書，我不得不承認，我們的日常思維果然是大有問題，所以難免有煩惱，但是若要像哲學家那樣慎思明辨，生活還是很累。過去我批評心理的理情治療太症狀化，把一些不太理性想法看成症狀的起因，我覺得未必如此，人總是有點理性、有點不理性，不可偏廢，除非我們在某些要命的決定上犯錯，例如，要不要辭職？要不要分手或離婚？這就得慎思明辨了。

雖然我們不像哲學家那麼「愛智」，但這本書還是值得一看，對抽象能力不錯的讀者可以從第九章念起，從九到十一章是以一般的思維陷阱為論點，例如思維常會陷落於自我中心，常會作不當的預測與因果關係，我們都可以從這幾章獲得提廝，雖然不保證不會犯，至少知道自己犯了哪些錯。不過哲學家自己也不免會犯，只是他們對這種明知故犯恐怕更傷心吧。

至於第一章到第八章，基本上是與心理學的理情治療類似，將一些有問題的人生態度作為目標，提供修正的理據。其實，哲學家碰這類心理學家處理的老題材，試圖以哲學家論理的方式來提供另類幫助，恐怕不是那麼容易。一方面理性法則在人性的戰場本來就不敵我們的性情偏向，一方面哲學家的論理方式容易讓我們疲倦，心想：「幹麻把事情想得這麼累人！」更重要的，哲學家的論理與生活並不親近。人類的世界最能說服人的是故事，偏偏哲學家的故事太少，即使有，也大多早已廣為流傳，並不新鮮，心理學家則有源源不斷的個案故事，很能打動人心。

說這些真話倒不是要殺哲學諮商的威風，其實近年來，輔仁大學在黎建球教授的帶領下，讓哲學能走出老路子，心理學界如我輩都樂觀其成，希望能與心理諮商陪伴同行。

哲學諮商其實一直面臨幾條分歧路。第一條路是以哲學家的智慧語絲作為個案的協助箴言，希望以切入關鍵點來解開求助者的煩惱。這條路是哲學諮商最早的企圖，本書撰寫的前八章有這個味道，作者根據每個症頭提出解症藥方，而這些藥方都是西方哲學家的智慧語絲。但這是一條最沒效率的方法，主要用在找不到哲學諮商師的地方，只好以自助的方式作「閱讀治療」。

第二條路是強調哲學面談，以對話的方式逐漸讓求助者去發現自己思考的誤謬，這是相當有效的個案工作，不再以過去哲學家的話來勸人，而是完全融入求助者的思維處境，一步步把求助者帶到明處，讓他突然發現自己怎麼了。這本來就是哲學家老祖宗蘇格拉底有名的啟蒙對話，今日哲學家很容易學會這種對談能力。輔仁大學目前大概朝這方向走。政大哲學家蔡錚雲曾與高雄醫學大學許敏桃教授聯手打造醫院倫理師，可惜後天環境不盡理想，未能竟其功。

第三條路是直接深入臨床處境，與社工、心理諮商師、精神醫師、教師等並肩工作，直接切入受苦處境，如卡奴、雛妓、家庭暴力、過動兒等社會難處，哲學家提供他們最擅長的倫理觀點以及理路判斷，以彌補其他專業的不足，算是團隊工作。日本大阪大學哲學系就走這條路。

曾經被哲學同行視為不務正業的哲學諮商慢慢有了雛形，如果有哲學家能自解疆域，投入苦難的社會救援，幸甚啊！

【推薦序二】

讓生命獲得安頓，哲學諮商拓展哲學助人的使命

黎建球　輔仁大學天主教學術研究院院長

每一個人在其一生中都有或大或小的痛苦，有的痛苦可以藉由時間、空間及關係的改變而減低或消除，但有些痛苦不但不會因時間、空間而改變，甚至更增強，在這個時候只有求助專業，才能緩和生命中的痛苦。在今日，所謂的專業指的是專業醫師（physical doctor），或是精神科醫師或心理師（psychological doctor），但是，經由許多個案的發現，所謂的專業常都傾向於治療（therapy），所謂的治療乃是因病（disease）而起，而所謂的病則是因生理或心理上的不正常所引起的，而關於不正常的定義，則是根據實驗科學或社會法則來決定的，但事實是否真是如此？

人是一個有機體，其構成是以物理化學的反應為其表，心理概念的結構化為其裡，彼此合作、共同體現人的意義與價值。但不幸的，社會日益發展的結果，以社會發展為表的世俗功利主義，成了衡量人生成功與否的標準，凡不能適應的人就成了被淘汰者，結果引起了焦慮，產生了憂鬱。當我們求助時，這個社會能提供什麼有效的助益？除了求助於專業醫師、精神科醫師或心

理師之外，還有其他的管道嗎？而專業醫師、精神科醫師或心理師除了服藥的建議，又有哪些直接的功能呢？在這助人的過程中，大家也似乎忘了希臘哲學家伊比鳩魯所說：「哲學家是靈魂的醫生。」

做為實踐哲學（practice of philosophy）一支的哲學諮商（philosophical counseling），自一九八〇年興起以來，就致力於專業醫師、精神科醫師或心理師之外的另一類助人工作，他們使用哲學的智慧與系統，加上諮商的技巧來建構助人的方法，一九八一年，德國哲學家吉德·艾肯巴哈（Gerd. B Achenbach，1947-）在德國創設了第一個哲學諮商中心，並將哲學諮商發展成為一種運動。從此，「哲學諮商」這個名詞正式在歐洲出現。

對熟悉近代歐洲哲學發展的人來看，哲學諮商的興起，只不過是十九世紀以來，如雨後春筍的眾多哲學學派之一而已，尤其對那些急於回答哲學具有實用的人而言更是如此。但對心理諮商的學者來說，則似乎有些訝異，因為心理學自佛洛伊德〔註一〕創立分析學派以來，一直被視為是

註一　佛洛伊德（Sigmund Freud，1856年5月6日—1939年9月23日），原名Shlomo Sigismund Freud，奧地利精神分析學家，猶太人。精神分析學的創始人，被稱為「維也納第一精神分析學派」，以別於後來由此演變出的第二及第三學派。著作《夢的解析》、《精神分析引論》等。提出「潛意識」、「自我」、「本我」、「超我」、「伊底帕斯情結」、「性衝動」（Libido）等概念，認為人類男性天生具有弒父娶母的欲望和戀母情結（即伊底帕斯情結），女性天生具有弒母嫁父的欲望和戀父情結（又叫厄勒克特拉情結），以及兒童性行為等理論。其成就對哲學、心理學、美學甚至社會學、文學等都有深刻的影響，被世人譽為「精神分析之父」。但他的理論自誕生到如今，卻一直飽受爭議。

哲學與心理學分家的代表，時至今日，哲學又如何可能成為助人的學問？哲學諮商的發展雖然只有短短二十幾年的時間，但就其實質的內容及趨勢來看，「哲學諮商」所探討的內容和方法和哲學的歷史一樣，從未與人類的生活脫節，在人類為滿足心靈需求而轉向哲學探索的開始，「哲學諮商」便已經伴隨著哲學應運而生。

哲學自發生以來，就將其自身視為一種助人的理論，伊比鳩魯說：「對於精神上的疾病，哲學擁有治療的方法；從這個角度來說，哲學是被視為治療精神疾病的良藥，一點都沒錯。」〔註二〕就是指出哲學是一種具有助人及治療功能的學問，自古以來，哲學之所以被重視，正是因為哲學能深透人心，給予人在感性及理性上獲得協調，使生命獲得安頓，這也正是梭羅（Henry David Thoreau，1817-1862）所說：「要作為一位哲學家，不只是應該具備縝密的思想，也不是建立一種學派……而是要能解決某些生命的問題，不只是理論上，而是實際上。」〔註三〕同樣的，就哲學的希臘文〔註四〕而言，就是以智慧來思考及解決人類生命的困境，因此不論從那一種觀點來看，哲學都是一種助人的理論。

目前在美洲的發展，有馬利諾夫（Lou Marinoff）、拉比（Peter B Raabe）及科恩（Elliot D. Cohen）等並駕其驅，各自開展了一片天空，而其中柯恩更是以哲學諮商的專業成為「美國哲學、諮商及心理治療學會」的執行長，他長久以來以從事於專業倫理的運用（Applied and Professional Ethics〔media, law, medicine, mental health〕）、批判性思考（Critical Thinking）、哲學諮商（Philosophical Counseling）及心理哲學（Philosophy of Psychology）為其發展內容，他出版了不少膾炙人口的哲學諮商書籍，其中本書在二〇〇七年出版以來，更是受到不少人的推崇。

本書共分兩大部分，第一部分是「如何培養行為和情緒的美德」，第二部分則是「如何獲得實踐的智慧」，全書共有十二章，作者的哲學方法是在一九八〇年代中期開始成型的。那時他了解到，只要幫助心理學和它的哲學根源重新結合，哲學家可以為心理學帶來革命。在早期，他的同事中只有極少數人想過走上第一線，去幫助同胞對抗各種日常生活問題。柯恩的哲學方法並不是從心理學憑空捏造出來的。這方面的發展，沒人比得上他的恩師艾理斯，他所創立的心理學派稱之為理情行為療法（簡稱**REBT**）〔註五〕。

科恩認為人類最具破壞性的情緒都是從錯誤的推理衍生出來的，這點再明顯不過。憂鬱之所以像片淒涼的帷幕揮之不去，通常都是因為你老是用孤注一擲、非黑即白這類不切實際的方式來看世界；因為單一事件而詛咒全世界；誇大不幸的遭遇，認定自己前途暗淡無光。無力的罪惡感常常讓你感到自責，只因為你認為自己踰越了某種道德規範（但事實卻未必如此），於是便認定自己完全沒有可取之處。讓人精神衰弱的焦慮常常會放大危險，讓你在毫無確切證據支持的情況下，心情一路跌到谷底，被大難即將臨頭的臆測困在絕望之中。怒氣飆高變成暴怒，通常都是因為你苛求難免犯錯的人，在這不完美的世界裡要完美無瑕。〔註六〕

註二　馬瑞諾夫著、吳四明譯，《柏拉圖靈丹》，頁三，方智出版社，2001年初版。

註三　馬瑞諾夫著、吳四明譯，《柏拉圖靈丹》，頁三，方智出版社，2001年初版。

註四　φιλοσοφος就是愛智之學。

註五　本書導論。

註六　本書導論。

本書所列出的幾項核心謬誤，書中有著標準的脈絡，從「謬誤的提出」（例如完美主義、害怕、否定他人），進一步「駁斥這些謬誤」，目標不只是放在克服這些謬誤，更提出了這些「謬誤的解毒劑」，目的就在於並非等到有困難的情況下，才需要藥物或者諮商的醫療效果，而是以化整為零的方式，使人們不會再落入這樣的錯誤之中。這些都是作者先前就曾嘗試的方式；接下來對德行的統整和如何在哲學家的理論尋求一個共同的立場，才是本書所吸引人之處，如同作者在十一個核心謬誤中，將後面三種謬誤（過度簡化事實、忽略可能性、盲從）所需要的三種德行（好的判斷、遠見、審慎而系統化）視作實踐智慧，此部分與亞里斯多德所提出的理智德行相呼應，不但是從生活和倫理層面出發，更探討了智慧、科學、明智等不同，同時從知識和形上層面探討，呼應先前提及哲學的深度，來自對人心靈本源以及與他人、世界的關連。〔註七〕

本書主要的目的是利用哲學來幫助一般人處理他們的行為和情緒問題，以便在日常生活中獲得快樂的生活，希望本書的出版除了有助於個人生活的改善，也希望能有助於理性社會的發展。

註七　陳俊宇，書評：Elliot D. Cohen: *The Rational Therapy: thinking your way to serenity, success, and profound happiness*，《哲學與文化》，428期，p112，2010.01。

【推薦序三】

尋找新人生觀，建立理性的處世哲學

亞伯特・艾理斯博士（Albert Ellis，理情行為療法創立者）

《這樣想就對了：哲學家教你破除11種負面想法》是科恩繼《亞里斯多德會怎麼做？》（*What Would Aristotle Do?*）後又一成功之作。和第一本書一樣，它詳細地說明了你——以及其他所有人——謬誤的想法和思考方式，正是引發所謂的「情緒」障礙的主要原因。此外，更重要的是，他將教你如何矯正這些錯誤的思考、感受和行為。

我在一九五三年末草創理情行為療法（Rational-Emotive Behavior Therapy），並於一九五五年元月開始執業，它是第一個主要的認知行為療法。它假設，正如科恩在本書所言，你因為先天不良加上後天失調，所以很容易自尋煩惱，但你也可以變得積極進取，因為你有能力用更務實的方式去思考、感受和行動，不再自尋煩惱，過快樂的生活。和大多數一九六〇年開始的認知行為療法不同，理情行為療法強調，你是一種會思考的特殊動物，會發展出一些造成你生活失調的基本人生觀——它同時具有強烈的感情及行為成分。此外，你通常不會注意到自己的核心觀點，但一旦留意到它，你便會武斷地認定它們是真的或符合事實。但正如佛陀在兩千五百多年前所說的，事實上它們都是幻覺。

理情行為療法教你如何尋找並發掘出你謬誤的人生觀；在情緒和行為上強而有力地反駁它們，把它們變成有用的新人生觀，或理性的處世哲學。我是如何發展出理情行為療法的？主要是因為我對哲學的關注（不只是心理學而已），並成功地利用它來處理我自己遭遇的實際問題和情緒問題——正如同我在最近出版的新書《理性情緒行為療法——它對我有效，對你亦然》（*Rational Emotive Behavior—It Works For Me, It Can Work For You*）所言。

科恩在書中說得沒錯，你和其他人一樣，都會有一些讓人行為脫軌的謬思或自以為是的想法，包括「苛求完美」、「責怪自己和別人」、「嚴重化」、「我無法忍受」等等。理情行為療法教你如何找出並反駁這些錯誤的態度。

科恩很擅長理情療法，而且曾在紐約的艾理斯理情學院受過數年的專業訓練，所以他認為，一般人的錯誤哲學觀大多都是天生的和社會化過程衍生出來的，尤其是那些一般人為了滿足自己的欲望，而從「應該」、「一定」、「必須」和「苛求」衍生出來的謬思。科恩告訴我們，許多知名的哲學家都能為你的「強迫行為」提供解藥，除此之外，他也加上了一些自己的解藥。

整體而言，這是一本非常淵博的書。要從這麼多優秀的哲學家粹煉出智慧的解藥，只有科恩這種專業的哲學諮商師才有辦法做到。由衷感謝他的多才多藝，同時也很高興他在本書為我們提供了這些非常有用的自助方法。

【作者序】

心理學的革命，心靈的新解藥

說到新理性治療，還真是跟發現新油礦有點像。石油早已存在地底下數百萬年，直到最近才被開採、煉製。歷代哲人傳承下來的偉大智慧並非後起之秀。真正創新的，是以它做為理性心理學的核心要素。這正是我在本書所要嘗試的，而它也預告了一場心理學的革命。

大約半個世紀前，有個深具洞察力的人將古斯多葛學派（the ancient Stoic）的學說發展成一種心理學的理性取向。結果，他所發展出來的這種治療方式徹底地改變了當代心理學的面貌。我所說的這個人就是上個世紀最具影響力的心理學家，同時也是最廣為人知的一種治療法——理情行為療法的創立者，亞伯特·艾理斯。艾理斯雖然挖掘了這無價的寶庫，但裡頭仍有許多知識未被開採。本書將這些古老的智慧進一步加以利用，無疑為理情療法更臻理性的努力寫下嶄新的一頁。

過去的理性心理學著作，大多是幫助人們找出他們非理性的想法，並提供行為技巧讓他們克服這些自我毀滅的傾向。但本書的做法不同，它的焦點是為人們的非理性思考提供哲學的解藥。

對大多數危害人類生活、讓人陷入痛苦深淵的非理性而言，哲學無疑是非常強而有力的指引。但哲學能做的不止如此。它不是只具有療效而已。哲學對人類存在的深入洞察，能夠幫助人們擺脫悲慘的生活，走向幸福圓滿。換言之，它的方法和想法能引導你走出人世間無盡的痛苦掙扎，朝向有見識、有意義、有價值和有目的的生活邁進。

當然，對於這點我有附帶的免責聲明。沒有任何一本自助書籍可以宣稱它能取代專業治療師的協助。同樣的，也沒有任何一種單一的模式能合法地聲稱它的方式對每個人都適用。有些憂鬱症、躁鬱症或其他心理疾患的患者，可能必須同時配合藥物的治療，才能有效地解決問題。

通往幸福的道路不只一條。事實上，哲學的地圖上有許多能夠幫助我們成功進步的好東西。有些解藥可能比較適合你。例如，如果你比較能接受西方的宗教觀點，那麼聖多瑪斯的宗教觀可能就比較符合你的需求；如果你是無神論者或不可知論者，那麼尼采可能比較能夠撫慰你。但你不用擔心，哲學的藥方有很多，基本上，任何一種人類的難題，都有相應的哲學解藥能從各種不同的角度來協助你。我希望你在探尋這些人類史上的真知灼見時，能樂在其中。願它們為你帶來更多的寧靜、成功和幸福圓滿！

致謝

在此謹向我的編輯米勒博士致上最誠摯的謝意，感謝他的鼎力支持和創意直覺；感謝我的同事休斯特博士、史特巴博士和辛奈奇博士，謝謝他們對本書的熱心建議；感謝我的愛妻，同時也是我的工作夥伴，心理健康諮商師葛兒．S．科恩；以及為此書催生的人，亞伯特．艾理斯博士。

【導論】這麼想就對了：哲學家教你破除11種負面想法

憂鬱會將你的生活籠罩在黑暗之中，吞噬你的希望、讓你精神萎靡、破壞你的天賦和創意，讓你陷入一種貧乏的狀態，就像一座森林得了某種罕見的枯枝病一般，逐漸枯萎、凋零。罪惡感會啃噬你的心靈，像烏雲般在你的頭頂盤旋，讓你覺得沒有尊嚴。焦慮會讓你漠視眼前的事，只是想著未來，你的生活變成一條幽暗的隧道，讓你覺得每個生命的轉折都危機四伏。憤怒會不斷膨脹，耗盡你所有的精力，就像龍捲風肆虐過寧靜的城市，所到之處無不造成巨大的破壞。憤怒的颶風過後，你悔恨不已，但是只要時候一到，你又會再度陷入抓狂的狀態。

說你「**無能為力**」——其實你只是「不想做」——這樣只會妨礙你發揮創意的潛能。用刻板印象看事情會破壞你和他人產生共鳴的能力。對社會規範沒有理由的盲目服從，會吞噬掉你的個人特質，直到你連自己都認不出來。被煽動和欺騙所燃起的愛國熱情，會阻撓你捍衛自由和民主的決心。利用威脅和欺騙來達到自己的目的，能撈到的好處肯定比你原本想像的少。只從**自己**的角度看事情，會讓你在自己的主觀世界裡不斷受挫。覺得自己非得凡事往壞處想不可、高估或低估可能性、一廂情願的想法、認為一切都是命中註定的心態，讓你凡事輕言放棄。以上這些很普遍的傾向會把你掏空，讓你死氣沉沉。

容我單刀直入，從頭開始吧！我上面所提到的這些傾向，都是**人類**特有的，**你和我**都沒有例外。「這沒我的事！這是別人的缺點，跟我無關。」說這種話是沒有幫助的。當然，你的問題和弱點可能跟我的不同，而我的肯定也和別人的不一樣！你可能正為生活裡的倒楣事焦頭爛額，而我可能正為慘澹的未來焦慮不安。你的弱點可能正是我的強項，反之亦然！但不管是你還是我，只要是人，都無法避免這些問題。

有許多心理學取向嘗試協助我們有意義地處理情緒和行為問題。例如，有些療法將緊張和破壞性的情緒視為一種身體的異常狀態，必須投藥治療。有些方法則嘗試利用溫馨、關懷、不具批判性的環境，做為正向改變的主要工具。另外一些控制情緒的方法則是要求我們對自己的情緒負責。某些方法則是運用系統分析來處理人際關係的失調。有些則是強調運用自由意志來面對人類的處境。此外，有一些是將焦點放在協助你調整這些自我毀滅的行為，有的則同時企圖改變你的非理性思考。從這些多樣的組合，我們可以看到當代心理治療和諮商的概貌，更不用說還有其他許多嘗試從神學角度提供心靈指引的方法。

心理學的取向實在太多了，可能會讓你眼花撩亂。事實上，所有這些取向的焦點都是透過某些價值來調整並激發情緒成長。但同時，每種方法本身都包含了一種狹窄的哲學觀。例如，有些觀點把人類的本質視為一種生物組合體，所以偏好藥物治療；有些則把主觀實體視為人類的本質，所以「對話」治療就成了上選的治療法。

所有的方法其實都是從一個更廣袤的哲學領域演變而來的。在心理學獨立為一門研究人類心靈的學科之前，心靈的研究最早是隸屬哲學的領域，後來才有心理學的出現。由於心理學是奠基在經驗的研究上，所以它累積了許多有用的應用科學知識。透過嘗試錯誤，臨床醫師和研究人員找出了許多可以幫助人們克服行為和情緒問題的技巧。很可惜的是，當人類心靈的主要研究轉移到實驗室和醫療中心之後，它豐富的哲學遺產有一大部分也被拋諸腦後。

哲學能運用在現實生活中嗎？

從本質上來看，我們日常生活所遭遇的問題有很多其實都是哲學問題。這些問題源自於我們對許多抽象議題缺乏清晰和深入的見解，而抽象議題正是哲學處理的對象。例如，有些問題的根源來自我們對何謂道德本質、何謂善惡的爭執；有些則和人類尊嚴、自主性、自由和民主有關；有些則和知識的本質有關；有些是關於美；有些則是關於事實的本質；另外還有一些則和上帝存在、奇蹟有關；有的則是關於信念的合理性。簡而言之，許多我們強調的或苦惱的事情，其實都是哲學的領域。

誠如亞里斯多德（Aristotle）所言，人是「社會的動物」。我們生活在家庭、城市、州、國家和世界之中。我們無法將個人的心理健康從廣大的社會脈絡中獨立出來。所以，國家只要箝制人民的言論自由和表達意見的權利，人民的幸福就會受到威脅。這正是社會和政治哲學的領域，從這裡所衍生出來的心理問題，同樣也是哲學所必須處理的。

過去二十幾年來，哲學家帶動了一股新興的潮流：即利用哲學來幫助一般人處理他們的行為和情緒問題。這個趨勢同時也獲得了一些心理學家的支持，他們都是運用頂尖專業知識進行研究的人。哲學的系統化研究可以幫助人類獲得更快樂、更充實的生活，這類的說法已經慢慢流傳開來。可惜的是，大多數第一線的治療師，主要仍沿用傳統的心理方法來治療他們的個案。

我的哲學方法是在一九八〇年代中期開始成型的。那時我了解到，只要幫助心理學和它的哲學根源重新結合，哲學家是可以為心理學帶來革命。在早期，我的同事中只有極少數人考慮走上第一線，去幫助我們的同胞對抗各種日常生活問題。當然，我的哲學方法並不是從心理學憑空捏造出來的。這方面的發展，沒人比得上我的恩師艾理斯，他所創立的心理學派稱之為理情行為療法（簡稱REBT）。

然而，在生活出現危機時，向哲學求救有用嗎？哲學，這個長久以來被視為晦澀、深奧的學問，真的能夠撫慰我們的心靈嗎？亞里斯多德、柏拉圖（Plato）、伊比鳩魯（Epicurus）、阿奎納（St. Thomas Aquinas）、史賓諾莎（Spinoza）、康德（Kant）和其他許多哲學家，他們的成就能為飽受情緒煎熬而焦躁不安的心靈帶來平靜嗎？在你人生奮鬥的過程中，它能讓你更謹慎、更成功嗎？它能帶你遠離沮喪、焦慮、罪惡感和憤怒，走向幸福圓滿的生活嗎？

弔詭的是，可能正是因為我們大多數人都忽略了這些偉大心靈所散發出的智慧光芒，我們才會一開始就不斷在非理性的情緒和自我毀滅的行為中受困。本書的使命就是要幫助讀者，也就是你，透過哲學方法和哲學理論的應用，戰勝普遍存在於人類身上最不理性、最違反哲理的破壞力，以獲得幸福圓滿的生活。

人類最具破壞性的情緒都是從**錯誤的推理**衍生出來的，這點再明顯不過。憂鬱之所以像片淒涼的帷幕揮之不去，通常都是因為你老是用孤注一擲、非黑即白這類不切實際的方式來看世界；

因為單一事件而詛咒全世界；誇大不幸的遭遇，認定自己前途暗淡無光。無力的罪惡感常常讓你感到自責，只因為你認為自己踰越了某種道德規範（但事實卻未必如此），於是便認定自己完全沒有可取之處。讓人精神衰弱的焦慮常常會放大危險，讓你在毫無確切證據支持的情況下，心情一路跌到谷底，被大難即將臨頭的臆測困在絕望之中。怒氣飆高變成暴怒，通常都是因為你苛求難免犯錯的人，在這不完美的世界裡要完美無瑕。

從霸凌、欺騙的負面人際關係，到由國家發動的不義之戰，錯誤的推論助長了破壞性和令人遺憾的行為模式。人類史上充斥的痛苦、焦慮和流血事件，都可以直接追溯到錯誤的邏輯。

錯誤的思考摧毀你的生活

古代哲人早就呼籲我們，不要用非理性的思考方式來處理日常事務。古希臘哲學家是最早發現錯誤推論——也就是所謂的謬思——和破壞性的情緒之間有密切關聯的人。事實上，指出這個關聯的人正是亞里斯多德。這位智者如是說：

暴怒、性欲以及其他這類強烈的情緒，實際上會改變我們身體狀況，這是很明顯的，有些人甚至會進入瘋狂狀態……一個人之所以會出現無法自制的行為（如暴怒的情緒），是因為他（在某個意義上）受到一種規則或觀念的影響所造成的。

亞里斯多德在這裡所使用的是一種他稱之為「實踐三段論證」的推論模式。這種推論包含兩個前提和一個結論。（註一）其中一個前提是「規則」，另一個則是「意見」。「規則」包含一個「應當」（ought）、「應該」（should）或「必須」（must），告訴一個人該怎麼做或怎麼想；而「意見」則是某個特定事實的陳述，即匯集在此規則下的**事件報導**。（註二）這種推論方式的特別之處在於，它的結論不只是另一種陳述而已！相反的，它是一個行動或一種情緒的表達。

讓我們用下面這兩項前提來舉例：

情緒規則：如果一個人做了某件令你非常不爽的事，那麼這個人就是一無是處，最好去死。

事件報導：傑克做了我最討厭的事——他對我說謊！

註一 當一個人在做決定時，他會從一組前提來推出結論。這種推理的方式就是我們所謂的**推論**。當你試圖用一個陳述來證明另一個陳述時，你就是在推論。而你用來支持另一個陳述的這一組陳述（也就是我們所說的「理由」），就是你的前提。只要是推論，至少要具備一個前提。你會發現，前提通常都不止一個。你試圖透過前提想要證明的陳述就是所謂的**結論**。所有的推論都會有**一個**結論。如果你的結論不只一個，那麼你的推論一定不只一個。

註二 最常見、最基本實踐三段論證形式如下：

推論規則：如果X發生，那麼你應該（必須、一定）要用Y的方式回應。

事件報導：X發生了。

結論：你用Y的方式回應。

這個論證形式可以和其他層次的推論規則和事件報導結合，形成一個更加複雜的前提之網，而這些前提的規則和報導則又是從其他更普遍的規則和報導衍生出來的。有時，這種錯綜複雜的推論形式常會造成一連串的謬誤。

如果你接受上述這兩個前提，你想會發生什麼事？你猜對了！一般而言，你會「準備好推論出」怒火，甚至暴怒。〔註三〕這種情緒是你推論出來的結論，而且它所產生的**不只**是其他想法，像是「傑克最好去死」，還有你的身體因為生氣所產生的變化，像是腎上腺素快速上升、呼吸急促和心跳加快。〔註四〕

此外，你的外在行為也會隨著認知和內在直覺的改變而產生變化。這是因為規則背後還有其他規則，而這些層層相疊的規則有些會要求你採取**行動**。例如，這些會導致行動的前提背後還有別的規則：

行為規則：如果某人一無是處，那麼就該有人好好教訓他。

事件報導：傑克一無是處。

你會如何教訓傑克，端看你所接受的其他**行為規則**為何。例如，你教訓人的行為規則可能會指示你罵人、威脅人、傷害人，甚至是殺人。你知道士兵是如何學會殺人的嗎？灌輸他們「敵人」不是人，其他的就不用我再多說了。

十一種致命的謬思

我希望你已經開始了解，你的個人幸福以及你與他人的幸福，包括你的重要他人、同事和夥伴，有很大一部分取決於你的情緒和行為背後所預設的**前提**。這也正是哲學對心理學的絕地大反攻。哲學家看事情的方法是**從前提推出結論**。他們會檢視你的前提，看你的推論是否正確。

相反的，傳統的心理學傾向用**因果關係**來看事情。例如，心理治療師可能會告訴你，讓你對傑克發火的原因是**某件事**——例如，他對你說謊——以及你對這件事的想法。就像在某些情況下，火柴點了會著火一樣，許多心理學家也認為，我們可以找出引發人們情緒失控和出現某些破壞行為背後的科學法則。

哲學取向看的不是因果律，它的做法是找出各種破壞性推論的**錯誤前提**，並加以分類。這正是我把我的哲學取向稱之為**以邏輯為基礎的治療法**的原因。它改變了心理學的任務。**以邏輯為基礎的治療法**不再尋找造成自我毀滅的行為和情緒的原因，相反的，它檢視我們推理中的危險前提。〔註五〕

註三　我用「準備推論」而不是「推論」一詞，因為亞里斯多德曾告訴我們，「準備好推論」和「推論」之間可能因為某些事情的發生而阻止了推論的進行。如你所知，阻止你進行推論的方法之一，就是用其他可以改變你的想法、感受或行動的前提來反駁它。

註四　有些心理學理論（如理情行為療法）認為，這類心理上的情緒反應是由信念引發的，而不是從前提透過**邏輯推論**而來的。更精確地說，這些身體的變化是由前提所推論出來的東西造成的。也就是說，從前提A和B，我可能推出C，然後C就會**引發**我身體器官的變化。不過要留意了，如果我們這樣的理解沒錯的話，造成我身體變化的正是我從前提所推出的結論，換言之也就是我的推論所產生的效果。這正是以邏輯為基礎的治療法的主要主張。

註五　由於心理學研究的是決定人類行為的自然律則，所以它把你（和我）都當成一種生物，我們的行為和情緒都是受制於大自然的律則。相反的，以邏輯為基礎的治療法認為人有**自由意志**，因為人可以拒絕接受這種因果關係的宰制。

我以二十多年來的臨床觀察及研究為基礎（註六），找出了十一種毒性最強、最常見的錯誤思想，也就是十一種致命的謬思。這些謬思如果沒有加以抑制，那麼每項謬思都可能危害你和他人的幸福。以下就是我們要打擊的謬思清單：

行為和情緒的謬誤規則：

1. 強求完美：在一個不完美的世界裡強求完美。
2. 嚴重化：把不好推論成**最糟**。
3. 責怪：責怪自己、別人和全世界。
4. 人云亦云：盲目、虛假、反民主、像應聲蟲般的服從。
5. 我做不到：固執、拒絕改變情緒上、行為上或意志上的**無能為力**，影響你的創意潛能。
6. 跟自己過不去：你非得跟自己，以及你的重要他人過不去不可。
7. 操縱：用霸凌、胡說八道、亂扣帽子的方式來達到自己的目的。
8. 世界以我為中心的思考方式：認為自己是現實世界的領袖。

事件報導的謬誤：

9. 過度簡化事實：用刻板的方式看事情，或對他人預下判斷並貼上標籤。
10. 扭曲可能性：對未來所做的歸納和預測，與現實的證據不符。
11. 盲目的預測：以恐懼、罪惡、迷信、幻想、狂熱或其他反科學的東西為基礎，來對世界預做解釋、提出因果判斷和違反事實的宣稱。

上述的每種謬誤，本書都會有單獨的一章加以處理。（註七）前八種謬誤通常會以規則的方式出現在個人情緒的前提裡（即行為和情緒規則的謬誤）。這類規則會推導出破壞性的行為和情緒。例如，強求完美的規則告訴你，這個世界**必須**完美或近乎完美，所以凡是達不到這個標準的絕對無法接受。當你接受了這條規則，你就**對完美上癮**，你渴望完美，一旦得不到滿足，你便會產生「要求性震顫」（demandingness tremens，譯註：參見第一章，頁五九）。在強求完美這種不切實際的毒素作用下，你必然會出現情緒壓力的耗弱症狀，從極度的沮喪到極端的憤怒都有可能。

相反的，清單上的最後三項謬誤：過度簡化事實、扭曲可能性、盲目的預測，通常會出現在符合你情緒規則的事件報導（回報的謬誤）。這些謬誤會對現實作出錯誤和誤導的**描述**。例如，貿然下結論最常見的一個方式，就是宿命地堅信過去曾經出錯的事，未來一定會再度出錯。用這種宿命的觀點來描述事情，通常會導致「預言的自我應驗」。它會讓你完全放棄嘗試，永遠困在相同的負面狀態裡。〔註八〕

註六　在編寫這份清單時，我同時使用了人工智慧軟體，Windows版的Belief-Scan 4.1。我發明的這個程式可以搜尋出一般人在個人評論中出現的謬誤思想。程式會嚴格地向受訪者提出蘇格拉底式的問題，以強化研究結果，這些問題都是為判定受訪者是否犯了該謬誤而精心設計的。然後再將這些常犯的謬誤整理成清單。

註七　清單中所列舉的謬誤，有幾項是**某類**謬誤的代表，它們本身包含了許多不同的謬誤類型。例如，「操縱」就有許多不同的類型，而「扭曲可能性」也有許多不同的形式。

註八　清單中有幾項謬誤是古典理性心理治療所處理的對象，醫學研究史料詳細記載了這些謬誤對人類幸福的危害。例如，理情行為療法強調苛求完美、嚴重化、責怪對人類的危害，而認知行為療法則注重某類事件報導的謬誤。不過清單上有些項目主要是研究非形式邏輯（informal logic）的哲學家所處理的範疇，所以鮮少受到心理學家的關注，例如，人云亦云、跟自己過不去、操縱，以及世界以我為中心的想法。

我曾在別的地方將謬誤定義為「經事實證明，會對個人幸福和人際關係造成危害的思考或推理方式。」這個定義捕捉到了謬誤一開始之所以被稱之為謬誤的實際重大意義。如果不是這類思考方式會妨礙你的個人幸福和人際關係的圓滿，我們又何須對它們如此小心提防？

我可以很有把握地說，我所熟悉的有關人類幸福的哲學理論都會同意，前面這份清單列舉的每項謬誤的確會對人類的幸福造成破壞。如果你同意伊比鳩魯的觀點：幸福就是將你的快樂提高到最大的限度，那麼這些謬誤就很有可能妨礙你達成目標，至少就長遠來看是如此。如果你同意亞里斯多德的看法，認為幸福就是過合乎道德的生活；或者同意沙特（Jean-Paul Sartre）的觀點，認為幸福就是過自主的生活；或者像聖奧古斯丁（St.Augustine）一般，認為幸福就是依照上帝的旨意過生活；或者同意佛陀（Buddha）的觀點，幸福就是戰勝「苦」（註九）；或者你贊同康德的觀點，認為幸福就是遵守「純粹理性」的命令，那麼你就不可能同時又依據這些謬誤的思考方式來生活，因為這樣是不可能獲得幸福的。

你將會發現，這十一項致命的謬誤都有一個共同點，那就是極端的思考方式，如高估、低估、絕對化、刻板印象、過與不及。如同亞里斯多德所強調的，合理解決生活問題的方法，通常都是落在兩個極端之間。例如，事情不一定要完美才有價值。你不須要有十足的把握才能有合理的勝算。你不用凡事擔心，才算盡心盡力地處理你的問題。你不必成為盲從者才算合群。事情並不都是黑白分明的，黑白之間有很多的灰色地帶。事情往不利的方向轉變並不代表它一定會釀成大禍。

「非如此不可」這種錯誤的、不切實際的想法，蒙蔽了問題的理性處理方式。你將會發現，一旦將這些謬思一一剷除——找出它們並加以反駁——你就會發現有各式各樣的哲學智慧任你選用，幫你定義屬於你的幸福，並得到它。

被隱藏的謬誤信念

那麼，你要去哪裡把這些破壞性的東西找出來？

當你在實際做決定時，通常都不會清楚地陳述你所使用的規則。事實上，這些規則通常都不會被明講！相反的，它們都是被**預設的**。這些規則並不是被壓抑、埋藏在潛意識的角落裡。它們也沒有被遺忘。

即使一般人無法陳述讓他們的推論「有效」的條件是什麼，他們其實都有預設的前提。讓我用下面這個不完整的推論當例子：

事件報導：我今天把工作搞砸了。

結論：我真是一無是處。

註九　「苦」（dukka）指的是因為病、老、死所造成的不快樂。參見E. A. Burtt, ed., *The Teachings of the compassionate Buddha* (New York: Penguin Books, 1991), 28.

很明顯的，這個推論預設了一條責怪的規則，它大概是這樣：

規則：如果我把事情搞砸了，我就是一無是處。〔註十〕

如果沒有這條責怪規則，你的結論是無法從前提「推導」出來的。在這個例子裡，哲學家將這條規則稱之為「**隱藏的前提**」，而不是壓抑的信念。

隱藏的前提並非埋藏在你的潛意識裡。它是被接受的，只是沒有被陳述或明講。它**隱含**在你的言語或思想中，即使你在使用它們時，並未明白地對你自己這麼說或告訴自己要這麼想。雖然如此，但若有人這麼問你：「所以，你認為如果你把事情搞砸了，就表示你一無是處。」你一定會同意。

被壓抑的想法最眾所周知的特徵就是，你一旦注意到它，就會想辦法否認它，即使只是提到它，都會讓你覺得不自在。因為被壓抑的想法正是你想對自己隱藏的想法。你把它們埋在潛意識裡；在意識的層面上，你是不願意去承認它的。

相反的，當被**隱藏**的規則浮上枱面時，一般人都會固守己見。事實上，他們通常的反應都是把這些規則當作是「自明的」，根本不需要證明。「那還用說，只有一無是處的人才會把事情搞砸！這還不夠明顯嗎？」明顯的事情反而要特別小心。

這些致命謬思的可怕之處就在這裡。你的推論中已經預設了它們的存在，卻從未想過對它們提出質疑，結果把自己搞得悲慘不堪，但仍搞不清楚是哪裡出了問題。

蘇格拉底的名言：「未經檢視的生活是不值得過的。」這句話很有道理。在我們討論的脈絡裡，它的意思是，除非你對你的前提提出**質疑**、**質疑**、**再質疑**，而不只是預設它們，否則你很可能已經背負了許多破壞性的前提而毫無自覺。舉例來說，你不必預設「凡是把事情搞砸的人，便**自動**歸類成一無是處的人」；相反的，你可以問問自己，你之所以這麼想的理由是什麼。

當你對前提提出質疑，你就有立場可以試著**反駁**它。如果你的前提不合理，你只要仔細想想，一定可以找出有問題的地方。事實上，你將會看到，我所列舉的這些謬誤都是可以加以反駁的。

你是不是覺得，只要部分為真，就全部為真？反駁：如果是這樣，那就表示一個複雜的機器，如果裡頭有簡單的零件，那麼它就是簡單的機器，但這顯然是自相矛盾的。同樣的，凡事要講邏輯：一個人犯錯不等於**全人類**都是壞人。

你是否要求世界（或某一部分）要**十全十美**？反駁：沒有任何證據顯示，我們的世界是一個完美的地方，但證明它是不完美的證據卻是俯拾皆是。你曾經見過完美或近乎完美的人嗎？只有在你夢裡吧。（註十二）

這就是哲學家的思考方式——小心謹慎。如果你總是不加思索地接受事情，那就養成行動前仔細檢視前提的哲學習慣吧！它將是幫助你解決問題的不二法門。

註十　你預設的規則可能比較明確，像是「如果我把重要的事情搞砸了，那麼我就是一無是處。」或是再明確一點，像是「如果我把工作搞砸了，那麼我就是一無是處。」在這個例子裡，你所報導的事件顯然預設了你將工作歸為「重要的事情」。

註十一　這十一項致命的謬思，每一項都有單獨的章節來反駁它。

為十一種致命的謬思尋找解藥

要動手修東西之前，你要先知道哪裡出了問題。對這些前提提出反駁正是要讓你知道哪裡有問題。反駁謬誤的想法是我們修正行為的基礎，因為它對何處需要修正提供了實用的分析。

讓我們再以責怪的規則為例：「如果你把事情搞砸了，那麼你，**你這個人**，就是一無是處。」你剛剛已經看到了我們對這條規則的簡要反駁。但對非理性的反駁是可以從不同的角度切入的。所以，在這反駁的擂台賽中，你可以試著發揮創意。例如，責怪的規則也可以這麼反駁：因為它會把**全人類**都變成一無是處的人，因為我們──就是你我**每個人**，難免會有把事情搞砸的時候。因為這條規則會推出所有人都一無是處的荒謬結論，所以你應該把它給扔了。做了不可取的事不等於你這個人不可取！身為人類，我們都是不完美的。犯錯是人類的特徵，但能從錯誤中學習也是。所以，針對這條責怪的規則，我們的解藥可以這麼調配：

你應該為你所犯的錯負責，並從中學習，擬定新的行動計劃，然後努力達成目標。

這條新規則提供了一個理性的「應該」，來對抗非理性的應該。它是對非理性規則的反駁。你可以選擇責怪自己，讓你覺得更自卑。〔註十二〕但你也可以服用解藥，以**建設性的積極行動**來克服自卑。下面就是謬誤的和正確的推論範例：

謬誤的推論：

責怪自己：如果我把事情搞砸了，我就是一無是處的人。

事件報導：我今天把工作搞砸了——我忘了出席一個重要會議。

正確的推論：

為責怪自己解毒：你應該為你所犯的過錯負責，並從中學習，擬定新的行動計劃，然後努力達成目標。

事件報導：我今天把工作搞砸了：我忘了出席一個很重要的會議。

你會得到什麼樣的結論，端看你回報的事實是歸在責怪自己的規則或它的解毒規則。如果是前者，你會得到瞧不起自己的結論！如果是後者，你可能還是會對自己的行為感到不滿，但卻可以避免自我傷害的情緒。從人類的適應力和幸福的角度來看，這兩種狀態的差異可謂天壤之別。因為一個一無是處的人是不可能擁有美好未來的，所以第一種推論會演變成憂鬱和自我毀滅的停滯狀態。反之，後者因為能讓你改變自己的行為，你便擁有做出建設性改變的機會，並在未來做得更好。

如果我們現在來檢視它更深一層的**哲學**意涵，這帖解藥的效果還可以再進一步強化。例如，人類無法依靠未來，這種看法和哲學裡的存在主義顯然是背道而馳的。根據法國存在主義哲學家沙特的看法，人類自始至終都是有選擇的。人「註定是自由的」。放棄未來的人不願對自己的人生負責，因為他們認為命運早已天註定——他們寧可選擇負面的方式將自己定義成「一場令人失

註十二　我認為，「自卑」是一種強烈憎恨自己的形式。稍後在第三章，我將區分責怪自己和責怪他人。

望的夢境、一個沒有實現的希望、一個落空的期待」。當你責怪自己一無是處時，你已經很清楚的做了一個選擇：不願從過去的錯誤學習，不願努力做得更好。根據沙特的觀點，對你自己隱藏你的自由是一種懦弱的行為！相反的，當你接受自由，就代表你願意對自己的生活負責。

沙特對人類自由和責任的哲學觀在這裡是很有用的，因為它為自我毀滅的規則提供了化瘀解毒的洞察力。你將會看到，先哲的智慧包含了許多化解這十一種致命謬思的強效解藥。

發揮意志力

謬誤規則和矯正對策之間存在一種緊張狀態，我們稱之為「認知失調」。在這種狀態下，你對事件的報導會歸入兩個互相衝突的規則下。(註十三)例如，如果你將上述的報導同時歸入上面這**兩條**規則裡，就會陷入認知失調的狀態中。(註十四)

認知失調是進步的一個重要訊號，因為它代表你已經開始服用解藥對抗謬誤的前提。但要戰勝這種前提還需要再加把勁。知道如何對症下藥並不等於你會採取行動。你可能還必須對抗採取非理性行動的生理欲望。任何曾經忍住伸手再拿一塊巧克力蛋糕（或洋芋片，或任何你愛吃的東西）的人就知道我在說什麼。這是需要很強的意志力。

亞里斯多德曾經問過一個問題：「一個人明明知道自己的行為是錯的，為什麼還是無法克制自己呢？」他的答案是，因為意志力薄弱。在強烈生理「欲望」的影響下，你可能會採取非理性的規則來化解認知失調，而不是採取理性的規則來避免自我毀滅的情緒和行為。(註十五)

一個有自制力的人可以抵抗負面的生理影響，依據理性規則來行動。那麼，有自制力的人具備了什麼特質呢？

答案是意志力的鍛鍊——**意志力**需要「鍛鍊」，因為這種理性的約束並不是與生俱來的生理趨力，可以取之不盡、用之不竭。亞里斯多德指出，它是練習和努力的產物。（註十六）

事實上，我們可以用**肌肉**來類比意志力的概念，因為要它必須透過不斷的練習，才能承受以理性的方式來化解認知失調的壓力。肌力的鍛鍊必須謹慎進行，慢慢加強，意志力的鍛鍊也一樣。你不能期待剛開始健身的人能夠舉起和老練的健美先生一樣的重量。此外，不同的人，能力

註十三 我並不認為一個人可以同時將某個事件報導歸入兩個互相矛盾的規則，因為（有意識地）同時接受兩個互相矛盾的規則顯然是不可能的。我認為事實上比較可能的情況，應該是在兩個相互矛盾的規則之間搖擺不定，而非同時接受兩者。

註十四 將某個事件報導歸入某個推論規則的動作，事實上即代表了當事者認為這個規則的前提（即「如果」後面所接句子）是真的。如果當事者接受了這條推論規則，那麼他也會接受此規則所推導出來的結論（「那麼」後面所接的子句）。當我使用「把某事件報導歸入某推論規則」一詞時，我已經預設了當事者本身已接受了該規則。

註十五 「在實踐三段論證中，大前提通常是一個意見，而小前提則是處理個別的事件，後者屬於知覺的領域。當兩個前提結合時，就像在進行理論的推理（theoretic reasoning）時，我們的心智一定會接受推論的結果一樣，在實踐的前提（practical premises）裡，你也會被迫立刻對結論採取行動。例如，如果前提是「所有甜的東西都要嚐嚐看」，而「那個東西是甜的」——這是一個屬於普遍分類的例子——那麼，如果你有能力而且沒人阻止你的話，你一定會立刻嚐它一口。所以在你心中，一邊是禁止你吃甜食的普遍判斷，另一邊是告訴你「所有甜食都好吃」的普遍判斷，以及「那個東西是甜的」這個小前提（而起作用的正是這個小前提），所以當你的欲望被挑起時，即使第一個普遍判斷要你「避開那東西」，你的欲望還是會讓你行動（因為我們的身體有許多部分是可被欲望所驅動的）。見亞里斯多德，*Nicomachean Ethics*, bk. 7, chap. 3, 1041

註十六 「另外，要培養德行，第一步就是要確實地練習，就像美術作品的練習一般。」亞里斯多德。

也有差別，這是無庸置疑的，所以慢慢增強是必須的。同樣的，希望一個沒有經過練習的人擁有強大的意志力是不合理的。例如，一個很容易因為一點小麻煩便動怒的人，如果不先學會處理較小的不滿情緒，是不可能容忍較大的麻煩的。

從這個實踐的角度來看，人的自由就是人類利用內在肌力，來克服受生理趨力控制的非理性前提的能力。你可以把這種自由視為一種力量的內在**感受**，當你做決定時它就會出現，尤其當你處在認知失調的狀態時。

有些哲學處方需要比較強的意志力，對某些人會是比較大的挑戰。但一旦你成功「服用」一帖解藥後，你可能就會發現你已經準備好接受更具挑戰性的藥方了。我希望你能鍛鍊你的意志力，並接受挑戰。

光靠哲學是無法改變你的人生的，除非你能努力在生活中**運用**它。所以，不管你從本書獲得了什麼樣的智慧，我有個附帶條件：對於我們書中所討論的偉大哲人，別只是點頭稱是。發揮你的意志力，跟你的錯誤前提對抗，把你的哲學付諸實踐，讓更深、更遠的幸福與你長相左右。

哲學解藥的功效

在服用哲學解藥時，不必覺得有義務對某個哲學家的觀點**照單全收**。事實上，不要期望在這裡找到包含某個哲學家**所有**觀點的完整治療。這得寫上好幾本書，而且也超出了本書的實用目的。所以，我只會針對要處理的謬誤採取一個最有效的主要觀點。例如，我強調像伊比鳩魯、史賓諾莎這些決定論的哲學家對處理**苛求完美**的重要貢獻，卻不預設決定論就是唯一的真理。

和之前其他的作法相比，我這裡所提出的「哲學諮商」比較有系統，結構也較嚴謹，因為它是在一個一致性的治療架構下，針對特定的謬誤來調製不同的解藥。這種哲學和治療的系統性結合，是前所未有的。儘管如此，我所提供的解藥並不排除你從不同的哲學文獻去提煉自己的藥方。所以，對於本書討論的哲學觀點，以及其他本書沒有提到的看法，你都可以自由地去發掘它們有用的意涵。

在每種謬誤下，我會討論幾個和謬誤有關的不同解藥。我所謂的有關，意思是每種解藥都有不同的潛力，能幫助你克服相對應的非理性思考。只要是有關的，每帖解藥至少都能夠修補它所擅長治癒的思考「漏洞」，至於它究竟能幫助你「戰勝」某種謬思到什麼地步，這其實是程度的問題。因為解藥的效力總是有強有弱。

一帖**有效的**解藥能夠引導你朝建設性的方向前進，它不只能讓你的情緒和行為變好，還能讓它們變得非常好。要判斷一帖解藥的功效如何，端看它對你的成功能提供多少建設性的幫助。例如，如果某帖解藥不只能協助你處理問題，還能讓你把不幸的處境看作是成長和進步的契機，那麼這帖解藥的功效就比較大。

但別把功效和樂觀混淆了。有些心理學家強調「正向思考」，好像它就等同於「建設性的思考」。在某個意義下，正向思考是指樂觀的想法。然而，有些謬誤的思考方法，如「一廂情願的想法」和「過度美化事情」，都是因為過度樂觀的緣故，這種思考方法反而會造成自我毀滅的行為和情緒。如果某帖解藥告訴你，當大貨車迎面駛來時要口哼小調、面帶微笑，而不是快快閃開，那就真的很愚蠢了。相反的，你將會明白，有時對未來感到悲觀反而是比較實際的。有時候，樂觀（尤其是過度樂觀）反而是不切實際，因為它只會讓你更加挫折。

一帖解藥的建設性和功效究竟有多大，端看它的企圖有多大。哲學家有時會區分**義務性道德**（morality of duty）和**期待性道德**（morality of aspiration）。〔註十七〕前者是對人**最低限度**的要求。例如，不能殺人或不能偷竊是義務。如果你都做到了，那麼你就符合義務性道德。

相反的，期待性道德是一種追求卓越的道德。柏拉圖和亞里斯多德等古希臘哲學家都曾詳細地討論過它。這類道德所採取的角度是德行而非**要求**，它的目標並不在於符合最低限度的標準。例如，你不會被要求要勇敢。這和殺人、偷竊不同，因為你不會因為不夠勇敢而被抓去關。然而，如果你很勇敢，你就會受到讚賞。

同樣的，哲學的解藥可以幫助你達成更高的人類志向。哲學能夠引導你在成功的階梯不斷往上爬。哲學讓你的奮鬥充滿遠見、創意與勇氣。正是這種理想主義色彩讓哲學在製成解藥時具有強大的功效。

哲學解藥是**德行**的祕訣。我在本書所提供的解藥不只是幫你打敗非理性的思考，這些解藥的目標是幫助你**超越**它。換言之，這些解藥最重要的目的就是協助你激發更高的人類潛能。

十一項超越的德行

我將更高層次的人類潛能定義為一組十一項**超越的德行**（transcendent virtues），它們分別是形而上的安全感（metaphysical security）、勇氣（courage）、尊重（respect）、真誠（authenticity）、節制（temperance）、道德的創意（moral creativity）、授權（empowerment）、感同身受（empathy）、正確的判斷（good judgment）、遠見（forsightedness）和科學思考（to think scientifically）的能力。這些德行為以邏輯為基礎的治療法所強調的幸福繪製了一張健全的藍圖。根據以邏輯為基礎的治療理論，哲學正是獲得這種幸福的不二法門。正因為哲學，幸福最後才能**圓滿**。哲學能滋養你的理性靈魂，給你洞察力。你採取的哲學解藥不同，它就會為你定義個人化專屬的最大幸福，賦予你個人的幸福獨一無二的特質。這十一項超越的德行對人類的幸福和繁榮是不可或缺的，（註十八）而你所採取的哲學解藥（幸福的規則）大致上會界定你會具備什麼樣的德行特質。（註十九）例如，如果你採用了聖多瑪斯的神學觀點而不是尼采的人文主義，那麼你對自尊的概念也會有所不同。但不管你採取了哪種觀點，擁有自尊都是你快樂的基礎。

註十七　這個廣義的定義和許多哲學家的幸福理論不謀而合，如亞里斯多德、柏拉圖、伊比鳩魯、邊沁、彌爾、康德等等。

註十八　在這裡，我使用了「不可或缺的」一詞，而不是「充分的」。然而，以邏輯為基礎的治療法所主治的這十一個致命的謬思，都是人類在追求幸福的道路上最常遇見，同時也是最頑固的障礙。而超越的德性則讓我利用德行來克服這些障礙。所以，將這些德行的實踐視為是人幸福的**充分條件**，似乎也很合理。不過，目前支持這個假設的經驗證據大部分都是一些趣聞軼事。我想，未來將會有實驗研究支持這個假設。

註十九　這種觀點有時也被稱為「內在德行論」（intrinsic theory of virtues）。例如，可參見Elliot D. Cohen and Gale S. Cohen, *The Virtuous Therapist* (Belmont, Calif.: Wadsworth, 1999)。

前八項超越的德行或許可以稱之為**行為與情緒的德行**，因為它們矯正並超越錯誤的行為和情緒規則。本書第一部將會告訴你如何培養這八項美德。

十一項德行中的後三項：對實際的事情發揮正確的判斷力、謹慎評估可能性，以及運用科學方法解決生活問題的能力，我認為用**認知的德行**來統稱它頗為恰當，因為它們會處理並超越在事件報導時所犯的認知錯誤。誠如亞里斯多德所言，這三種德行正是一個更普遍的美德：「實踐智慧」（或明智）的基礎。一個人只要具備了這些至高無上的認知美德，他便擁有足夠的認知技巧，協助他將理性的事件報導歸入理性的行為規則及情緒規則。本書第二部會協助你培養這些技巧。

本書所提供的每一帖哲學解藥至少能幫助你定義或充實這十一項美德中的任何一個。這些解藥可以幫助你擺脫悲觀失望，重獲樂觀自信和內心平靜。它們可幫助你脫離不斷在絕望中掙扎的生活，並超越道德的困境，為你提供健康、肯定生命的人生觀。沒錯，哲學就是這麼有效。

我之所以用「超越的」這個詞來形容這些德行，是因為每項德行都會超越——帶領你提升並遠離——每種與之相對的致命謬誤。這十一項致命的謬誤，每一項都有一種相應對的美德可以超越它。從左頁表格你可以清楚看到哪種德行可以超越哪種謬誤。

十一項超越的德行

致命的謬誤	超越的德行
強求完美	形而上的安全感（對事實的安全感）
嚴重化	勇氣（在面對困境時）
責怪（自己、別人和全世界）	尊重（自己、他人和世界）
人云亦云	真誠（做你自己）
我做不到	節制（自我控制）
你要跟自己過不去	道德的創意
操縱	授權
世界以為我中心	感同身受（與他人接觸）
過度簡化事實	正確的判斷
扭曲可能性	遠見（用以評估可能性）
盲目的預測	科學思考（講求科學）

註：白底部分＝行為和情緒的謬誤／德行；灰底部分＝認知的謬誤／德行

十一項美德的特徵

亞里斯多德說過，「道德德行」（moral virtues）是習慣的產物，而習慣本身則是從不斷的實踐養成的。這也是為什麼這十一項超越的德行稱之為「德行」的用義。例如，只做了幾次正確的判斷不會讓你變成一個具有正確判斷力的人，但你成功做出這類正確判斷的次數越多，它就會慢慢變成一種習慣或性格傾向。所以，獲得這些德行的方法就是不斷地實踐它們。這意味著要戰勝認知失調，你必須先了解自己的謬誤所在，反駁它們，並發揮最大的意志力服用適當的哲學解藥。當然，你不可能做到盡善盡美。你永遠有進步的空間，但故態復萌也是有可能的。德行的實踐是一生的承諾。

以下就讓我簡要地敘述這些德行的基本特徵：

1. **形而上的安全感**指的是一種接受不完美現實的能力。（註二十）一個擁有形而上安全感的人能接受人是會犯錯的，其能力是有限的，所以他不會期望這個世界是完美的。他對務實的可能性懷抱希望，在面對外在世界的不確定性時，則保持謙虛，他有強烈的求知欲，但不會因為自己無法無所不知而感到挫折。這樣的人不會試圖控制超出他能力所及的事，而是把焦點放在做好自己能力範圍內的事。

2. **勇氣**的意思是指面對困境時，不低估也不高估危險。換言之，只在合理的恐懼範圍內恐懼事情，而且在面對危險時，能根據情況的優勢來行動。勇敢的人會把惡當做一個**相對的**概念，事情可能還會更糟，但卻永遠不會是**絕對的**糟（也就是全世界最糟的事）。這種人能從不幸中學習，並從中找到正面的價值，而且願意冒合理的風險讓自己過得更好。

3. **尊重**可以讓我們超越易於負面評價事情的傾向，包括對人的評價，像是完全無用或徹頭徹尾的惹人厭；相反的，它會讓你看到事情的優點和尊嚴。尊重他人可以避免以偏概全，讓你能用正面的角度看待大多數人。尊重自己就是無條件的接受自己，它奠基在對人類價值和尊嚴的深刻體悟上。尊重他人就是將這種對人類的固有的價值和尊嚴的尊敬，推展到他人身上。

4. **真誠**就是做你自己。這意謂著依照你的創意想法過自主和自由的生活，不會因為人云亦云和對社會一致性的服從而迷失自我。真誠的人不只是社會裡的一個小齒輪。他重視自己的個人特質，珍惜民主的生活方式和民主社會固有的個人自由，不會拿命定主義當藉口，做為規避對自己生活做決定的責任。

5. **自制**（自我控制）包含了對自己的行為、情緒和意志的控制。老是告訴自己你非如此不可的話，只會破壞自己獲得幸福的希望，例如，容易發脾氣、好逸惡勞、飲食無度、拒絕嘗試而無法進步。相反的，當你懂得自制，就可以在認知和行為上戰勝這種讓你故步自封的「我無能為力」，讓你能掌控自己的生活，包括身體、心靈和精神。

6. **道德的創意**能讓你超越這種自我毀滅的想法：「你必須讓問題不斷困擾你，把你的重要

註二十 弔詭的是，苛求完美這種謬思在一般人身上是很常見的，但和它相對應的德行，在英文裡卻找不到相對的詞來形容它。所以要獲得這種德行的第一步，就是想辦法為它命名。

他人也一起拖下水。」它是一種對道德和道德標準的哲學理解；容忍道德抉擇的模糊性和不確定性；它是一種用積極的、明確的方式來建構自我生活的能力；它願意嘗試新方法來解決問題；它關心他人的福祉、利益和需求。

7. **授權**意謂著把他人看做理性的、有自主能力的主體，而不是把他們當成壓迫、恐嚇、欺騙以達成一己私利的對象。這表示你要採取勸告而非刺激的方式，要用理性的討論來說服對方，而不是語帶威脅。承認他人有知情同意及公平對待的權利，即使在發生激烈衝突的情況下亦然。

8. **感同身受**是指透過和其他主體的接觸（認知上的、情緒上和精神上的），超越自我中心的世界。感同身受就是摒棄這種自我挫敗的想法：只有自己的價值觀、利益、喜好和信念才重要、才算數。它是樂善好施、友誼和感恩等這類美德存在的條件。

9. **正確的判斷**是一種用客觀、不帶偏見的洞察力來看待事情的能力。在評斷他人時，它代表公正、體諒的判斷而非刻板的、偏見的論斷。一個擁有正確判斷力的人是務實的、靈敏的、心胸開闊、充滿創意而積極的。

10. **遠見**（對可能性的評估）是一種對物質世界進行綜合歸納，並利用可能相關的已知事實進行預測的能力。一個有遠見的人能夠成功地運用這種能力為生活做決定。這種人對外在世界（這個外在世界沒有確定性，只有不同程度的可能性）有高度的應變能力。

11. **科學思考**（以提供解釋）是運用批判的、科學的方式來說明萬事萬物的原因和理由。一個講求科學的人會承認科學和宗教的解釋是可以相容的，但卻不會迷信，也不會有怪力亂神的想法，更不會相信宗教狂熱主義和其他反科學的解釋。這樣的人講求的是真憑實據，而不是個人的情緒反應，像是恐懼和罪惡感。

發揮創意的治療

在接下來的章節裡，我將提供許多解藥，它們對提升這十一項超越的德行有非常顯著的效果。解藥的效力可能因你的處境不同而有差異。如果你正臨中年危機，那麼伊比鳩魯可以幫助你重獲嶄新、肯定的人生觀，讓你不用在有限的生命裡忍受無謂的煎熬。如果你覺得這個世界很墮落、邪惡或毫無價值，那麼佛陀可以幫助你透過憐憫類似處境的人，來超越你狹隘的、以自我為中心的觀點。

有些解藥跟你的世界觀可能比較符合，有些則否。如果你相信上帝和美、善的客觀標準，那麼像聖奧古斯丁的神學哲學觀可能很適合你。或者，如果你認為美是主觀的，「只是情人眼裡出西施」，那麼休姆的理論可能比較對你的味。

你想走哪條哲學道路由你自己決定。你可以搭上休姆或聖多瑪斯的船，也可選擇其他許多在本書停泊，絕對經得起人生風浪的船隻。每一艘船都能帶你航向最深的幸福，雖然它們航行的路線可能有所不同，但都能帶你到達目的。如果你想在自我以及他人身上找尋尊嚴，做為帶你遠離憂慮沮喪，走向快樂幸福的方法，那麼康德或布伯可以幫你。如果你想尋找上帝的意義，那麼最好不要搭上尼采這艘上帝之船，但聖多瑪斯可能是個不錯的選擇。總而言之，所有這些哲學觀點對超越的德行都有貢獻。

哲學解藥的效力未必彼此一致。即使是古代的偉大哲人也能理性地同意，最基本的人類問題，從上帝的存在到物質界的本質等，是存在歧見的。每種解藥都合乎理性，因為它們具有**內在的**一致性；它們都是經過縝密的構思、發展和證實，而且和經驗世界和諧一致。此外，它們是理性的，因此對於修正、克服及超越本書提出的十一項致命的謬誤是很有用的工具。

這意謂著以邏輯為基礎的治療法在本質上是一種**實踐的**治療法。它的重點在於幫助你**有效地**擺脫情緒和行為的失調，獲得圓滿的幸福。所以，就幫助你超越不幸這層意義而言，它是很有建設性的。

以邏輯為基礎的治療法贊成用不同的方法來建構事實，就這點來看，它也可以算是一種結構主義。後現代哲學家傅柯（Foucault）所說的「真理遊戲」，指的就是用不同的方式建構事實。〔註二十二〕對其他的遊戲而言，遊戲的規則不僅只是描述事實而已。更確切的說，它們在特定的遊戲範圍內**提供**有效的行動。套用傅柯的說法，你也可以將本書所提供的哲學矯正方法定義成一個具有高度療效的真理遊戲。當你在各種不同的哲學理論中建構事實時，這些規則會告訴你何謂有效的行動——也就是什麼是**應該的**和必須的。但別因為這種**遊戲**的說法讓你忽略了一個事實：這些行動和大多數的「遊戲」不同，因為這些行動是由**活生生的人**所執行的。它跟你的日常生活品質息息相關。

從語言規則和遊戲規則的比較來看，哲學家維根斯坦（Wittgenstein）提到：「當我們在遊戲的時候，情況不也是這樣嗎——邊玩邊訂定規則？而且我們還會修改規則——邊玩邊改。」哲學解藥正是在這層意義下可被視為一種遊戲規則。你不必死守某種哲學理論，當你在不斷前進時可以「修改」規則，或從別的相關哲學理論引進其他規則來「自創」。這也是為什麼從另一個角度來看，我們可以說以邏輯為基礎的治療法是結構的，它容許你**發揮創意**，給予你某種程度的自主。你將會看到，我也自由地發揮了這種創意，兼容並蓄地把各個哲學家的觀點加以組合。我同時也會加入一些個人見解。你可以參考這個模式來發揮創意，我非常鼓勵你嘗試。

我所提供的解藥都是以規則的形式來呈現，歸在它所要處理的謬誤之下。每一條規則的後面，我都會用括號將我用來調配解藥的哲學家列出來。每一條規則後面都會有一段討論。你不能只看規則，略過討論。討論是規則的補充，讓它具有實質的內容。你一旦理解了它的意義和內容，就可以準備向平靜、成功和幸福圓滿邁進。

註二十一　將這個觀念運用在哲學諮商的例子，參見James Tuedio, *A Post Modern Basis for Narrative Realism in Philosophical Counseling, International Journal of Philsosphical Practice 2*, no. 1(spring 2004), online at htte://www.aspcp.org/ijpp/Tuediov2n1.pdf.

第一部

如何培養行為和情緒的美德

石頭和棍子可以打斷我的骨頭，但文字和言語卻傷不了我們，只要對那些我們無法左右的事情和現象保持漠然的態度。我們要經常提醒自己，將精力集中在自律、自我提升上，而不是浪費精神擔心別人對我們的看法，這是我們每個人都做得到的。

【第一章】在不完美的世界尋找安全感：對治強求完美

你是「對完美上癮」的人嗎？對完美上癮的人會在生活的某些面向習慣性地要求完美。它是人類最常見，同時也是最具破壞力的一種非理性思考模式。它是一種心理的上癮狀態，是一種對「絕對」有意識、但也是錯誤的的**需求**。

從理性療法的觀點看來，這種謬誤的行為——也就是「強求」或「非如此不可」——是讓人情緒不安及行為失常最常見的原因。事實上，我的臨床經驗也證實，它確實是所有錯誤行為模式中最常出現，同時可能也是最根本的一種。

讓我用下面這段話進一步說明「堅持完美」的意思：

> 如果我們的世界無法在某種程度上達到理想、完美，或接近完美的狀態，那麼這個世界就不是絕對的、無條件的非**如此不可**。但除非它是理想的、完美的或近乎完美，否則你不能、也無法接受它。

這種思考模式有一個很明顯的特徵，即用了「非如此不可」一詞，它傳達的不只是一種希望，而是一種堅持，要求世界必須符合某種絕對的標準。而正是這種「非如此不可」的觀點導致了它的奉行者（且為數眾多）在發現世界不盡完美時，便產生憂鬱、憤怒這類極度挫折的情緒。但期待世界完美無缺是不切實際的，對完美上癮的人，無可避免地會產生要求性震顫：在不完美的世界裡強求完美，必然會造成情緒的不滿及行為的退縮。

因此，錯誤行為之所以發生，就是因為你要求下面這類事情**絕對不能**發生：

- 別人不贊同你，或是某個特別的人不贊同你。
- 你犯錯或表現不夠完美。
- 事情不如你意，或未完全按你所希望的方式發展。
- 你受到不公平的對待。
- 你或你的重要他人發生不幸的事。
- 你無法掌控每件事或對你很重要的事。
- 你得不到你想要的。
- 事情沒成功，或不如你預期的那麼成功。
- 你失去了對你很重要的東西。
- 發現你的身體有瑕疵或不夠完美。

在人生的旅途中，你難免會遇到困難，事情未必總會如你所願；你希望獲得對方讚賞，他卻可能責備你；你信任的人可能會背叛你；無妄之災可能奪走你心愛的人或物；你的運氣不會總是那麼好。所以，要反駁這種行為規則其實很簡單：

在我們生活的世界裡，理想、完美，甚至接近完美，都是與事實不符的錯誤假設。

所以，最重要的是，隨時準備好面對這不完美世界的無常變化。事實上，從古至今，有很多哲學家對苛求完美做了許多深入的探討，並對這種自我毀滅、對完美上癮的人性傾向提出他們的真知灼見。這些哲學解藥能讓我們這些難免會犯錯的人類，在這不完美的世界裡安身立命、怡然自得。

化解堅持完美的解藥

第一帖解藥：是人，就會犯錯

接受人會犯錯的事實，但仍要不斷接受挑戰，尋求自我實現；不要老在不如意的事情上打轉，要去發掘樂觀、美好的事情，並努力追求它。（聖奧古斯丁、聖多瑪斯·阿奎納）

前蘇格拉底時期（the pre-Socratic Greek）的哲學家赫拉克利圖斯（Heraclitus），是第一個強調變化是世界基本特質的人。在他看來，宇宙萬物處在一種不斷變動的狀態中，所以人不可能「在同一河流中涉足兩次」。在這樣的世界觀裡，沒有「事情絕對不會改變的」這種事。即使是追求完美的柏拉圖，也無法在塵世裡找到絕對不變的事。以赫拉克利圖斯的觀點為基礎，即存在於時間、空間裡的世界是變動的（becoming），而非存有的（being），柏拉圖提出了「理型界」（heaven of Ideas），以和個別事物存在的現實世界做區別，滿足他對完美的渴望。簡言之，人在塵世的存在是不完美的，這樣的概念自此深植於古代哲學中，而且一直是西方哲學的一個重要課題。

柏拉圖對區分「存有的領域」——一個完美的地方，和「變動的領域」——一個不完美的地方，這個著名的區分成了後來許多基督教神學的形上學基礎，如聖奧古斯丁對上帝的國度和世界的國度這個著名的區分。根據後面這項區分，身為俗世居民的人類，如果自以為能達到完美，那不過是傲慢自大的想法。事實上，只有上帝的存有才是完美的，而不是祂的受造物。聖奧古斯丁說道：

> 因為我知道，上帝的本質絕不可能有所缺乏，只有從無變成有的事物才可能會有所缺乏。

所以，人對完美的堅持是一種混淆的結果。生而為人，我們天生就是有所欠缺的。但這並不表示我們無法努力補強我們的不足之處，變得像上帝一樣。正如聖多瑪斯·阿奎納所言：「萬物的最終目的就是要變得跟上帝一樣。」「雖然他們所能達到相似性是極不完美的。」阿奎納根據這個觀點區分了屬於人的卓越和完美。只有上帝才是真正的完美。此外，他更進一步指出，將追求「遠大的目標」作為一種自我提升的方式，和強迫自己無論如何必須達成目標，兩者是不同的。因此，他鼓勵我們追求遠大的目標，也就是變得像上帝一樣。同時，他也告誡我們，不要堅持非達到目標不可。

事實上，從柏拉圖以降，傳統的西方形上學家就非常樂觀。他們認為「真」和「善」是可以互換的語詞。某件事只要是真的，那麼它就是善的，反之亦然。此外，任何東西只要缺乏真實，它就是不好的，反之亦然。惡就是真的缺乏，善則是真的實現。他們用樂觀的觀點看事物，認為事物越真實越好。因此，一個完全自我實現的存有——我們稱之為上帝——是絕對的善。所以，在上帝身上沒有惡，惡裡面也沒有上帝。存有的缺乏必然只存在於人類這種世俗之物身上。例如，人的無知就是對知識的缺乏。只有上帝才能無所不知，人是不可能的。所以，人會犯錯是無可避免的。

只要放棄凡事堅持絕對，你就能專心實現你的人類潛能。人的潛能是無限的，因為你永遠有進步的空間。例如，不管你多麼有智慧，總是還有許多事情值得你學習。當希臘神諭宣告蘇格拉底是雅典最有智慧的人時，蘇格拉底對它的詮釋是，只有他清楚自己實際上知道得很少。換言之，當你學得越多，你就越能體會自己的渺小。這是個發人省思的觀點。接受人會犯錯和不完美的本質，你就能擁有更多的學習空間，不斷自我實現。同時也能幫助你更認真地看待生命中美好的（真實的）事物，而不會陷在不好（不足）的事情裡無法自拔，好像它是真實存在的東西似的。

此外，因為上帝是唯一完全實現的存有，所以只有祂是至高的完美存有。上帝沒有任何不好的東西，因為上帝的存在毫無缺乏。因此，當企圖透過上帝是完美的存有來論證上帝的存在時，本篤會（Benedictine）修士聖安瑟倫（St. Anselm）對上帝說：

> 在萬物之中，只有禰（上帝）擁有至高的存在，其他事物的存在等級是比較低的。

人不像上帝，能完全自我實現。而為人註定是不完美的。允許你自己當個人吧！畢竟這才是真正的你。

然而，即使是完美的存有，也無法讓天生不完美的事物變完美。我年輕時常為天生的瑕疵感到困擾，以至於無法看清事物與生俱來的價值和優點，甚至破壞它。例如，在做小木盒時，我總是非得把木頭上所有找得到的瑕疵弄掉不可。有時甚至會故意破壞作品，只因為它不合我的標準。

我的問題不在木頭上，工藝課對解決我的問題也沒什麼幫助。是的，我所需要的解藥是哲學形上學。正如柏拉圖所強調的，事物就其本質而言都是不完美的。木頭的裂痕和缺角、地毯上的髒污，以及前門草坪上的雜草，不管我花了多少時間除草，它們總是不斷長出來。還有在購物中心擁擠的停車場被摩托車刮傷的車門，這些不完美的地方，正顯示了事物的本質：它們是有形的東西，是存在於時空之中、會損壞和改變的事物。完美的木盒（草皮或任何其他東西），如果有的話，我想也只存在於柏拉圖的理型界裡，人世間是找不到的。在這個可能崩壞和改變的不完美領域裡，事物總是以它們原本就不完美的方式存在，而我則可以透過它們「不是什麼」來區辨，就像我們透過「它們是什麼」分辨它們一般。這再次說明了物質事物的本質。透過這個觀點，有形事物的缺陷就不會再困擾你，妨礙你為自己及生活週遭的人追求更美好的生活。

但這並不表示，我執著完美的傾向被「治癒」了。不，我依然是個執著完美的人。你一旦是個執著完美的人，你就永遠是個執著完美的人。就像酗酒的人一樣，你一旦否認自己有酗酒問題，很可能就是你又開始酗酒的時候。是的，我是伊利特．科恩博士，我是一個執著完美的人。但我正在復原。我建議你用這種態度來面對本書將探討的各種偏執。不管你復原的情況有多好，仍有可能會故態復萌。這是因為我們——你和我都一樣——不過是人。

第二帖解藥：不強求絕對的知識

抱持不強求的態度，透過理性的探究和開放的心靈追求真理。（蘇格拉底）

我在前面曾經提到，知識的追求是永無止境的。你不但無法無所不知，而且大部分你自認為已知的事，其實都只是暫時的、相對的、可能的，而不是確切和絕對的。

然而，對某些哲學家而言，真知的對象是永恆且不會改變的。蘇格拉底也認為，永恆且不會改變的事實，如真、善、美的本質，可以透過理性的探究而獲得。然而，當他自認為已經完全了解這些概念時，卻又總能找到許多合理的解釋來否定他已經尋得的事物。所以，對蘇格拉底而言，到頭來最大的收穫反而是謹慎而理性的追求過程，因為最後他終於弄清楚之前未知的事情。例如，在和他的青年弟子泰阿泰德（Theaetetus）經過一番謹慎的對話後，蘇格拉底對知識的正確定義做出了如下結論：

那麼假設你今後能重新思考，泰阿泰德……如果你承認無知，你的朋友會覺得你比較和藹可親，因為你已經知道對不懂的事情不要裝懂。而這正是我的技巧能幫得上你的地方。

柏拉圖比較聰明，因為他從不強求一定要獲得絕對的知識。正因為虛懷若谷，他得以不受約束地挑戰並反駁當時流行的錯誤觀念。相對之下，若你強求絕對的肯定，到頭來不是滿腹挫折，就是只能用武斷的、沒有建設性的合理化藉口來安慰自己。你摀住耳朵拒絕聆聽，對矛盾的證據和反例視若無睹。有一天，如果真有這麼一天的話，當你決定透過實際行動來測試這些僵化的信念時，結果就是盲目的行動和無限的悔恨。

許多流血戰爭和種族屠殺都是肇因於絕對的盲目信仰。奴隸制度、納粹主義、種族隔離，以及其他各種種族迫害都是根植於「白種人的優越」，並將之奉為真理。直到今日，還是有許多人以真理之名，盲目固守著這種危險而僵化的信念。

以和平之名發動的聖戰，引發對立，散發宗教偽善的惡臭，這些暴行正是因為施暴者獨斷地認定這些行為是虔誠的。「神愛虔誠，不喜不敬」，神學家尤西佛羅（Euthyphro）這麼告訴蘇格拉底，企圖為自己控告父親殺害殺人犯的事情辯護。但蘇格拉底反駁道，神明不會對相同的事既高興又不悅，否則同一件事就變得既虔誠又不敬。最後，蘇格拉底終於幫助尤西佛羅明白，他根本不知道虔誠為何物——這是個不小的收穫，因為尤西佛羅的父親還生死未卜。

每當我告訴自己，我已經知道所有我該知道的事時，通常都是我一敗塗地的時候。現在的我已經不敢再這麼武斷，因為失敗經驗太多了，我學乖了。用開放而非消極的態度追求真理，真理將讓你自由飛翔。如果你要的更多，你終將以失敗收場。

對於外在世界的事物，你真能夠確定你什麼都知道嗎？也許你能確定某些抽象的運算公式，如「二加二等於四」，但你無法確定，若把這種算術應用到外在世界是否一樣行得通。如果你在兩滴水裡再加上兩滴，一定能數到四滴水，對嗎？

那你就大錯特錯了！首先，水會相互結合，融為一體，即使你能將它分開並加以測量，但有些水可能已經蒸發或流失了。此外，你很有可能看走眼或數錯了，在這不完美的物質世界裡，有太多不確定的因素了。但對我們人類而言，只有**這個**世界才是**真正**重要的。（註一）

「所有紅狗都是紅色的」、「所有單身漢都是未婚的」，你或許可以確定這類的事情。但經驗哲學家，如洛克（John Locke）和休姆（David Hume），就曾強調，這類的陳述是瑣碎的，無法對物質世界提供任何有用的資訊。

很多不快樂的人都是失望的絕對主義者。但造成不快樂的原因卻未必是追求絕對，反而是因為**堅持**一定要獲得絕對的真理。如果你像蘇格拉底一樣，一心追求絕對的真理，那麼你最好要有遍尋不著的心理準備。你最好像蘇格拉底一樣，展開理性之旅，為發現自己不知道的事情而心懷感激。

第三帖解藥：接受你的身體，感謝它

別再拿放大鏡檢視你的身體缺陷，並用主觀和文化的完美標準來貶低它。相反的，為你的先天稟賦能如此和諧地運作所展現的美感到欣喜。（聖奧古斯丁、休姆）

即使如柏拉圖所言，「美」的概念是永恆、不變的，你也不可能在我們生活的世界裡找到它。至於你身體的美醜，柏拉圖想必會第一個跳出來提醒你，你的**身體**是有形之物，所以是不完美的。

你曾經見過完美無瑕的臉蛋或身材嗎？即使你堅持曾在人間見過這種只應天上有的尤物，那也不過是因為他／她符合你對「完美」的標準，並不表示這些標準可以放諸四海皆準。

所以結論是，如果你執著於身體的完美，不管是對自己或其他人，你很可能會失望，至少無法在我們人類身上找到。你越去修補瑕疵，可能只會發現更多的缺點。當你隨著時間逐漸老去，你肯定會發現更多的毛病。但你不應該因此就不再為你的身體感到驕傲。

根據聖奧古斯丁的看法，你的身體不一定要完美無瑕才能稱得上好或美。「所有的事物均因其存在而美好；因此，每樣東西都有它自己的存在方式、自己的美，甚至在某種程度上，擁有自我的寧靜。」而柏拉圖則主張，受造物只要能符合大自然造物的目的，它就是美和善的。那些對自己的外表不滿，用放大鏡檢視身體、想找出缺點來改善的人，牢記這條告誡將會讓你受益無

註一　休姆把這類陳述稱為「觀念關係」(relations of ideas)。與之相對的是「事實問題」(matter of facts)，如「太陽明天會照常升起。」後者和前者不同，它是有關物質世界的宣稱，但這類宣稱並非全是不容置疑的，而且有些是用想的就知道它是錯的，例如，「有些紅色的狗不是紅色的」，因為這是絕對不可能的。不過，太陽明天不會照常升起，這至少是有可能發生的，例如地球被巨大的隕石撞毀了。參見David Hume, *Inquiry concerning Human Understanding*, sec. 4, pt.1, in Baird and Kaufmann, From Plato to Derrida.

窮：不要再挑剔自己身體上的缺點！相反的，要為大自然賦予你身體的美善感到欣喜。

如果你體重過重、鼻子太大、是棕眼而非藍眼，或有其他你希望改變的生理特徵時，你該怎麼辦呢？聖奧古斯丁的回答是，沒有任何「瑕疵」是應該受到責備的，除非它干擾了身體的特定功能。「例如當我們說瞎眼是眼睛的缺陷，意味著『看』是眼睛的本質；當我們說耳聾是耳朵的毛病，則是認定了『聽』是耳朵的本質。」（註二）

你的「瑕疵」會妨礙你的身體或某個部分的正常運作嗎？例如，鼻子的大小會妨礙你正常呼吸嗎？胃的狀態會妨礙你的正常消化嗎？眼睛的顏色會影響你的視力嗎？對這些功能性的問題，如果你的答案是否定的，那麼你的身體就沒有所謂**真的**缺陷，它們當然也就無損你身體的美和善。

但這並不表示你可以從此不用再鍛鍊身體、不用再吃健康的食物，不用照顧自己。這些都是人類幸福不可或缺的東西。所以古代的伊比鳩魯如是說：「能帶來身體健康和內心平靜的欲望是必要的；只要它們的需求得到滿足，你就能擁有快樂的生活。」這個簡單的道理告訴我們，你不一定要擁有完美的身體也能獲得快樂。

那麼對於身體真的有缺陷，如瞎眼或耳聾的人，聖奧古斯丁的解藥如何解釋身體的完整和美麗？我們可得小心，千萬不能從局部的身體缺陷推論出**整個**身體都是有缺陷的。聖奧古斯丁說，我們可能「忽略了它整體的美，即使某些部分在我們看來是醜陋的，但它們卻能跟整體和諧、美妙地融合在一起」。所以，聾和瞎也可以是美的。即使是斷了手腳或受到嚴重灼傷的人，還是可以「透過和諧美妙的方式融合他們的缺陷」，展現身體完整和美麗的一面。例如一個溫暖動人的微笑，優雅地展露在一張小巧天真的瓜子臉上，連皮膚上的疤痕都變燦爛了，即使是最冷漠的心靈也能穿透。又如一個五官勻稱，身體強壯的人，肢體的殘障只會讓他的健康生活顯得更了不起。從這點來看，若專挑自己或他人的瑕疵而忽略了整體的美，審美的判斷就無法發揮了。如果美只是某個特定部位的功能，那世界上就沒有人可以稱得上美了，因為任誰也沒有全然「完美」的容貌。根據聖奧古斯丁的觀點，只要功能健全，每個部分都是美的。但整體的美卻不可化約為單一部位的美。

另一方面，十八世紀的英國哲學家休姆則認為，美的判斷是主觀的，而且因人而異。休姆說道：

> 美並不是事物本身的性質：美只存在於注視它們的心靈中，而且每個心靈對美的感受也不盡相同。某人覺得醜的，另一個人可能覺得美；每個人都應該承認這只是個人的感覺，而不要企圖去改變他人。尋找真正的美或醜，跟主張有所謂真的甜或苦一樣，都是徒勞無功之舉。

你應該高一點或矮一點、瘦一些或胖一些、頭髮多一點或少一點？在休姆看來，這類問題的

註二　聖奧古斯丁，《上帝之城》（*City of God*），bk. 13, chap.1, 307。這種功能性或「目的論的」（teleological）觀點，一直是古希臘哲學的傳統，肇始於柏拉圖，後經亞里斯多德詳加論述。根據這個傳統，不只身體的各個部分都有其功能或目的，生而為人，本身也是有目的的。例如，亞里斯多德就認為，人之所以為人的目的就是過理性的生活。縱使如此，我並不要求你要認同身而為人本身是有目的的。

答案在自然界是找不到的。你也不應該用流行雜誌上所吹捧的那些世俗的美做為你判斷美醜的標準。就這點來看，你才是你自己美麗與否的定義者，只有你自己才能衡量你的美、創造你的美。

根據休姆的觀點，他從**不曾**主張別人的審美標準一定比你的好。伏爾泰（Voltaire）就曾說過，「美麗與否常常是相對的，所以在日本被視為端莊的，在羅馬剛好相反，在巴黎被視為時髦的，在北京卻不是這麼回事。」

重點在於，你可以是美麗的，只要**你**允許自己變美。所以別再仔細檢查你的身體尋找瑕疵，別再用主觀的、文化的典型來貶低自己。如果你堅持用「客觀的」標準來判斷你的五官和身材，那就採用聖奧古斯丁的標準吧。接受你身體天生的美善和完整。肯定你身體的健康之美，肯定你身體各個器官協調、和諧之美，以及它高超的能力，像一部精心設計的機器般為你提供許多重要功能，像是讓血液不斷循環，幫助你思考深奧的道理。只要你仔細想想，就會發現它有自己獨特的美，不該用一些專斷的文化標準來貶低它。

第四帖解藥：用「偏好」取代「非如此不可」

用「偏好」的態度取代你武斷、不切實際、必須而且非如此不可的要求。（史賓諾莎）

休姆的審美主觀論所要反駁的正是把美當成一種理想、客觀的形式，或認為它只存在於「理型界」，如柏拉圖的看法。更廣泛來說，休姆認為「完美的概念」本身就是相對的，而且是主觀的。事實上，休姆並不相信我們能夠證明**任何**存在於我們心靈之外的抽象概念，包括上帝。

不過你不必像休姆這般多疑，也能看出堅持完美是多麼荒謬的一件事。十七世紀的荷蘭哲學家史賓諾莎也認為，人之所以會堅持完美，是因偏見、自己加諸自己的偏好，而不是客觀、絕對的必要性。

就形而上的觀點來看，史賓諾莎和休姆一樣，都反對基督教信仰傳承下來的柏拉圖二元論。但和休姆不同的是，史賓諾莎採取的是泛神論的觀點。史賓諾莎認為，所有現實的東西必然來自一個普遍的實體，那就是上帝。但上帝的國度和世俗的國度卻是一體不可分的，天堂和人間、靈魂和身體、現實與潛能亦然。你無法區分這是自然，那是上帝。相反的，自然是上帝的一個面向。祂是沒有人格的神，而不是一個聆聽禱告，創造奇蹟的神。在揭開分隔天堂和人間的簾幕後，史賓諾莎也揚棄了這個觀念：存在一個完美的現實世界，它是人類努力追求的終極目標或目的。上帝或自然是沒有目標的，亦非完美。事實上，完美的概念是人為的產物，它扭曲了個人偏好，把它變成苛求的結果。史賓諾莎解釋道：

當人類開始構作普遍概念，並創造房屋、建築、高塔等等的模型，而且偏好某些模型勝過其他，結果變成每個人都有他自認為的完美模型，只要他認為這個模型符合他對這類東西所構作的普遍概念；如果和他的模型不符，那就是不完美的……，人類不知為何也常用完美或不完美來形容自然界的事物，但這些事物不是出自人類之手……，當他們發現大自然的某些事物和他們所認定的典型不符時，便認定這是大自然的敗筆或失誤，才會造成事物不完美。由此可見，人類習慣用完美或不完美來稱呼自然界的事物，主要是因為偏見，而非對這些事物的真正知識。

對史賓諾莎而言，堅持完美只是掩蓋了一個事實：完美並不存在於自然本身，而是存在於追求完美者的心中。他的提醒讓我們看清「必須」、「必要」這類完美主義語言的破綻，從而了解自己在這種自我苛求的行為中所扮演的角色。舉個例子來說，你要求你所重視的人認同你，這種要求是建立在你認為和重要他人（朋友、伴侶、家人等等）的人際關係必須是完美的想法上。但這種完美人際關係的典範既不存於上帝心中，也不是自然界的普遍法則，更不是人類關係的至高原則。它並不存在於永恆世界，而是存在於你對這種關係的主觀偏好中。這就是我所要證明的：它不是**真的**必然性，也不是真的「非如此不可」。把「非如此不可」轉換成「偏好」，才能讓你避免給自己太大的壓力，畢竟在你生活的世界裡，你的偏好未必能實現，至少它不是一種必然性。捶胸頓足、仰天長嘆並不能讓你的偏好提升，變成至高無上的事實，反而可能讓你和所愛的人關係變得痛苦而難以忍受。

第五帖解藥：把力氣放在你有把握的事情上

別在你無法直接控制的事情上白費力氣。將你的精力用在你能掌控的事情上。（史賓諾莎、艾彼科蒂塔斯〔Epictetus〕）

事實上，根據史賓諾莎的看法，強求事情變成另一個樣子是徒勞無功的，因為外在事物根本不是人類所能控制。在他看來，不管發生了什麼事，都是出於必然性。如果我們能更理性地洞悉我們的情緒起源，我們就能更有效地控制它。例如，史賓諾莎告訴我們：

我們發現，人一旦明瞭美好的東西無論如何是留不住的，那麼他就不會因為某些美好東西的消逝而如此悲傷。

和受情緒左右的人相反，自由的人能清楚了解並坦然接受必然的、不是他能力所及的事情。「只要我們的心能夠看清，所有的事情都是必然的，那麼他就比較能控制情感，或較不容易受情緒的影響。」

史賓諾莎的觀點是建立在嚴格的決定論上，根據這種觀點，所有事情的發生都是必然的。你未必要變成決定論者也能同意，事實上很多事情不是我們所能左右。例如，雖然就理論而言，死亡不是絕對必然的，但強求長生不老是不合理的。即使知道死亡是無可避免的，還是無法完全撫平我們失去摯愛的痛苦，但我們一旦明白，就先天的生理限制而言，他已經算是相當長壽了，這樣想多少可以讓我們覺得安慰一點。

了解人類的極限可以讓你避免情緒上的極端痛苦。這是古代斯多葛學派的主要觀點，艾彼科蒂塔斯是其中最重要的代表人物。他告訴我們：

有些事情是我們可以控制的，有些則不是我們所能左右的。我們能控制的有概念、選擇、欲望、厭惡，總而言之就是我們自己做得到的事；我們無法左右的有我們的身體、財富、名望、職位，總而言之就是所有不是我們能夠做主的事……因此切記，如果你硬把天生受限的事物視為是不受拘束的，或是把不是你的東西當成自己的，你一定會受到挫折，感到難過，無法平靜，甚至怨天尤人。但如果你只將屬於自己的東西視為己有，不屬於你的東西你也不會據為私有，那麼就沒有任何人能勉強你、阻撓你，而你也不會怪罪別人、挑剔別人；你絕對不會做出任何違背自我意志的事，也不會有仇人，沒有人會傷害你，事實上也沒有任何事物傷害得了你。

簡而言之，如果你想控制的事不是你的意志所能左右的，那麼你就會讓自己的情緒陷入嚴重的焦慮。相反的，關注你能力所及的東西，也就是你自己的「概念、選擇、欲望、厭惡」，以及其他直接受你意志指揮的東西，你就能避免很多情緒上的壓力。

不過，我還要加上一項但書。你若強求自己只能擁有正確的概念、只能做出正確的決定、接受正當的欲望、不能擔心不該擔心的事，那麼你仍舊無法避免情緒上的焦慮。即使是直接受你意志管轄的事，也未必是你可以完全控制的，你不能因此要求它們務必完美。身為不完美的存有，要我們在理智控制的範圍裡堅持完美，同樣不合理，這和強求不受我們直接控制的事情要完美，一樣是不可取的。

無論如何，艾彼科蒂塔斯要我們將精神投注在我們可以直接控制的事情上，別在意那些不是我們所能左右的事，這個告誡無異是一帖化解堅持完美的良藥。例如，在討論艾彼科蒂塔斯對於侮辱、無禮的告誡時，佛萊歐羅（William Ferraiolo）敏銳地觀察到：

石頭和棍子可以打斷我的骨頭，但文字和言語卻傷不了我們，只要對那些我們無法左右的事情和現象保持漠然的態度。我們要經常提醒自己，將精力集中在自律、自我提升上，而不是浪費精神擔心別人對我們的看法，這是我們每個人都做得到的。

佛萊歐羅在討論面對無法直接控制的事而產生焦慮的行為時，引述了艾彼科蒂塔斯的一段話：

> 當我看到有人焦慮時，我會問，這個人要的是什麼？除非他要的東西超出他的能力範圍，否則他怎麼會如此焦慮？例如，聲樂家獨自一人唱歌時不會焦慮；但當他上台表演時則會，即使他的歌聲是如此優美、他的表演是如此精采。因為他希望的不只是把歌唱好，而且還要獲得掌聲。但後者卻不是他所能左右的。

由此可知，焦慮源自我們想要控制外在世界的欲望，而不是控制我們意志可以決定的事，因為「我們擔心自己這微不足道的肉體、擔心我們的身分地位，或擔心凱撒怎麼想，而不是擔心任何內在的事」（艾彼科蒂塔斯）。音樂家只要不強求自己一定要有完美的演出，他就可以避免嚴重的焦慮，而把精力集中在把歌唱好這件事情上，而不是獲得聽眾的讚美，因為前者是他可以控制的，而後者卻不是（註三）。總而言之，不要為那些你無法直接掌控的（外在）事物浪費氣力，

註三　嚴格來說，竭盡**所能**把歌唱好，是個人能力所能及的事，至於實際結果如何，就不是努力所能決定的。

把你的精力集中在你意志所能控制的（內在）事物上。如此一來，你不僅能避免嚴重的情緒壓力，同時還能保持內心的平靜和安寧。只要是你能力所及的事，你肯定能做得更好，活得更有創意，更加快樂。

理情行為療法和和艾彼科蒂塔斯的哲學觀點很類似，它常常使用的「攻擊羞愧感練習」便是將艾彼科蒂塔斯的告誡極致發揮。這種練習的設計目的就是為了協助個案對外在事物，如獲得他人的認同，培養出一種漠然的態度。例如，創立者艾理斯就曾建議拖著一串香蕉走在車來人往的市區街道上。當你不再在意別人對你的眼光時，尋求外在認可的人覺得焦慮的事，對你而言反而會變得有趣。

第六帖解藥：這是一個可能更好的世界

放棄世界必須完美的無理要求！相反的，接受世界會更好的可能性。（威廉．詹姆斯〔William James〕）

和史賓諾莎及艾彼科蒂塔斯不同，知名的當代美國哲學家詹姆斯從實用主義的觀點來看人類對外在世界的控制。他並未企圖「證明」人類具有自由意志，相反的，他選擇改變主題並提問，相信或不相信自由意志，這有什麼實際的差別嗎？實際的差別對詹姆斯而言是非常重要的。一方面，認為人類擁有自由意志而且能控制外在世界的理論是：

一種世界可改善論的教條。這種理論認為改善至少是可能的，而決定論者則告訴我們，「可能性」的概念源自於人類的無知，控制世界命運的是「必然性」和「不可能性」。

在一個完全命定的世界裡，討論什麼是「應該的」沒有任何意義，因這種討論預設了世界上存在真正的可能性，但這正是決定論者所排斥的。在這樣的世界裡，任何事情的發生都是必然的，對那些罪大惡極的行為，如大屠殺和美國的九一一攻擊事件，即使感到遺憾也無濟於事。因此，你必須接受我們的世界是「無可救藥的腐敗，它的缺憾是無法挽救的」。

但相反的，對詹姆斯而言，要求完美、要求沒有任何遺憾的事情，無非是要求一個沒有任何真實可能性的命定世界：

> 在一個完美的世界裡，擁有自由卻顯然變得更差，有誰會失心瘋希望這樣？只有必然如此，不可能有其他可能，這只是對樂觀主義的完美世界錦上添花。人唯一能合理要求的**可能性**是事情能夠變得**更好**的可能性。不用我說，那種可能性是我們在現實世界裡可以渴望擁有的。

在這段話裡，詹姆斯歸結出堅持完美這個廣為流行的觀念是荒謬的。如果世界是完美的，那麼你根本不需要「自由」這東西，因為自由除了表示你有變壞的機會外，還有什麼別的意義呢？詹姆斯提出的藥方是：拋開「完美世界」這個不切實際的荒謬概念。相反的，要堅守合理的信念，當你的夢想、希望、目標、期望和現實世界出現落差時，未來總是有好轉或改變的可能。

我們生活在一個不完美，但卻有可能進步的世界裡，你可以從錯誤中學習，發誓以後絕對不再重蹈覆轍。在這樣的世界裡，你有許多成長和改變的機會！相反的，在完美的世界裡，你根本沒有任何機會成長和改變。這樣的世界實在不怎麼有趣，而且不值得你為它犧牲眼前的幸福。詹姆斯說過：「對我而言，如果這個世界只是一個幸福的安樂鄉，如果快樂只是因為活著、因為它單純的和諧與喜悅，它將澆熄我對思考的熱情。」

沒錯，在我們的世界裡，正義不一定能得到伸張，好心也未必會有好報。疾病、天災、意外、謀殺、性侵害、貧窮，以及人生的無常變化，都是人類幸福的阻礙。我們可以理解為什麼人會渴望一個不會破壞我們幸福的完美世界。對宗教思想家而言，這些人世間的「惡」，對捍衛並證明一個容許惡存在的上帝而言，一直是個很大的挑戰。〔註四〕因為你會問，一個全知、全善、全能的上帝（基督宗教傳統的上帝）怎麼會容許這種事？這樣的上帝為何不創造一個沒有惡的世界？一個完美的存有所創造的世界不是應該一樣完美嗎？

不過，詹姆斯提醒我們，這樣的世界將會是一個停滯的世界，人沒有任何進步的空間。在這樣的世界裡，自由的概念是空洞的。這樣的世界不需要勇氣，因為沒有危險；也沒有英勇事蹟、沒有自我犧牲、沒有拯救生命的醫學突破、沒有改善生活的創意發明；沒有機會去過冒險的生活、摔得鼻青臉腫再從失敗中學習；沒有犯錯的權力；沒有選擇對錯的自由（除了在「你的選擇永遠是對的」這個微不足道的意義下）。〔註五〕

如果你希望活在這樣的世界裡，那就把「完美」奉為人類生存的理想境界吧！悉聽尊便。但如果你不確定活在這樣的世界是否真如它表面看來的那麼美好，那麼你最好還是放棄世間萬物要合乎理想的要求吧。比較好的方法是接受人生在世，難免會有些不順人意的事：別人不會永遠對你親切，有些人有時候還會有反社會、不管他人死活，甚至令人極度厭惡的行為，有時候人生的抉擇和命運的作弄，難免會讓你感到遺憾。你寧可接受這些事實，也不要在現實生活不如意時，又叫又跳，強求完美。

第七帖解藥：適當的奉獻，放鬆過日子

奉獻自己，但在自我奉獻的同時，要保持人性。（休姆）

有些人認為，完美是成功的動力。財富的累積、科學的進步、運動員改寫紀錄，以及其他各式各樣的成就，都是因為有一群人為了追求完美，為了達成目標，堅忍不拔、全心全意的奉獻自我。許多成就非凡的人，他們成功的背後都有理想的激勵，這或許沒錯，但**強求**完美的人是否能夠快樂地生活，這就難說了。要求完美未必能為你帶來成功，相反的，情緒的壓力——堅持完美

註四　例如，阿奎納為證明上帝存在而提出的「五路論證」，有一部分就是為了回應這類惡為何存在的問題。參見Aquinas, Five Ways of Proving God's Existence: The A Posteriori Approach, in *Philosophers at Work: Issues and Practice of Philosophy*, ed. Elliot D. C(FW, T.: harcout, 2000), 528-30.

註五　例子請參見John Kick的惡之問題的靈魂塑造論證（soul building argument）:The Free-Will and –Soul-Building Arguments, in *Philosophers at Work*, ed. Cohen, 544-46.

的必然後果——會讓人陷入極端的不安，妨礙創意的思考。

對目標的執著究竟是健全的投入還是病態的熱衷，有時是很難區分的。同樣的，要分辨謹慎果決的工作者和工作狂也非易事。然而，兩者之間還是有一個很明顯的不同，工作狂會犧牲生活中其他重要和有意義的東西，如友誼、家庭、休閒娛樂等等。驅使工作狂不停工作的，是一種「非如此不可」，不容說不的命令，即使在睡夢中依然鞭策著他。對工作這種狂熱的、強迫的執著，很容易因為其他事情而被干擾，所以幾乎所有的事情，除了某些特殊的情況外，都會被視為是「投入工作」這個無上命令的阻礙。

「交際花」的主要任務是交際應酬，乍看之下，這種人和工作狂似乎相差十萬八千里。但實際上，這兩種人都有一個共同的特徵，即生活方式的排他性。對前者而言，工作充其量只是一種社交機會，在最糟的情況下，工作還會對他們的交際生活造成妨礙；後者則將交際活動視為影響工作的旁騖。不過可以確定的是，兩者的活動雖是截然不同，但他們的生活同樣都是受到一種「非如此不可」的無上命令所宰制。這些命令束縛著他們，讓他們終其一生不得安寧。

對於這種兩極化的偏執，英國哲學家休姆提供了一帖很有效的解藥。身為一個多產的哲學家，休姆還是有辦法挪出時間從事社交活動。他言談機智，人緣甚佳，喜歡跟同事、朋友交往。他說：「當一個哲學家，但在你的哲學活動中，你還有身為人的其他面向。」

身為「人」，身為一個普通人，對休姆而言，就是過「多采多姿的生活」，這種生活包含了各種人性的面向，沒有哪一個面向較優於其他。他說道：

人是理性的存有，故能從科學中獲取所需的食物和養分：但人的理解是如此受侷限，所以期望在這個項目獲得滿意的結果，不管是就其範圍或可靠度而言，都是不太可能的。人是社交的存有，跟他是理性的存有一樣：但他不可能總是能夠找到和藹、風趣的同伴，或為他們保持適當的嗜好。人也是活動的存有，這種天性和其他生活不可或缺的必需品都要靠職業和工作維持：但我們的心靈需要放鬆，不可能老是為生活賣命操勞。所以，大自然已為我們指出最適合人類的多樣化生活，而且私底下告誡他們，不讓任何一方有太深的偏見，才不至於影響其他的工作和娛樂。

對單一生活面向的完全投入，必然會犧牲掉休姆所謂的「多樣化生活」。一直活在象牙塔裡的哲學家，可能會因為很少接觸他人的想法和影響，而無法達成多樣化生活的目標。一個以辦公室為家的企業家，則會失去參與家庭生活的機會。人類是理性、社交和活動的混合體，要求自己絕對只能專注一種目標，正是不幸的根源。

亞里斯多德的「中庸之道」在這裡特別受用。雖然沒有什麼公式可讓你判斷定自己的投入程度是過還是不及，但極端和異常行為是很容易辨識的。讓自己處在無知的狀態，例如拒絕閱讀或適當地接受資訊，是一種極端，因為執著冥想的生活而放棄日常所需，如飲食、睡眠等等，則是另一種極端。所以亞里斯多德告訴我們：「身為人，我們同時需要外物的滋養；我們的本質不是只靠沉思默想就能自給自足，我們還要有健康的身體才行，所以不能沒有食物和其他照顧。」

如同亞里斯多德告訴我們的，適合你的方法未必適用他人，方法因人而異，所以你該如何平衡生活中的理性、社交和活動，我無法置喙。有些人比較善交際，有些人比較重知性，有些人則比較愛運動。但毫無疑問的，我們的天性是多樣化的，沒有任何單一面向能自給自足。

第八帖解藥：簡單生活，不淪為欲望之奴

不追求奢華的東西，享受簡樸生活的樂趣。（伊比鳩魯）

對某些人而言，驅策他們的動力不是求知的渴望、他人的陪伴，或是工作的成就，而是對奢侈品的欲望——美食、美酒、名牌服飾、豪宅，以及其他金錢和財富買得到的東西。擁有這些東西被視為是提升快樂的必要條件。

這種追求幸福的方式必然會帶來自我挫折，這點希臘的伊比鳩魯非常清楚，他認為，在簡樸的生活中尋找快樂是比較可行的方法。伊比鳩魯認為，「真正的快樂不是來自感官的享受，而是來自簡單的生活，無憂無慮，只要一般的生理所需不虞匱乏就夠了。」而且「事實上，只要你不再為**需要**所苦，家常便飯帶來的快樂不輸豪華大餐。」但很諷刺的是，自認為「最不需要」奢侈品的人，一旦他們有錢買得起這些東西，通常也是最愛享受這些物質的人。認為「虛榮的快樂難求」，只有奢華過活才覺得快樂的人，最後往往難以滿足。相反的，追求生活中的單純事物——健康的食物、溫馨的房子等，這種人不用奢侈品也能心滿意足，如果他們有錢買得起奢侈品，也會加倍珍惜。伊比鳩魯認為，過這種生活方式的人「不用擔心是否能發財」。

同樣的方法也可以運用在追求日常生活的快樂上。例如，如果你堅持每樣東西都要很美味，那麼你很難稱心如意。事實上我發現，有些最愉快的用餐經驗反而是在那些普通的餐館裡，因為

我並不是抱著期待一場味蕾饗宴的心情去吃晚餐。我寧可擁有驚艷的快樂，也不要惱人的失望。當同桌用餐的人和用餐氣氛都讓人心情舒暢，你對食物和服務本身就不會那麼在意。

相反的，有一次我在一場研討會結束後和同事一起外出用餐，其中一個人浪費他的以及我的時間不停嚷嚷，抱怨服務有多差。這次的經驗讓我覺得很不舒服，但真正的原因卻不是餐廳的食物和服務，雖然它們真的很不怎樣。

伊比鳩魯說得沒錯，當你放棄堅持完美，你才能享受生活，即使讓你樂在其中的東西並不是最好的。

那麼，對於性愛這檔子事，我們該採取什麼態度呢？伊比鳩魯說道：「每天喝酒、跳舞、做愛，大啖魚肉和山珍海味並不會帶給你快樂的人生；相反的，快樂的人生來自清晰的理智。」伊比鳩魯認為，過度放縱自己，對感官的享樂索求無度，反而會因為追求一時的快樂而持續處在焦慮的狀態中，讓人一點也快樂不起來。

太多的欲望只會讓你變成奴隸，不會讓你變得快樂，因為驅策你的是非如此不可的要求，而不是喜愛。你告訴自己，**一定**要有頻繁的性生活或是性生活一定要很好。不管是前者還是後者，當你把性視為一種**需要**而不是一種喜愛，不只是令人高興的事，而是一種非如此不可的行為，甚至是義務，那麼你反而會給自己帶來很大的壓力。用這種態度面對性生活，原本的親密時光反而變成了極度焦慮的時刻。事實上有許多人無法達到高潮，只因為他們擔心自己的表現達不到他們**必須**達到的標準。然而，只要這些人將非如此不可的要求變成一種喜愛，他們的性能力往往就能獲得明顯的改善。在這種情況下，放棄對完美的堅持就是最好的春藥。

【第二章】對抗邪惡，讓自己更堅強：對治將問題嚴重化

讓我們面對現實吧！在這個不完美的世界裡，發生不幸是在所難免的。不幸英年早逝、無端的殘暴行為，這都是現實人生的一部分。大屠殺發生過，不公不義的戰爭也打過。奴隸制度在世界的某些角落裡依然存在。天災人禍總是在現實生活中不斷上演。大部分的人都會同意，這些事情的確很恐怖、很可怕、很糟糕。但除此之外，很多人還會把許多其他的不幸也加入這份可怕的清單中：

- 離婚
- 被開除
- 來不及對摯愛的人說「我愛你」，他／她已經離開人世
- 被騙光所有的或大部分的積蓄
- 想約某人出去，卻換來對方的嘲笑
- 被信任的人欺騙

這張清單顯然可以無限加長。但事情究竟要嚴重到什麼程度，你才會用恐怖、可怕、糟糕來形容它？這張清單上的事情真的都很糟嗎？它的增加或減少有什麼合理的依據嗎？

如何回答這些棘手的問題，端看你如何定義這些形容詞。就某方面來說，這些形容詞傳達了相當高程度的「**惡**」。換言之，「惡」是有一個門檻的，超過了這個門檻，「不好」就會變成很糟。至於界限在哪裡，就看當事人如何認定了。在一般人眼中，被約會的對象嘲笑算不上是什麼大不了的事，但性侵和謀殺小孩則越過了這個門檻，變成很糟的事，這點大多數的人都不會有異議。

但從另一方面來看，可怕、恐怖、糟糕這些字眼也可以用來形容任何讓你不滿或失望的事。在這個意義下，你可能會這麼說：「如果因為下雨害我們不能去游泳，那就太糟了。」這樣的表達方式沒什麼不好，大多數這樣說話的人也不是真的覺得事情有多糟。

但在另一個層次上，可怕、恐怖和糟糕並不是相對的，它是沒有商量餘地的。在這個意義下，它們代表**絕對的壞**，也就是你所能想像得到最糟的事情。這種錯誤的觀點正是理性心理學家所謂的「**嚴重化**」（awfulizing）。

這種非理性的指令規則如下：

嚴重化：如果令人討厭的事情發生，或可能發在你或你的重要他人身上，那就**太**可怕、**太**恐怖、**太**糟糕了——那肯定是有史以來最糟糕、最倒楣的事。

一旦接受這條規則，你就會永無止境地陷入自我毀滅的情緒中。當你讓這條規則牽著鼻子走，一旦發生或可能發生不快的事，你就會反應過度，顯示你實際上有多麼不爽。在你心裡，你將它歸入全世界最不幸的事情之列。你會因為可能失業而焦慮、因為太太跟你離婚而消沉，因為被騙而覺得生氣，甚至暴怒。因為擔心被開除，你更加無法發揮工作效率。你在離婚的痛苦中打轉，無法開始新生活。你很驚訝自己被騙，你詛咒騙你的人下地獄，事後又覺得後悔。

這種想法不合理的地方就在於，你從**相對的惡**推論出**絕對的惡**。要反駁它很容易：

就算我們的世界越來越糟，糟到令人作嘔，**絕對糟到不能再糟的**想法也只是一種沒有證據的想像。

你用不著否認前面那張清單上的事很糟，因為那也可以看出從「壞」推論到「最壞」的謬誤。離婚或許很糟，但你的另一半有可能不是跟你離婚而是慢慢毒死你。你有可能遇到比丟了工作還糟的事，例如丟了性命。別人有可能對你做出比欺騙更糟的事，只要發揮一下想像力就行。

有什麼真的很可怕的事，能讓你從不好推論到「絕對」糟到極點？這點很難說，因為只要你願意發揮想像力，你一定能想到更糟的情況。大卡車撞死一個人是件很糟的事，但兩個人被撞死就更糟了，但還有更糟的，如果被撞死的是更多人的話。相對來說，不幸的事情有可能跨越惡的門檻而變成可怕、恐怖和糟糕。悲慘的故事不時在上演，但這些事情的負面價值是相對的，不是絕對的。

我在前一章曾提到，傳統形上學將惡視為善的缺乏。對柏拉圖而言，善是真實的，事物之所以變成惡就是因為它們不是完全的善。因此，凡是**絕對的**惡一定不存在。

新柏拉圖主義的哲學家波羅丁（Plotinus）將這種絕對的惡稱之為「邪惡」。他說道：邪惡「不是任何一種缺乏，它是絕對的缺乏。在某個程度上缺乏善算不上是惡……缺乏只是代表不夠好；而惡則是絕對的缺乏。」他另外還提到：

> 在我們看來，惡不只是某個特別不好的東西——如不公平，或是其他醜陋的特徵——而是一種原則，它和所有因為擁有某些特質而具體化的形式是不同的。

因此，對波羅丁而言，我們清單上那些不好的事並不是絕對的惡（邪惡）。它不是最糟的事，因為仍具有某種程度的善。（註一）對波羅丁而言，事情只有抽離了所有的善才會變成絕對的惡。但像離婚這種事，必須要有人和婚姻制度的存在才能夠成立。丟掉工作預設了工業的存在；而說謊表示有事實存在。所以就哲學意義來看，這些事情都不是絕對的惡。

柏拉圖也認為，在我們生活的世界裡，沒有任何東西是完美的。所以**完全的**惡這種概念在他看來只是一種想像。他如是說：「惡必然會縈繞於人世。」完全的惡想必和完全的善一樣，是神聖的，不存在於人世間的。但這只是柏拉圖思想的反面罷了。

註一　聖奧古斯丁也提出類似的論證方法，他認為「絕對的惡」根本不可能存在，因為「即使那些一開始便被惡污損的自然現象，它們之所以為惡，只是因為它們有缺陷，但就它們是自然的這點來看，它們仍是善的。」*City of God*, chap.3.

重點是：不管是從經驗或哲學的角度來看，不要為絕對的、全然可怕的、恐怖的和糟糕的事情抓狂，因為這種事情根本不存在於人世間。

那麼。你該如何讓自己遠離這個瘋狂的深淵呢？亞里斯多德相信，一個勇敢的人會「依據事情的是非曲直去感受、去行動」。這意謂著至少不要把事情看成絕對的惡。亞里斯多德認為，即使面對非常邪惡的事——在相對意義下很糟糕的事——勇敢的人會用他「應有的方式」面對它，並「依據原則行事」。我們能從哲人的智慧中窺見哪些原則？有什麼解藥能幫助我們化解我們所遭遇的不幸？

化解「嚴重化」的解藥

第一帖解藥：深沉的痛苦讓人變得高貴

不要老是抱怨自己的不幸！相反的，克服它，將你的苦難變成正面的東西。（尼采〔Nietzsche〕）

我們很容易將注意力集中在生活中不如意的事情上，而忽略了美好的事物。當我們面對困境時，我們常常會退縮，感嘆自己的處境：投資失敗、偷竊、性侵害、訴請離婚或分居、摯愛的人過世、病痛、無法根治的宿疾或絕症。我們只看到自己處境不好的一面，並為此痛苦不已。就像被獵人的捕獸器夾住了腳的動物一樣，我們越是掙扎，血流得越多，傷口越深，感染就越嚴重，我們會變得越無助、越絕望。

但是這種主觀的痛苦並不是面對不幸的唯一方式。哲學家尼采的反應相對的就比較有建設性。尼采如是說：「人之所以有容許自己被看輕、被搶、被騙、被壓榨的傾向，可能是因為上帝對人缺乏信心。」

事實上對尼采而言，正是透過人類的苦難，我們才能學會堅強。

> 經歷過痛苦之後，他比最機敏、最聰明的人懂得更多，他熟知並「經歷過」許多遙遠而可怕的世界，而這些世界是「你一無所知的」。

尼采說道：「深沉的痛苦讓人變得高貴，」並「將受苦的人和那些毫無經驗的人區分開來。」經得起苦難折磨的人為自己創造了一個變得更勇敢的機會。事實上，在面對、抵抗痛苦的同時，他就是勇敢的。受難者的不幸很容易被視為一種障礙，但換個角度，它也可以激勵人發展嶄新的、創意的生活方式。事實上，社會在逆境中才會進步，在太平時期它常常是沒有生產力的：〔註二〕

註二　「事實上，只要是重大的成長，就不可避免地伴隨著巨大的破壞和死亡：痛苦和沒落的徵兆，只有在巨大的變革時才會出現。」Friedrich Nietzsche, Notes (1887), retrieved June 15, 2006, from http://www.edmaupin.com/somatic/nietzsche_wtp_bk_i.htm.

> 痛苦、深沉痛苦的磨鍊——你難道不知道，正是**這種**磨鍊創造了人類迄今的進步？靈魂在不幸中的緊張，激發了它的力量，在面對巨大毀滅時的顫慄，在經歷、忍受、詮釋和利用痛苦時產生的創造力和勇氣，以及它被賦予的深度、奧祕、掩飾、精神、精明和偉大——這些哪一樣不是經歷苦痛，經過深沉痛苦的磨鍊所獲得的？

因為痛苦，人生有了新的意義、方向和任務；沒有痛苦，它們是不可能出現的：

> 人是最勇敢，也是最能承受痛苦的動物，他不會否定這種苦痛：他**要求**受苦，甚至尋找痛苦，只要有人能告訴他受苦的**意義**和理由。

不久前，我參加了一個受害人扶助團體的社工表揚餐會。主要發言人是一位遭受暴力攻擊的倖存者。幾年前，當時她還是一位保險理賠人員，有天開車上班行經擁擠的南佛羅里達高速公路，有輛車開到她旁邊並朝她的車窗開槍，子彈射中她的眼睛。雖然她的眼睛因槍傷而無法張開，她還是努力將車子開到路肩，直到一位好心人走來敲她的車窗要幫她。當她打開車門讓這個男人上車，他卻將她綁起來、痛毆並強暴她，然後將她丟在車裡不管她死活。對她施暴的人正是之前朝她開槍的人。

儘管如此，這位堅強的女士還是活了下來。因為永久失明，丈夫拋棄她，跟別的女人跑了，留下三個小孩讓她扶養。如果不是因為她親身經歷的痛苦遭遇，這位女士未必會選擇幫助跟她一樣的暴力受害者。說來很諷刺，這場毫無原由的恐怖犯罪反而為她的人生帶來了嶄新的正面意義。她後來和一位同事結婚，會中她開玩笑地提到她和第二任丈夫是相親（blind date）認識的。她顯然開了自己失明（blind）的玩笑，但當她訴說著自己的故事時，我看到了她眼眶裡隱隱泛著淚光。尼采肯定會同意，這位女士的眼界比許多不曾經歷這種苦難的明眼人更開闊。

尼采認為，痛苦可以讓人「堅強」，而堅強的人是高貴的。「只有最高貴的人才能全然的堅強。我的兄弟啊，我將這塊新的匾額掛在你前面：**變堅強！**」

不過我要奉勸你，別將「變堅強」這帖解藥按字面意思過度服用。因為變「堅強」的意思本身是相對的。我之前提到的那位女士，她依然有感情，會哭泣，而且也正因為她的感覺和共鳴能力賦予她力量，讓她能對類似遭遇的人伸出援手。沒錯，她沒有自怨自艾，也沒有變成鐵石心腸，否則她也無法在緊要關頭對他人伸出援手。她將自己的苦難轉變成前進的動力，樹立了一個勇敢、堅忍、耐力和創造力的典範。但在這個過程中，同情心是她力量的重要泉源。

在這場幾乎讓她喪命的殘酷暴行中，她勇敢面對生命的脆弱。這位女士原本可以放棄人生、自暴自棄！但她反而變得更堅強。我想，她沒有放棄生命，正是因為她勇敢地面對自己的死亡。

第二帖解藥：精采的人生與生命長短無關

別擔心死亡，重要的是如何活得精采。（伊比鳩魯、維根斯坦、沙特、蘇格拉底、亞里斯多德、桑塔耶納〔Santayana〕、奧勒留〔Aurelius〕、培根〔Bacon〕）

只要是人，不管是誰，終究難逃一死。唯一不確定的只是何時會死，而不是死亡本身。面對這個事實的態度會影響你是快樂地生活，還是焦慮、憂鬱地度日。如果你將死亡視為極度可怕，沒什麼比它更糟的事，那麼死亡的陰影就會如影隨行地跟著你，扼殺你快樂生活的能力。

伊比鳩魯也相信，如果你不怕死，就能快樂生活，因為「一個人如果徹底相信死亡沒什麼可怕的，那麼活著還會有什麼事好怕的。」死亡到底有什麼可怕之處？伊比鳩魯說道：「死亡這個最可怕的惡魔」與我們無關，因為，

> 當我們活著時，死亡不存在；當我們死了，我們也不復存在。所以不管對活人或死人而言，死亡都不重要，因為對活著的人而言死亡不存在，而死了的人也已不復存在。

所以，沒道理為那些即使降臨在你身上也不會帶來任何痛苦的事情擔心，伊比鳩魯解釋道。因為死亡就是痛苦的解脫，因為預期死亡而自尋煩惱是不理智的。

維根斯坦也有類似的觀點，他提到：「死亡不是生活的事件，我們活著不是為了體驗死亡。」但一般人都會害怕死亡，因為他們相信，人會活著經歷自己的死亡。但在邏輯上這是不可能的，當你還活著時就不可能死。所以這種恐懼死亡的基礎是不合邏輯的。

不過，讓大多數人覺得恐懼的事，對伊比鳩魯而言卻是值得欣慰的：死亡是一種非存有的狀態。但在這種狀態下，你將永遠無法再去愛人，無法再歡笑，無法再縝密思考和感受快樂。這些理由難道不足以讓我們對終將一死感到難過嗎？

讓自己難過？讓自己不高興？這根本毫無道理。把寶貴的時間浪費在擔心無法獲得正面經驗的事情上，有什麼意義呢？讓自己覺得挫折有什麼好處？如果你希望快樂，為何要鬱鬱寡歡，破壞你的快樂？沙特和海德格（Heidegger）這些存在主義哲學家想必會提醒我們，應該把意識到死亡這件事當成一種警鐘，提醒自己把握人生，而不要抑鬱不樂。

所以，快樂最重要。伊比鳩魯說過，活得快樂不一定要活得久，因為你可以活得很久卻一點也不快樂：

> 智者不畏生，不怕死；因為活著對他沒有壞處，死了對他也沒什麼可怕。就像選擇食物，他不會選擇份量最多的，而是最美味的，所以他追求的不是活得最久，而是最快樂的人生。

追求生活品質，別再讓擔心死亡破壞我們快樂生活的目標。

讓我舉個例子。我認識一個人，她平常大部分時間都埋首研究危害健康的課題，而且找到許多「很有說服力」的理由，不准自己享受許多她原本喜歡的東西。搭飛機有危險，所以她儘量少旅行。在嘗試新食物之前，她會先研究這些東西是否含有任何有害成分。她只去「經實驗證明」的餐廳用餐。檢查生活環境以及家庭用品是否含有生物危害元素。避免購買「第三世界」製造的衣服，因為她擔心會染上當地的特殊疾病。當她終於決定「冒險嘗試」時，她所碰觸的東西都已經消毒過，早已失去了它們原始的風貌。當每一天結束時，她很安全，但也很無趣。

這個故事告訴我們：人不可能長生不死，別因為怕死而破壞了生活品質。

也許伊比鳩魯的觀點太入世了，不合你的胃口。但你不可不知，他認為心靈是身體的一部分，就像你的大腦一樣。當你的肉體死亡，你的心靈（或靈魂）也隨之死亡。就這個觀點來看，你的肉體消失後，你的心靈是不可能還存活著。與之相反的，是蘇格拉底在獄中服毒前所說的一段發人省思的話。因為不實指控而被雅典法庭判處死刑的蘇格拉底，其實是有機會，也有辦法逃出監獄的。然而，由於他並不認為死是最糟的事，他選擇遵守法律，接受懲罰，以維護他的尊嚴。蘇格拉底說道：

如你們所見，發生在我身上的事可能是件糟到不能再糟的事，事實上一般人也都如此認為……讓我們換個角度來思考，你會發現我們有很好的理由相信死亡是件好事，因為它無非是兩種情況之一：死亡或者是一種全然的虛無、毫無知覺的狀態；或者就像人們所說的，是靈魂從這個世界遷移到另一個世界的轉變。如果你認為死亡是毫無知覺的，就像連個夢都沒有的沉睡狀態，那麼死亡將是難以形容的收穫。死亡若真如此，那麼赴死就是一種得，因為永恆不過是一場沉睡。但如果死亡是前往另外一個世界的旅程，就像人們所說的，所有去世的人都在那裡，噢，我的朋友和法官啊，還有什麼比這更好的呢？……如果可以跟奧菲斯、穆賽歐斯、赫西德，還有荷馬交談，有什麼代價是我們不能付出的呢？……最重要的是，在那裡我可以繼續鑽研知識的真假、對錯，就和這個世界一樣，在另外一個世界也一樣……分離的時刻已經到來，我們走該走的路——我走向死亡，你們繼續生活。至於何者較好，只有神知道。

蘇格拉底從不認為死亡是件壞事，他有充分的理由相信，死亡也許還是件好事——它或者是一種永恆的無意識狀態，就像一夜好眠，或者是靈魂向另一個世界的遷徙，給予我們嶄新的成長機會（註三）。蘇格拉底的這帖解藥，為我們提供從正面的角度看待死亡的方法，這些方法能幫助你克服死亡的焦慮，而這是傳統灰暗的死亡觀所無法給予我們的。

蘇格拉底寧可選擇死亡，也不願放棄自己的原則，為我們樹立了勇氣的不朽典範。然而有一點很重要，我們必須明白，蘇格拉底不是要你拿生命當兒戲。對他而言，生命是珍貴的，無庸置疑。但熱愛生命並不等於害怕死亡。如果伊比鳩魯還活者，他一定會告訴你，如果你真的熱愛生命，你就不會將自己的幸福浪費在死亡的恐懼上。從這個觀點來看，蘇格拉底的確做到了勇敢面對死亡。他不怕死，因為如果害怕死亡，他早就變懦弱了。如同亞里斯多德所言：「能夠面對崇高的死亡和所有攸關生死的事而毫無畏懼的人，就是勇者。」請注意，亞里斯多德說的是崇高的死亡。亞里斯多德和蘇格拉底並不是要你毫無意義地犧牲生命，這樣的死法一點也不崇高。

面對現實吧！死亡是人類存在的必然特質。生與死是它的界限，所以「你無法改變生死，只能享受生死之間的時光。」這是生命本質的一部分：「不要厭惡死亡，要迎接它，因為這是大自然造物的原則。」

註三　對於相信永罰的基督徒而言，這似乎包含了許多的可能性，但大多數人之所以恐懼死亡，是因為它是一種結束，它宣告了塵世已走到盡頭，而不是可能下地獄。對信徒而言，他們可能會因為恐懼後面這個可能性（即下地獄）而立刻改過自新，或在未來循規蹈矩。但這並不是一般人之所以將死亡視為終極之惡的原因。

英國思想家霍布斯（Thomas Hobbes）認為，所有的人類行為都是為了擴充自我權勢，其最終的目的就是要存活。但是這種沒有快樂的人生只是一艘空船。人生充滿了幸福的可能。但如果我們無法為這艘船裝上有價值的東西，我們就破壞了人生的目的。正如聖多瑪斯所言，如果船東只希望他的船平安無事，那麼他就會把船停在港口裡。只有航向大海，了無生氣的人生才會有充滿活力的奇遇。

正如沙特所言，一個只會說他原本可以如何如何，或早知道就如此這般的人，只是把自己變成「一個沮喪的夢、落空的希望和幻滅的期待」。這種負面的存在，對人生而言是沒有意義的。你算不上**活著**，除非你能認真過生活，而這意謂著你要**去做**能讓自己幸福的事。哪些事情對你而言才是幸福的，你可以自己決定，你的人生會因它而珍貴。空洞無趣的人生不過是行屍走肉。若讓死亡掌控你的生活，你雖生猶死。

透過先人的智慧，我們可以化解死亡的恐懼，擺脫它恐怖的陰影：死亡不過是人類生命的自然界限，它的本質和沉睡無異，一點也不可怕。死神不是人，沒有臉，也不會騎著馬、帶著刀來敲你家的門。他不是任何擬人化的東西。事實上他根本不是「東西」。死是生的否定，是一種不存在的狀態。

培根在他的經典鉅著《新工具》（*Novum Organum*）一書中提到「人類心智的偶像」，指的就是人類理智的成見。他認為有些偶像，如「市場偶像」，和「錯誤及不當的用字」有關。這些偶像源自於字詞的誤用，包括「一些從想像的假設衍生而來的名稱，它們在現實世界並沒有與之相對應的東西。」例如「命運女神」就屬於這一類。培根清單上的另一個例子則是：「手持鐮刀的猙獰死神。」

不要害怕這些虛假的偶像，因為真正危險的是恐懼本身。

第三帖解藥：置身事外，學習超然

在面對困境時，用不帶感情的觀點來看它，把它當成「沒有意志的純知識主體」。（叔本華〔Schopenhauer〕）

如果你告訴自己，絕不能讓死亡降臨在你或你摯愛的人身上，那麼你一定會對死亡感到很恐懼，即使只是想像摯愛的人死去，都會讓你心如刀割。如果你渴望某人的愛或認同，告訴自己**非得到它不可**，那麼當你了解、甚至只是察覺到你無法得到它時，你一定會覺得很糟。如果你告訴自己絕不能忍受不公、不義的對待，那麼如果有人這麼對待你，你一定會很驚駭。但如果你用這樣的觀點來看待這些事情：「它們和意志無關……不帶個人利益，沒有主體性，純粹客觀……它們只是表象而非動機。」那麼你就不會把這類事情嚴重化。哲學家叔本華如是告訴我們。

根據叔本華的看法，如果我們不斷在欲望、希望和恐懼中打轉，我們就無法感受幸福和平靜。但我們有調適的能力，可以超脫人世的欲望之苦，用超然的態度來欣賞我們意識對象自身的美和莊嚴。你是否曾隔著玻璃觀看鯊魚，凝視牠那巨大的牙齒，不帶感情地想像如果你置身在玻璃的另一邊會怎樣？因為有玻璃的保護，你不會有威脅感，所以才能超越自己的意志。

從另一方面來看，因為你和所處的世界之間沒有任何具體的保護裝置，所以威脅感就會比較大，比較嚴重，更需要你的掌控。在真實的世界裡，你和鯊魚同處在一個水族箱裡，你感到焦慮、恐懼、自責、憤怒、憂鬱而苦悶，因為你必須和活生生的現實角力。但叔本華提醒我們，我們可以關閉個人的感情，用類似隔著玻璃看鯊魚那種不帶感情的態度來看待人間事。如此一來，在面對人事的變化無常時，我們就能從審美的角度來欣賞它的「宏偉」，〔註四〕並獲得心靈的平靜，而不會在波濤洶湧的情緒中迷失自己。

叔本華解釋道：

人格高尚的人會用純然客觀的角度去看待別人，而不涉及可能跟他意志有關的角度。例如，他會觀察對方的過錯，甚至是對自己的仇恨和不公，而不會讓自己受到這種仇恨的挑釁。他們會把握自己的幸福而不會去羨慕別人。他能發掘他人的美好特質而不會希望跟他們發生更親密的關係。他會欣賞女人的美，但不會渴求她們。他個人的幸與不幸不會對他產生巨烈的影響。

如果你突然發現自己和鯊魚同處在一個水槽裡，想辦法火速離開是很合理的反應。事實上，你的交感神經會立刻發佈警報，讓你的呼吸、心跳加速，血液裡的腎上腺素濃度會不斷升高，讓你準備迎戰或逃命。這種對危險的反應是一種本能，可能是人類為了生存在演化過程中發展出來的結果。但許多人的這種預警系統時常在沒必要的情況下過度反應。別人嫌惡的表情或不懷好意的舉動被嚴重化，於是把對方妖魔化，一下子就把自己搞得火冒三丈，甚至暴跳如雷。

在這種情況下，叔本華的建議對這些破壞性的情緒不啻是一帖解毒良方。讓自己退一步、採取客觀的、超然的態度；把你感知的對象變成從個人動機抽離出來的純觀念，用「純粹的凝想」取代個人的私利，讓它變成一個「沒有意志的純知識主體」。

根據這個觀點，你心愛的人在心情不好時對你說的氣話，根本不是什麼大不了的事，你不需要去辯解，反而要把它當成思考人類非理性行為的好機會。所以當這些氣話爆發出來時，你聽聽就好，只要聽，不要反擊，就像是隔著玻璃看鯊魚，把自己當成一個沒有意志的旁觀者來面對惡言惡語背後的憤怒。

當然，在某些險惡的處境裡，要自己保持超然的態度是很大的挑戰。例如，大筆的財物損失常會讓蒙受損失的人覺得恐怖、可怕和糟糕。由於大眾文化對有形財物的重視，我們不難看出為什麼有很多人會因為這些損失而沮喪，甚至輕生。即便如此，善用叔本華建議的超然感情還是很有幫助的。

我自己最近就經歷過重大的財物損失。二〇〇四年的秋天，兩個颶風侵襲了我居住的佛羅里達東岸。這兩個暴風雨在短短幾週裡接踵而至，造成我家淹水。由於停了好幾天的電，我的房子和許多個人物品幾乎半毀，不是有水漬就是發霉，其中有許多東西是無法挽救的，包括照片和個人日誌。

當我在整理災難現場時，我有時會讓自己的情緒超脫出來，但當然不是每次都很容易做到。

註四　對叔本華而言，所謂的「宏偉」，就是用不為所動的立場來面對意志感到害怕或覺得受到威脅的對象，如暴風雨。

這是大自然可怕的力量造成的重大破壞，面對這種可怕的力量，我覺得無助、無力。我是一個意外事件的受害者，「在巨大的力量前什麼也不是」。同時，我卻是大自然破壞力這個宏偉概念的「永恆、平靜的意識主體」，在這重要關頭，我並未把自己的損失當成哀悼的對象或等待替換、重建的東西，而是把它視為大自然力量的純觀念，在大自然的力量面前，我是如此渺小而微不足道。對我而言，審美的角度可以讓我獲得慰藉。不用說，我必須動手清理，把房子回復成可以居住的狀態。但有時我會瞥見大自然的宏偉，正是這種角度讓我得以超脫現實，度過這次的難關。

一些早該遺忘的照片依然在我的記憶裡徘徊。還記得當時找到了那張我最心愛的小狗照片，牠其實已死了好幾年了。一位去世的朋友瘦小蒼白的身影上的點點霉斑，依然歷歷在目。它們不斷提醒我，大自然的力量有多巨大。我還記得將那些照片小心翼翼地丟入垃圾桶裡，宛如在埋葬什麼似的。這段經驗是如此的宏偉。雖然很不幸的，我失去了一些無法挽回的照片，但這未嘗不是一段塞翁失馬、焉知非福的經驗。我同樣將它珍藏在我的記憶裡。

第四帖解藥：比上不足，比下有餘

把自己覺得很糟的事跟其他更糟的事相比，慶幸更糟的事沒有發生在自己身上。（艾彼科蒂塔斯）

艾彼科蒂塔斯勸告我們：「正視死亡、流亡，以及所有可怕的事情，日復一日，尤其是死亡。如此一來，你將永遠不會有任何悲慘的想法，也不會過度渴求超乎你能力所及的東西。」你已經知道不要過度恐懼死亡的理由。此外，多和我們覺得可怕的事情相比，這樣的比較能開闊我們的視野。我的確認為，颶風對我的房子造成損壞，讓我的財物蒙受損失，這是件很嚴重的事。但我只要想想最近重創紐奧良地區的卡崔娜颶風或泰國海嘯所帶來的破壞，數以千計的人因此喪生。只要想想這些天災我就能明白，我們對嚴重程度的認定是相對的。

如果你還是認為，沒什麼比發生在紐奧良或泰國的天災還可怕的事，那麼你不妨發揮一下想像力，納粹集中營的囚犯所受的苦是不是更可怕？或是盧安達的種族大屠殺？當你想想這些更嚴重的罪行時，離婚或失業的痛苦，以及其他俗世的損失，相較之下就顯得微不足道了。

這種相對性也讓我們注意到一個事實：對於糟糕的判斷是無法得到證實的。想確定某樣東西是不是紅的，你只要看一眼就行了。但要判斷離婚是不是壞事，卻沒有類似的實驗方法可以求證。

同樣的，也沒有什麼事一定是很恐怖、很糟糕的。因為當你認定某件事很糟糕時，這是你暗示自己應該為這件事感到恐怖或畏懼。這表示是你要自己擔心受怕。但世上並沒什麼不可動搖的事實，也沒有「可怕」這種特殊屬性，會自動附屬在某些事情上。「你」才是真正能夠判斷這些事情的人。你到底該怕什麼是由你自己決定。

第五帖解藥：讓事實主導，而不是用感覺

既然某件事情可怕與否並不是無法改變的事實，而是你自己對事實的推論，那就別再把事情往壞處想。（休姆）

很久以前，休姆就指出，不管收集了多少事實，你也無法從這些事實推論出「應該」或「必須」。休姆如是說：

到目前為止，在我所見過的道德系統裡，我總是發現，作者會花一點時間在一般的推論上，證明上帝的存在或觀察人類的活動；然後，我就會突然驚訝地發現，「是」（is）與「不是」（is not）這些普通的陳述命題無不跟「應該」（an ought）或「不應該」（an ought not）這類應然命題扯上關係。這種改變很難察覺，但卻非常重要。因為這種「應該」或「不應該」傳達了某些新的關係或肯定，必須對它加以觀察並解釋，同時必須提出理由，因為實在很難想像，這種新關係是怎麼從跟它完全不同的事情推論出來的。

舉例來說，你可以說你的另一半如何背著你和你最好的朋友劈腿。他們倆如何聯手欺騙你，如何背叛你的信任，諸如此類。但當你停止描述這些你認為已經發生的事實，而大聲驚呼：「這真是太可怕了！」你已經超越了事實；你所陳述的是你「應該」有什麼感受！你讓自己覺得害怕！說話的人是你，而不是事實。但用另一種角度來看，這些判斷都是相對的。一切端看**你**怎麼想。只要你明白這種相對性（主觀性），的判斷就不會帶來傷痛。一旦你告訴自己，事實是可怕的，而且就是這樣，無可改變，你就會很難處理問題。相反的，如果一件事可不可怕是**你**自己可以決定的，那麼你就不至於讓不如意的事把你搞瘋。你一定有這個能力。把事情嚴重化的人是你，不是我們生活的世界。除非你非這麼想不可，否則這世界並沒有那麼糟。

【第三章】建立自尊：對治責怪

有些不幸的事情並不是你或任何過錯造成的，例如海嘯或致命的疾病。但有些卻可能是你自己造成的，例如忘了關爐火，結果把房子給燒了，或是開車不小心，造成嚴重的車禍。不過有些發生在你或他人身上的不幸，的確是別人造成的，例如遇到搶劫、另一半被性侵害、無辜的人被法院宣判有罪，或是你所信任的民代辜負了社會大眾的信任。

當不幸的事情發生時，你很容易變得憤世嫉俗、尖酸苛薄，責怪自己、別人或全世界，你很容易因為那些「狗屁倒灶」的事而怒火中燒，鬱鬱寡歡地和這「令人作嘔」的世界脫離關係，或是為自己毫無價值的存在而意志消沉。

這些不當的反應源自三種自尋煩惱的行為，可以依據責怪的對象區分如下：

● **責怪全世界**——「都是這世界的錯！」

如果有什麼亂七八糟的事發生，那表示這世界本身就是亂七八糟的。

● **責怪自己**——「都是我不好！」

如果我把事情搞砸了或做錯了，那我就是一無是處的敗類或廢物。

●**責怪他人——「都是你的錯！」**

如果是別人把事情搞砸了或做錯了，那麼他就是一無是處的敗類或廢物。

我們很容易就可以看出第二和第三種責怪方式會導致謬誤：

反駁：做了沒用的事不等於就是完全沒用的人；否則每個人都是沒用的。

你所認識的人，有哪個從未犯過錯或不曾把事情搞砸？別忘了，聖多瑪斯•阿奎納曾強調，犯錯是人的天性；否則我們豈不都成了神。人類的本質不能完全簡化為惡行。

當然，哲學家對人類本質的觀點各有不同。例如，根據笛卡兒（René Descartes）的看法，人的本質是「一個會思考的東西」，換言之，也就是一個非物質的實體或靈魂，它能思考、理解、確認、否定、希望、拒絕、想像、感覺。反之，對休姆而言，所謂的本質不過是透過記憶整合在一起的「一串或一組不同的知覺」。對沙特而言，你是「一個有自我意識的計劃」，它會透過一生的時間來自我完成。所以你就是你所有行為的總合，你就等於你這一生。對詹姆斯而言，你是所有你**能夠**稱之為你的東西的**總合**，它不只包含了你的身體、你的心靈力量，還包括你的衣服、房子、妻子、兒女、祖先、朋友、名譽、工作、土地、馬匹、遊艇、銀行帳戶。

請注意，上述沒有任何一個說明能推論出，做了無用的事就會讓你變成完全無用的人。根據笛卡兒的觀點，你的靈魂依舊會繼續做它該做的事，也就是思考。根據休姆的觀點，你的本質只不過是在總合裡多增加了一些觀念。根據沙特的觀點，界定你的依然是你一生行為的**總和**。根據詹姆斯的觀點，你仍然保有許多有價值的東西。

那麼世界的本質是什麼？難道一個充斥海嘯、納粹、恐怖份子、兒童性侵者、愛滋病、伊波拉病毒，以及其他一大堆壞事的世界本身不是一個邪惡的世界？

反駁：部分為真未必代表全部為真。否則，一部由簡單零件組成的機器本身就是簡單的；一道含有苦澀食材（如胡椒）的菜就是苦澀的；水的組成元素和水一樣是濕的；一整個蟻巢的螞蟻和單獨一隻螞蟻一樣無害；兩個顏色無法調合成另一種顏色等等。這個世界的確是有些苦澀的成分，但它依然可以是甜蜜的。

天災、人禍，以及其他各式各樣的悲劇，不斷挑戰我們追求永恆幸福的能力。但它們卻無法阻止我們培養自尊、尊重他人以及發自內心對世界的敬意，讓我們超越痛苦、屈辱和疏離。

化解責怪全世界的解藥

第一帖解藥：用五顏六色來描繪世界，不要只用黑色的

別老是把不幸的事放在心上，不停地抱怨。相反的，要用更寬廣的眼界來看待事物的價值、目的、和諧以及美。（萊布尼茲〔Leibniz〕、羅蒂〔Rorty〕、傅柯、德希達〔Derrida〕）

十七世紀的哲學家萊布尼茲正是利用這種角度來觀察世界。在他看來，所有的事物都是由稱之為單子〔註一〕的微小生命力所組成。這些構成自然界的微粒和古希臘哲學家，如德謨克利圖斯（Democritus）所說的無動力的粒子不同。相反的，他們是活潑的、生氣蓬勃的，每個單子的行動和宇宙中的所有其他單子和諧一致，就像「許多音樂家與合唱團……完美地共同演出，雖然每個人演唱的是自己的曲調，但聆聽整體演出的人卻能發現其中的美妙和聲」。

如果你只聽單一個音符，就聽不到旋律或和聲。如果你只專注某個不和諧的和弦，將無法領略到它是多麼巧妙地融入其他音符與和聲中。同樣的，如果你老是在某個不幸的事件裡打轉，而忽略了世界裡的其他事物，那麼你將會錯過和諧、一致的世界整體。〔註二〕

萊布尼茲正是這麼認為。事實上，他還進一步指出，上帝所創造的世界是所有可能世界中最好的一個。看似惡的事情，實際上卻是真正完美的整體所不可或缺的一部分，因為「部分的缺陷對整體的完美而言，可能是不可或缺的」，就如同「軍隊的將領寧可大獲全勝中帶點小傷，也不要沒有傷亡，也沒有勝利」。所以，如果你忽略了生命中美好事物的價值，只看到陰鬱、單調、空洞的一面，那你就太糟蹋自己了。

我的意思並不是要你認同，所有的不幸都是一種恩賜，或認為世界無法再變得更好。你愛怎麼思考這些事情，悉聽尊便，但別讓自己被這些不幸牽著鼻子走。

萊布尼茲認為，宇宙的和諧是經由上帝預先安排好的，你不見得要接受這種說法。相反的，你也可以發揮自己的創造力。當代哲學家羅蒂認為，我們**創造**世界，而非**發現**世界。同樣的，我在第一章也提到，像傅柯這些後現代主義者就曾提出，透過不同的「真理遊戲」來詮釋世界的可能性。而德希達之流的解構主義者，也強調**解構**傳統的思想體系，將之加以拆解，選擇嶄新、充滿創造力的系統。你也可以利用宇宙的音符與和弦，或是「單子」，來建構你自己的世界觀，或**解構**你之前的詮釋。就像看待抽象藝術品一樣，每個人都可以有不同的詮釋。（註三）

當然，你可以選擇把世界抹黑，也可以將它看成是狗咬狗的世界，爛到極點。但這麼做有什麼用呢？如果你敢說這是一種建議，那麼你的論點就是有問題的，因為建議包含了知識，具有正面價值，可以讓世界變得更美好。如果你認為嘗試改變這個爛到爆的世界根本是徒勞無功的，那麼到頭來，負面的詮釋只會扼殺你的創造力，將它們活活的斷送掉。

相反的，你可以用你手中所有的顏色來描繪世界，而不是只用黑色的，釋放你的創造力，努力追求最大的幸福。建設性的詮釋領域多采多姿，你一定有足夠的能力和智慧，讓它美得如你所願。這樣的做法還比較有意義。

註一 單子（monads）一字源自希臘文，是「單一」的意思。

註二 聖奧古斯丁有一個類似的論證：「如果這秩序之美無法取悅我們，那是因為我們是有限的受造物，侷限在宇宙的一個小角落裡，以至於無法看出那個在我們看來很醜的部分，其實是多麼合諧、美妙地融入這整體的美。」《上帝之城》第四章。

註三 事實上，的確存在**許多**不同的詮釋；然而，我並不認為對現實的詮釋**沒有**理性的限制。這是另一個你必須避免的極端。我在第十一章會指出，對世界的事件報導是有理性標準的。此外，在第九章我也會討論，對不同觀點的容忍也是有理性限度的。例如，我就不認為希特勒的世界觀和德瑞莎修女的世界觀可以等量齊觀。所以，某些世界觀對於幫助你獲得幸福是比較有用的，有些則會嚴重破壞你的幸福。我一直強調，人雖各異，但還是有一些共同的利益會讓我們結合在一起。有些世界觀（像希特勒的）很顯然是人類不宜的。

第二帖解藥：用慈悲心和世界和諧共處

把苦和失視為普遍真理，不強求無法擁有的東西。走出自怨自艾，慈悲對待和你同舟共濟的人。（佛陀）

你同樣有能力超越世界之惡，過著平靜、詳和的生活。這正是佛陀所要教導我們的，他很早就明瞭強求完美的危險。在這個無常的世界裡，人是有限的，若為一己或所愛的人而強求世界無法給予的東西，那是不切實際的。佛陀有言：這正是——

痛苦的真相：生是苦，老是苦，病是苦，死是苦，悲傷、哀嘆、失意、絕望都是苦。接觸令人厭惡的事情也是苦。簡而言之，五蘊（色、受、想、行、識）都是苦。

如果你只想到自己，強求這些無法避免的生命狀態，你只會斷送自己未來的幸福。所以，我們不該和世間事過不去！相反的，默認它、接受它並與它合而為一，不再盲目地追求永遠得不到的東西，將痛苦和損失視為普遍真理，而不要把它看成是衝著你一個人而來。據說，佛陀曾指示一位為亡兒求醫的母親，要她向從來沒有親人過世的人家要芥菜籽。在遍訪鄰人後，她發現根本沒有這樣的人家，因此走出自我沉溺的渴望。

她感慨萬千，抱著兒子走出城外來到墓地，她將他抱在胸前說道：「我親愛的兒子，我想你已被人們所說的死亡帶走了，但被死亡帶走的人並不只你一個。這是所有人的共同命運。」說完後，她將兒子葬入墳裡。

拋開自憐的情緒後，這位母親終於找到了平靜。在佛教思想中，只有透過這種自我超越和對他人（最終推及萬物）的慈悲心（愛），才能獲得內心的平靜（涅盤）。就像這則芥菜籽寓言中的母親，受苦的不只你一個人。它是人世不變的本質。和世界合而為一而非跟它對立，這才是明智之舉。培養超脫自我的慈悲之心也是一種好方法。這和責怪世界的做法完全不同，後者只會為你帶來更多的痛苦。

但別誤會我的意思。慈悲待人之心是可以激發行動和帶來改變的，並非要你在有能力幫忙的時候坐視不幸發生。我要強調的重點是「當你有能力做點什麼時」。讓我們回想一下伊比鳩魯為強求完美提供的解藥：別把力氣浪費在你無能為力的事情上。怨天尤人只是浪費時間和精力。但如果你願意盡一己之力去改變世界，有許多事是你可以做的。只要對你所愛的人說些好話，像是告訴他你愛他，你便能改變世界。拒絕做任何傷害他人的事，像是說謊、侵犯他人的隱私、辱罵他人，或其他各式各樣讓人難過的事，你就能改變世界。這就是佛陀所說的，對世人要有慈悲心，和世界和諧共處。這比責怪它要好多了。

第三帖解藥：擁抱優點，永遠樂在其中

別為自己的不幸和缺陷唉聲歎氣，擁抱別人和世界的優點，就像它們是你自己的優點一般。

（詹姆斯、艾彼科蒂塔斯）

我在前面曾經提到詹姆斯有關「自我」（self）的概念。他認為「自我」包含了所有你有能力擁有的東西。根據詹姆斯的說法，你對你所能擁有的東西具有相當大的掌控權。但相反的，斯多葛學派的艾彼科蒂塔斯則要我們只關心自己能夠控制的事。詹姆斯認為斯多葛學派的做法，

> 是排除法。如果我是斯多葛學派，我所不能擁有的美好事物就不再是屬於我的東西，如此一來我就會很容易否認這些東西。

舉例來說，你因為無法永遠活著，所以長生不老就不是你的自我本質。如果你無法愛某些人，跟他們合作，或對他們表示敬意，那麼你就可以將這些人從你的人生中剔除，無須在意他們。透過這些方法將你關心的範圍縮小，當你面對死亡或遭到拒絕時，就可以刀槍不入，免去許多悲傷。但詹姆斯認為，還有另外一種完全相反的、積極樂觀的方式，亦即透過擴展而非縮小自我：

> 能夠悲天憫人的人……不論他們病得多重、長得多醜、處境多糟，甚至完全孤獨無依，只要想到他們是這勇敢世界裡不可或缺的一份子，能夠分享一些駄馬的力氣、一點年輕人的快樂、一點智者的智慧，而且范德比爾特（Vanderbilts）和霍亨索倫（Hohenzollerns）的財富也不能說沒他們的份……每次只要想到這裡，他就能感受到一絲淡淡的喜悅。和奧勒留一樣，能夠真誠地說

「喔，世人啊，我願你們心想事成」的人，在他的自我裡沒有任何負面的事情和障礙——不管吹的是什麼風，他都能揚帆前進。

這種樂觀的態度讓你能分享別人的快樂，就像感受自己的喜悅般。對於別人的財富不嫉妒也不羨慕，因為你會把它們當成是自己的一般看待，樂在其中。

這和艾彼科蒂塔斯的方法並不違背。畢竟，兩個方法你都可以採用。你可以選擇不要讓你無能為力的事情來干擾自己，或成為這美好世界裡不可或缺的一份子，在其中尋找你的幸福。套句詹姆斯的話，你可以擴展或縮小你的自我，來調整自己所能擁有的和無法擁有的東西。相對於責怪世界的傾向，這可說是帖雙效解藥。

第四帖解藥：你在世界裡面，世界也在你裡面

用「您」而非「它」來稱呼世界。即使對漫佈其間的「雜草」也要用「您」來稱呼它。（布伯〔Buber〕）

哲學家布伯對如何與世界和諧共處，提供了一個很不錯的想法。他區分「我與您」（I-Thou）和「我與它」（I-It）的關係。當你把某樣東西（如一顆樹）視為獨立的存在（存在於特定時空中的物體），並有它特定的用途或功能（如，可以遮陽或當材火），那麼你和這樣東西之間就存在一種「我和它」的關係。你是否曾漫步林間，身上噴著防蚊液，步步為營，深怕摸到

毒葛、踩到毒蛇或被樹枝割傷嗎？這時你就是置身在「我和它」的情境中。

我承認我曾經有過這種不愉快的經驗。但換個角度來看，我的前院裡聳立著三顆高大的女王椰子（queen palm，亦名女皇椰子、皇后葵）。有時候我會覺得，它們彼此交融，和四週的景色、天空，以及所有構成這幅熱帶景觀的東西合而為一。在與大自然產生心靈交流的同時，我覺得所有的隔閡都消失了。我不再與自然分離，自然不再與我分離，我在自然之中，自然在我心裡。椰子樹後面的雜草不再是我欲除之而後快的東西，相反的，它們完美地融入在整體中。沒有待辦事項清單、沒有割草機、沒有修剪工具。大自然不再是「它」，而是變成了令人肅然起敬的「您」。

現在回到重點：「您」是不能被咒罵的。只有當世界變成「它」，你才能說都是它的錯。試著咒罵「您」看看。你無法咒罵你所尊敬的對象。化解責怪世界的另一帖解藥就是尊敬我們的世界：一個「我與您」的世界。不過布伯也承認，你得儘快回到現實世界。於是我把剪刀磨利，清除前院的雜草。儘管如此，偶爾和自然進行「我與您」的接觸，可以提醒我們，宇宙是一個和諧、莊嚴的整體，所有東西，包括你，彼此息息相關。你在世界裡面，世界也在你裡面。這樣的觀點會讓你下次想責怪世界時，三思而行。

第五帖解藥：對我們的世界不離不棄，去改變它吧

與其抱怨不幸，不如盡一己之力去改變它。（佛陀、卡普蘭〔Kaplan〕）

我希望你能試著用「您」來尊稱世界，而不是咒罵它。但你也不必為了不想咒罵它而非得尊

敬它不可。畢竟在這兩個極端之間，我們的世界還有其他層次，就像黑與白之間還有許多不同的色調一般。所以，這世界並不是全然那麼糟——它還是有些好東西——不過當然也有一些非常糟的東西。就算如此，我們也不必因為這樣就詛咒世界，對吧？

例如，古代波斯哲學家摩尼（Mani）認為，世界是由兩種對立的力量——善與惡——所組成的。惡存在於物質中，而善則存在於人類的精神及理性的本質中。這種觀點後來成了摩尼教的神學基礎，根據摩尼教的說法，人類的終極目標就是將自己從壓迫靈魂的「惡」解放出來。

這種觀點在後來的猶太重建主義的思想家（Judaic reconstructivist），如卡普蘭的思想中再度復活，但柏拉圖的色彩則淡了些。和摩尼一樣，卡普蘭認為「善」等同於自然中理性的、有意圖的元素，而且最終等同於上帝，而「惡」則是非理性和混亂的。由於有組織、有意圖的力量通常會打敗無組織的混亂一方，所以卡普蘭認為，「善」最後一定會戰勝「惡」：「我們說：『有志者事竟成。』因為經驗告訴我們，即使堅定的意志所面對的障礙是意外狀況，或是資訊不足的目標或計劃，堅定的意志最後還是會獲得勝利。」所以，你可以決定是否要以「實際的行動來減少世間的惡，讓我們生活的世界變得更美好」。

這裡還有另一帖化解責怪世界的解藥。與其咒罵世界，不如積極打擊罪惡。咒罵世界，你只是放棄人生，讓希望隨風飄逝。這世界如果真的一無是處，你確實也是無能為力。這正是這個錯誤的思考方式如此令人沮喪的地方。但換個方式看，如果你加入改善世界的行列，雖然無法將人間的罪惡全部消滅，但至少你可以讓它變得好一些。這是一個對我們的世界不離不棄的好理由，不是嗎？

對於善，你如何才能變成一個行動派？我前面介紹了一些佛陀的想法。即使你只是停止抱怨世界裡一些狗屁倒灶的事，不再想它，好好去看場電影或到海邊消磨一天，這個世界也會因此變得美好一些。別再咒罵我們的世界了，做點事情去改變它吧。

要讓世界變更好，有時得先確定有哪些地方是需要改善的。誠如我之前所強調的，我並不是要你對邪惡視而不見——我只是希望你別因為世界骯髒的一角而忽視了它純潔的另一處。只要你不將「這個或那個有問題」和「世界本身有問題」混為一談，應該就沒什麼大礙。我們評價的是世界裡的事情，而不是世界本身，這點你一定要謹記在心。「世界上有些混帳東西」和「這世界是個混帳東西」在觀念上是不同的。別混淆了我們談話中這兩個不同的層次。

對於這個理性處方，你可能會常常聽到這樣的回應：「也許這整個世界沒那麼糟，但我的整個人生卻很糟。」我要再次強調，「我的人生發生了不幸的事」這個陳述不等於「我的**整個**人生很不幸」。當你從第一個陳述推論出第二個，你已經假設了你生命中為真的單一事件等同了你的整個人生。但萊布尼茲已經清楚地指出，這是一個錯誤的推論。你的婚姻一年後以離婚收場，並不表示你的人生一年後也隨著婚姻告終。可見得這個回應其實是站不住腳的。所以，你應該堅持評價**生命裡**的事件，而非生命本身。

化解自責的解藥

第二個毒害靈魂的詛咒是責怪自己。這是指你混淆了失敗和**失敗者**、做了一件無用的事和**無**

用的人、犯了錯和**本身就是錯誤**、做了被人嫌的事情和**變成萬人嫌**。

這種錯誤的思考方式必然會導致未來的失敗。如果你告訴自己你是個徹頭徹尾的廢物，那你無疑是在為自己的失敗鋪路，因為如果你是一個徹底的失敗者，那代表了你缺乏成功的能力。失敗者註定要失敗，不然我們就不會叫他失敗者了，不是嗎？

你越是貶低自己，越不可能把事情做好，因為你不斷提醒自己非失敗不可。罵自己無用等於是告訴自己，你一定要把事情搞砸才行。畢竟，只有這樣你才是名符其實的失敗者。

我還記得，在我七歲那年，老師要我們在萬聖節當天變裝來上學。有個小男孩打扮成老虎。當一位女生走近他並拍拍他，他攻擊了女孩並將她咬傷。當老師阻止他時，他為自己辯解：「老虎本來就應該這麼做。」老師沒收了他的老虎裝，並將他禁足一天做為懲罰。

就某個層次來說，這個小男孩並沒有錯。如果他真的是隻老虎，那麼咬傷女孩是理所當然的事。但他並不是真的老虎，他只不過是穿上老虎裝。但這並不重要，重點是他認定自己是隻老虎。

扮演失敗者的角色亦然。你一旦披上失敗者的外衣，就得扮演失敗者。身為一個失敗者，你**非失敗不可**。就像這個小男孩一樣，你已經想好了失敗的藉口：「失敗者本來就是註定要失敗。」你並非**真的**是個失敗者的事實對你產生的影響，可能比不上你自認為自己是個失敗者的想法。因為你還是會為失敗的結果所苦，就像小男孩因為咬傷同學而受罰一樣。

但是當老師沒收小男孩的老虎裝並罰他禁足時，小男孩立刻回到現實世界。不幸的是，自認為失敗者的經驗卻會不斷強化他扮演失敗者的角色。

有什麼方法能夠幫助自認為是失敗者的人脫掉他的戲服呢？問題的答案端視如何定義人類的本質：首先，人類價值的哲學基礎是什麼？這是從古至今的哲學家不斷思考的問題，答案自然也是五花八門。即使如此，這些哲學家的回應還是能為化解「自責」提供許多良方。

第一帖解藥：無條件地接受自我價值

無條件地接受你的自我價值，它不是受成功、失敗、他人的認同或否定而改變的變數。（康德）

有些哲學家認為，人類的價值源自於理性的自我決斷能力（自律）。例如，十八世紀的哲學家康德便認為：

> 我們把理性的存有……稱之為人，因為他的本質顯示，他的自我本身就是目的，他不能只被當成手段來利用……（並且是應該受尊敬的對象。）

根據康德的看法，人因為具有理性的決策能力，所以擁有尊嚴，應該受到尊敬。人和單純的物體不同，他可以理性地決定自己的行動方向，所以不該被當成東西般的被操弄和利用。康德強調，人，不管是誰，都不「只是手段」，不只是滿足自我欲望的工具。而這正是為什麼奴隸制度是如此可惡的原因。它把人貶低，把人當成東西操弄，並利用他們來滿足「主人」的私欲。

人和單純的物體不同，人的理性本質和他是否有用，是否能滿足他人的欲望或目的無關。例如，當你的車子老舊之後，你可能把它折價賣了換新車。但人和車不同，你不能因為另一半人老珠黃或不再勇猛，而把對方「折舊」換新的。這是因為人的價值是一個**常數**，不會隨著用處而減少或增加。

康德對貶抑人類價值所提供的解藥，可以用**接受自我和他人這個無上命令**做為總結，他說：

> 不管是對待自己或他人，不管在任何情況下，都要將人本身視為一種目的，而不只是方法。

康德認為，你不僅應將他人視為目的，也應該用同樣的方式尊重**你自己**。但當你詛咒自己時，你的行為很明顯的已經違反了無條件尊重自我的命令。你否定了理性本質所賦予你的東西。你否定了你的自我價值，好像你身為人的價值是一種可以從你身上脫掉的東西。〔註四〕

你告訴自己，如果你失敗了，你就是廢物。你告訴自己，你的價值等同於你無法達成的目標。所以，就像壞了的東西一樣，你把自己當成垃圾丟掉。車子壞了，還能修理，繼續上路。但當你詛咒自己時，你的意思是你根本不值得修理。

註四　艾理斯曾明確地提到「無條件地接受自己」，他曾說明，這是引自一些存在主義哲學家的觀點，尤其是保羅・田立克（Paul Tillich）。參見艾理斯 *Overcoming Destructive Beliefs, Feelings, and Behaviors* (Amherst, N.Y.: Prometheus Books, 2001), 23.

成就譴責是一種很常見的自責形式。這種譴責方式是，告訴自己，你必須達成目標才配稱為人。舉例來說，運動員常用獲勝來肯定自己的價值。如果成績不如預期，他們就會自責。結果到頭來，即使獲勝了，他還是無法排除強烈的焦慮感，因為他們知道，即使今日飛上青天，明日仍可能摔入人間。當你的自我價值變成了輸贏的賭注，失敗的恐懼就變成一種惡兆。

讓我以一位曾經上過我哲學課的學生為例，進一步說明。這個學生一直有考試作弊的壞習慣。有一次我當場逮到他抄隔壁同學的答案，我把他帶到辦公室談話。他告訴我，他另外兩門課的考試也都作弊。他向我坦承他所修的每門課都作弊。我問他為什麼選擇作弊而不用功讀書？他告訴我，如果他作弊，這門課還是不及格，那沒什麼大不了，但如果他用功念書，最後仍不及格，那表示他真的是個失敗者。所以他寧可選擇作弊，也不願承擔失敗的危險。

我怎麼處理這個有趣的個案呢？我花了一些時間讓他了解，他害怕失敗的原因是自責，並和他討論反駁這種自責的理由。最後，我出了一個很適合他的作業：我要他用功準備期末考。期末考那天，我讓他坐在第一排，這樣他就不可能作弊而不被發現。結果，他的考試成績是全班最高的，這是多麼光榮的一天。

這不正是康德所提供的解藥嗎？無條件地接受自我的價值，把它視為無上的命令。不管輸贏，不論成敗，你永遠是個有尊嚴的人——不管發生什麼事。

第二帖解藥：快樂讓人生有價值，請努力追求

真誠地面對你的感受力；透過無條件的接受自我來增加你的快樂。（伊比鳩魯、邊沁

〔Jeremy Bentham〕、彌爾〔John Stuart Mill〕）

有些哲學家反對康德將理性視為人類價值的根源的觀點。例如，所謂的快樂主義學派，〔註五〕如伊比鳩魯、邊沁和彌爾都認為，人類的**感受**能力，也就是他們感受痛苦和快樂的能力，賦予了人之所以為人的價值。在這些哲學家看來，人生因快樂而變得有價值，而痛苦則會減損它的價值。因為我們都是有感受力的存有，所以讓我們感到痛苦的就是錯的，增加我們快樂的就是對的。所以我們應該增加自己以及所有其他人的快樂，並減少痛苦才對。伊比鳩魯說，快樂「是幸福人生的起點和終點」。

這意味著你不能貶抑或看輕自己，因為這只會帶來不必要的痛苦和折磨。身為一個有感受力的存有，責怪自己剛好跟你應該做的事——增加快樂，減少痛苦——背道而馳。

但這並不表示，只要你快樂，沒什麼不可以。有些事可能會給你短暫的快樂，卻帶來長期的痛苦，像吸食快克這類危險的毒品！相反的，有些事情雖然會有短暫的痛苦，但最後卻能帶來更長久的快樂，例如忍受痛苦的手術以根治重病或宿疾。而自責只是無意義地將痛苦加諸自己身上而已，基本上它無法在最後創造任何價值。事實上，它只會在未來妨礙你採取建設性的行動，為你帶來更多痛苦。如果你認為自己一無是處，你會傾向扮演這樣的角色，代價則是痛苦、折磨和

註五　「hedonist」，享樂主義者，源自希臘文「hedone」，是「享樂」的意思。

錯失良機。

相反的，**無條件的**接受自己，即使當你失敗或無法得到親人的認可時，也要接受自己，這通常是防止你折磨自己的最好方法。艾理斯曾說過，「每個人都希望有耀眼的表現，贏得親友的認可。如果他們能夠無條件地接受自己是『好』人，即使他們表現不好，關係不佳，也能把自己的焦慮和沮喪降到最低。」在快樂主義的哲學家看來，這正是人生的致勝哲學，這點我深感認同。

不過我還要補充一點，做為一個快樂主義者，並不表示你不能同時接受康德將自己和他人視為目的而非手段的無上命令。事實上，這兩種哲學都支持無條件的接受自我。康德認為，人類的價值奠基在人類的理性本質，而快樂主義則認為它奠基在感受上。事實上，人類兼具理性和感性。而這正是古代的亞里斯多德將人類定義為「理性動物」的意思。對亞里斯多德而言，我們的價值和尊嚴來自我們的理性本質，但畢竟我們也是動物，所以也不能忽略我們在日常生活中的感受。

第三帖解藥：祝福自己，做自己最好的朋友

愛自己如同愛你的摯友一般；理性地追求自我的成就，並祝自己好運。（亞里斯多德）

雖然亞里斯多德並不認同生命之所以令人眷戀，最重要的東西是快樂，不過他仍然認可快樂的重要性。對這位哲學家而言，最合理、最有益的自我評價，要避免兩個極端：虛榮和假謙虛。虛榮的人會誇大自己的成就，而假謙虛的人會否認或看輕它。但有品德的人會避免這兩個極端，「自己有幾分就說幾分，不多也不少。」（註六）

自責是假謙虛的一種極端表現。它以偏概全、不切實際且錯誤地低估自己的價值。一個無條件接受自己的人，不會把他的自我價值跟親友的認可或成就混為一談。所以他能合理地評估自己的能力，不會拿一件事情的失敗做為自己無用的證明。相反的，他會努力在下次做得更好。

事實上，亞里斯多德曾說過，你應愛自己如同愛你的摯友一般：

因為人們說，人應該愛他最好的朋友，而一個人最好的朋友會為他祝福，願他心想事成，即使沒人知道那是什麼；這些特質最常出現在一個人對自己的態度中，此外，我們用來定義朋友的其他特質亦然……我們熟知的諺語也都有類似的說法，像「單一的靈魂」、「朋友就是擁有共同的特質」、「仁愛始於家庭」；所有這些看法最常在個人和自己的關係上展現；每個人都是他自己最好的朋友，應該最愛他自己。

根據亞里斯多德的觀點，你的理性自我才是你的真正自我。因此，愛自己是一種過理性生活的承諾。理性的生活顯然包含了理性的自我評價。一個真正愛自己的人不會詛咒或看輕自己，因為這很明顯是違反理性的。做你自己最好的朋友。不管你做什麼，都祝福自己。

註六　亞里斯多德，*Ethics*, bk. 4, chap.6. 本書的第八章會針對這些極端的自我評價方式更詳盡的討論。

第四帖解藥：我思、我在，無庸置疑

別再把自己當成無心、遲鈍的廢物。你是有思想、有意識、有自覺的存有，你可以思考、規劃屬於你自己獨一無二的未來。朝著這個方向行動吧。（笛卡兒、沙特）

如果你還是對自己的價值感到懷疑，那麼你可以換個角度來思考。想像一台高科技的電腦，它所能處理的資訊比人腦還多、還快。這真的是一台令人讚嘆的機器。但有件事你能做，電腦卻辦不到：思考。

電腦是沒有意識的東西。它處理一連串符號的能力非常高超，但卻不知道自己在做什麼。它的確是很神奇的機器。相反的，只有你才具備有意識的生命。你會思考。（註七）

對某些哲學家而言，意識的存有正是你之所以為人的本質。笛卡兒分享了他的看法：

我發現思考是我的一種屬性；你無法將它和我分離。我思、我在（I am, I exist），無庸置疑。但多久一次呢？只要我一思考；但我若完全不再思考，這是有可能的，那我也將不復存在……正確地說，我只是一個會思考的東西，像心靈或靈魂，或是理解力、理性……會思考的東西究竟是什麼東西呢？它是一個能夠懷疑、理解、肯定、否定、希望、拒絕，以及想像和感覺的東西。

你的本質就是一個會思考的東西，笛卡兒如是說。它是你之所以為你的本質。少了腿，你無法行走，但仍可以想像自己的存在——只是沒有腿而已。但若少了心靈，你就完了！這就是為什麼當我們摯愛的人永遠變成植物人時，我們會如此悲傷。他的身體仍然活著，但就某個意義來說，那個我們認識並深愛人已經不復存在了。〔註八〕

在世俗問題的籠罩下，我們很容易忽視人類心靈的重要性。我們通常很少會對自己說：「真是太好了，至少我還沒喪失心智！」相反的，我們會責怪自己把事情搞砸了，或弄丟了根本不重要的東西。只有看到別人喪失了認知能力（例如，有人得了阿茲海默症），我們才會驚覺自己是多麼幸運。但為什麼要等到那時候呢？現在就肯定你的自我價值，不管多麼困難，都要時常提醒自己。將笛卡兒的話謹記在心。你一旦失去了思考的能力，你便不復存在。讚美你的心靈吧。

沙特從存在的角度來詮釋笛卡兒的觀點。他說道，「人」——

比石頭或桌子有尊嚴……首先，人是會將自己丟進未來的生物，而且能夠有意識地想像自己置身在未來。人從一開始就是一個有自我意識的計劃，他不是一片青苔、一堆垃圾或一顆花椰菜。

在沙特看來，你的生命始於你無時無刻的自我意識，就像一部持續進行的作品，當你的自我

註七　我在這裡使用的「思考」一詞包含了自我覺察（self-awareness），意思是人可以覺察到自己的想法。電腦不會覺察到自己正在想什麼，至少就目前的科技而言是如此。

註八　在此我預設了處於永久植物人狀態的人是沒有意識的。

意識停止時，你的生命也隨之結束。你的人生是你一連串有意識選擇的產物。你就是你有意識的計劃所想要成為的東西。你的尊嚴來自於能夠自由地根據你的自我意識做選擇。青苔、垃圾或花椰菜沒有主體生命，無法針對未來提出計劃。它們沒有所謂的尊嚴，因為它們沒有能力規劃自己的方向。但你是一種特別的存有，因為你的自我意識賦予了你這些能力。

當你責怪自己時，你就放棄了這種尊嚴；你逃避勇闖未來的責任。當垃圾還比較容易些，因為垃圾不用做任何選擇。它會被扔進垃圾筒裡丟掉。但你不是垃圾。你所擁有的尊嚴，讓你超越了這種沒有生命、沒有知覺、沒有動力的存有。

當你責怪自己時，你所據以行動的信念是錯誤的。因為這表示你沒有誠實地面對你的自我價值。你無法斷言自己是毫無價值的東西，除非你承認自己是一個有意識、有自覺、會不斷進步的東西，而這正是你之所以有價值、有尊嚴的原因。你越是否定或懷疑它，越是證明你是一個有意識、有自覺的存有，因為懷疑和否認本身就是一種自我意識的活動。所以，只有錯誤的信念才會讓你將自己貶為垃圾。只有欺騙自己，你才能逃離勇往直前的自由和責任，並放棄用不斷的、有意識的、有自覺的決定，來肯定你的價值和尊嚴。

第五帖解藥：從失敗中學習

不要因為害怕失敗而過著退縮的生活，相反的，你要真實的活著，從過去的錯誤中學習。

（休姆、艾理斯）

如果你採取行動卻失敗了，摔得鼻青臉腫怎麼辦？這難道不會有損你的自我價值嗎？就算你的價值不至於因此而全毀？

不會！只要有嘗試，失敗就是難免的。如果你連嘗試都不敢，你根本就別想成功。除非你採取行動，放手一試，否則套句沙特的名言，你終究不過是個「失敗的夢想、無法實現的願望和落空的期待。」

不只如此，失敗還是一種很有用的學習經驗。知道什麼是行不通的，可以有效地幫你找出什麼才是可行的。休姆在他對事實推理的著名討論中，直率地指出：

毫無疑問的，即使是最無知、最愚昧的村民——還有嬰兒，甚至是殘暴的野獸——都能拜經驗之賜而不斷進步，並經由觀察自然物體的效果來學習它們的特性。當小孩子因為觸摸燭火而感到疼痛時，他以後就會小心不要把手靠近蠟燭，而且還會預期外表以及性質相近的東西會引起類似的感覺。

再來聽聽休姆的前輩洛克的不朽名言：

讓我們假設心靈，如人們所說的，是一張沒有任何文字或概念的白紙，那麼它是如何完成的？人類有如脫韁野馬的想像力在心靈上創造的無窮變化是從何而來？他的理性和知識的材料是來自何處？我對這些問題的回答只有一個字：經驗。我們的知識從經驗而來，而經驗最終也是從經驗自身而來。

根據洛克的觀點，沒有經驗，你就沒有思考的材料。你一無所知。對休姆而言，沒有關於事實的經驗，你就無法對任何事實做判斷。如果你之前不曾將手放在燭火上，你就不知道觸摸燭火會痛。當然，除非有人告訴你。但任何具有這個知識的人若不是透過自己的經驗獲得，就是透過別人的傳授。所以追根究柢，經驗——生活和學習——是你做出合理決定的基礎。

經驗有快樂的，也有痛苦的。因為常常把手伸進生活之火而被燒傷可以是很好的教訓。工作面試表現不佳，你可以善用這個經驗在下次面試時修正錯誤；你因為輟學，很難找到滿意的工作，所以決定重回學校，好好讀書；你曾誤觸法網，後來決定重新做人。從生活的錯誤中學習的例子不勝枚舉。但能否記取教訓，主要還是看你自己。你如果把失敗視為缺乏自我價值的證明，那麼你將無法學到任何東西。反之，如果你把它當成是人生成長和學習不可或缺的一部分，而且是非常有用的經驗，那麼最後收穫最多的人肯定是你。

但這並不表示你要刻意跟自己過不去，故意讓自己失敗，或是做些會給自己帶來痛苦的事，即使你知道怎麼避免它。如果你有更好的方法，就用比較好的方式做。但如果你搞砸了，還是可以從失敗中獲益。不完美是人的天性，我們天生註定會失敗。但即使失敗了也要坦然接受。接受自己，並從錯誤中學習。

洛克和休姆的真知灼見不只是一種學習理論，更是當代認知行為療法（cognitive-behavior therapy）的核心概念。這種治療方法（包括本書所討論的以邏輯為基礎的方法）的預設是，人的心理問題主要來自於對事情採取自我挫敗的行為反應。因此，它的作法便是協助人們找出有問題的反應方式，並學習使用其他的、更合適的應對方式。

認知行為療法有一個很普遍的方法叫「家庭作業練習」，它要求接受治療者**執行**某些和認知行為問題有關的事情。例如，我曾遇過一位因認可問題而飽受焦慮折磨的個案。他是一位精神科護士，常常擔心會做「錯」事而得不到主管的認可。他告訴我他很喜歡熱帶風景的領帶，但他不敢買，因為他害怕繫了這種領帶上班會被主管責罵。所以，他的家庭練習作業就是去買一條這種領帶，然後帶去上班。最後，結果出乎意料，大獲主管讚賞。

在我接受理情行為療法的訓練和檢定時，他們讓我進行「羞惡攻擊」練習，也就是故意做一些自己覺得很不好意思的事，以反駁我必須獲得他人認同才能保有自我價值的想法。那一天，我在午餐時間來到奧蘭多市區的一家餐廳（我的訓練就是在這裡進行），然後對著一位女侍開始滔滔不絕地說個不停。我鉅細靡遺地向她訴說我們一起度過的親密時光。這個可憐的女人瞪著我，好像我是徹頭徹尾的瘋子。事實上，我不認識她，她也不認識我。但她究竟是怎麼看我的，卻一點也不重要。

「生活和學習」並不是老掉牙的台詞。大部分讓人頭痛的事情都是因為缺乏經驗造成的。我的個案從沒想過他可以做些「特立獨行」的事，像是繫條花俏的領帶，卻依然能夠得到主管的讚賞。但即使他沒有受到讚賞，事情會有什麼不同嗎？

被一個根本不認識的人當成瘋子，一點也不重要。如果我和大多數的人一樣，每天擔心那些無關緊要的人會怎麼看我，那我根本不可能完成我這一生所從事的有意義的事——包括成為一位哲學家。

當然，能夠獲得別人的認同是最好的——即使對方只是個陌生人；至於失敗的經驗，如果我們可以從別人身上學習，而不必自己去親身經歷，當然是最好不過了。但在這不完美的世界裡，強求這些事情是不切實際的。你可以選擇打退堂鼓，故步自封；你也可以選擇在生命的大海航向未來，即使知道自己難免會遭到大風大浪。一位經驗豐富的船長能夠從過去的經驗學習，善用他的知識讓自己成為更好的航海員。出海冒險比待在岸邊無所事事有趣多了。當你跌倒時，把這個經驗當作未來成長和成功的踏板，而非責怪它，讓它有沉船的機會。

第六帖解藥：為自己贖罪，請先接納自己

別詛咒自己下地獄！相反的，要接受你被神聖賦予的自我價值，並用它來做好事。（聖多瑪斯．阿奎納）

如果你還需要宗教的證明才能接受自己，你不必大費周章四處尋找。自古以來，宗教思想家都強調人類生命的尊嚴。因為上帝只創造善的東西，身為上帝創造物的人類本身就有其價值。此外，人類天生就具有理性，在聖多瑪斯看來，它「是神聖之光在我們身上的印記」。

但這並不表示人類的理性是完美的。強求完美對天生不完美的存有是沒有意義的。同樣的，咒罵自己一無是處也沒有意義。你充滿了理性的神聖光照，身為上帝的受造物，你是被祝福的。感謝上帝賜予你的特別禮物：無條件地接受自己。

這也是「為你自己贖罪」的第一步。如果你不承認上帝所賦予你的不可剝奪的行善能力，你根本不可能有任何建設性的改變。當你責怪自己時，你無異是咒詛自己下地獄。被詛咒的人是無法獲得救贖的。不要責怪自己，要接納自己。

無條件地接受自己並不是自負，它是無罪的。誠如聖多瑪斯所言：「對榮耀的渴望本身並沒有罪：但渴望無意義的、虛榮的榮耀卻是有罪的：因為渴望虛榮的東西是有罪的。」如我之前提過的，虛榮的人會膨脹自己的成就。無條件地接受自己是指對自己成就的評價與事實相符，而且不會將這些成就和你的自我價值相混淆。就像康德所強調的，虛榮的人通常不會無條件地接受自己。這就是為什麼他們會用膨脹自我成就的方式來建立自尊。

化解責怪他人的解藥

第一帖解藥：人類的價值和尊嚴是與生俱來的，請保護它

評價他人的行為，而不是評價他人。用你選擇的道德理論來肯定別人的價值和尊嚴。（康德、沙特、洛克、聖多瑪斯．阿奎納、亞里斯多德、柏拉圖）

我在前面曾經討論過的，用來證明自我價值的哲學觀點，同樣也可以用來修正責備別人的傾向。康德指出，人本身是目的，而非手段，這個觀點可以讓你在物化他人之前三思而行。你是否注意到，當一個人要攻擊別人時，他們常常會用抹殺人性的字眼辱罵對方。「怎樣，你這混帳東西！」其他類似的非人稱用詞也常被攻擊者在「收拾掉」對方之前，拿來辱罵他們。「任何對我不公的人都是混帳東西」這條規則來自「他對我不公」的事實報導，然後推出「他是混蛋東西」的結論。加上「混帳東西得加以收拾」的行為規則，結果就是：你對另一個人展開暴力攻擊。

康德的解藥可以化解這種行為。把人當成目的而非手段。所以，不要收拾別人。他們是理性的、自主的存有，而不是沒有生命、可以隨便清理掉的東西。

這並不表示你不能譴責行為本身。但「你做了一件壞事」並不等於「你是壞人」。第一個句子並未攻擊行為者的尊嚴；第二個句子則是混淆了行為和行為者。第一個句子和第二個不同，它符合了在「把對方當目的看待」的範疇裡表達不滿而不失尊重。

這就是為什麼古代哲學家企圖建立理性標準，也就是所謂的道德理論，以做為道德判斷的依據。這些理論謹慎地區分責怪他人和正確的道德評價。例如，康德強調依據正確的動機行動，正確動機的定義就是對人應有的尊敬，例如，幫助他人是我們該做的事，而不是因為你會得到任何獎勵。相反的，快樂主義哲學家則強調為他人增加快樂、減少痛苦。而沙特所屬的存在主義哲學家則強調人類具有自我意識。其他的哲學家，如洛克，則採取「自然律」的觀點，主張人具有不可剝奪的權利，如生命、自由和財產權。其他的哲學家則強調感情的重要性，如對滿足人類欲求和需要的關懷和理解〔註九〕。另外還有一些人，其中最有名的是聖多瑪斯，他們以上帝的「永恆律」做為道德的基礎。此外，像柏拉圖和亞里斯多德，則是把焦點放在人類的理性能力上。

所有這些理論都不容許完全地貶抑他人。相反的，他們都認可人類與生俱來的價值和尊嚴，並嘗試提供理性的標準，做為合理解決人際問題的依據。在這些不同的觀點裡，你可以選擇把你的同胞視為：

- 目的本身
- 擁有不可剝奪的權利者
- 有感知能力的存有
- 有意識、有自覺的存有
- 需求和欲望的中心
- 神聖的印記
- 理性的存有

現在，不管你決定選擇哪個觀點，〔註十〕重點都是肯定並保護人類與生俱來的價值和尊嚴，而不是貶低它、責怪它。事實上，建立道德標準和進行道德批判的核心重點，就是要引導人類的

註九　此一理論稱為照護倫理（care ethics），源自一九六〇年代的女性主義運動。最著名的擁護者是哈佛的心理學家卡蘿・吉利根（Carol Gilligan）。參見她的著作*In a Different Voice: Psychological Theory and Women's Development* (Cambridge, Mass.: Harvard University Press, 1993)

註十　這並不表示上述列舉的觀點已經包含了所有可供你選擇的倫理學理論。

行為，以維護吾人天生尊嚴的方式，達成共同圓滿的生活。當你用一無是處的混帳東西來咒罵偷車的人，這種做法能夠糾正任何人的行為嗎？你想懲罰的是偷你車的行為，還是因為他是個一無是處的混帳東西？很明顯的，你罵他是因為他偷了你的車。在咒罵他這個人而非偷竊的行為時，你已經混淆了道德判斷的重點。

在家庭紛爭中，對人不對事的人身攻擊，常常會導致令人挫折的結果。言語的攻擊變成肢體的暴力，最後被判家暴，以離婚收場。在職場上，你不太可能因為罵老闆是混帳東西，而以不服從上級的罪名遭到起訴。但相反的，指控他性別歧視的升遷策略是可以向法院成功提告的。若是在高速公路上，咒罵別的機車騎士則有可能引發道路紛爭、釀成死亡悲劇。

第二帖解藥：己所不欲，勿施於人

為了你自己的平靜和幸福，別再咒罵他人；你若希望別人尊重、尊敬你，就要用同樣的方式對待他人。（霍布斯）

既然責怪他人有這種自我毀滅的特性，為什麼我們還是常常責備他人？我想原因在於，人真的很難抗拒這種行為傾向。

也許這種責備他人的傾向，是為了因應環境的危險，而設定在人類身上的自然反應。藉由完全責怪你認為會對你造成威脅的人，你可以保護自己不受此人的威脅——不管是攻擊他或避開他。十六世紀的哲學家霍布斯提出類似的觀點，他認為人類行為最主要的動機就是保護自己的生存本能。事實上，霍布斯甚至推論，在自然狀態裡，沒有中央政府維持和平，這種本能會導致「萬人對抗萬人」的狗咬狗狀態，在這種狀態下，人類的生活將是「孤獨、貧窮、下流、野蠻和短暫的」。

人類責怪他人的傾向，剛好符合霍布斯對人類的定義，人是自我保護的動物，總是將他人視為自己生存的威脅。但是霍布斯也強調，人類需要彼此尊重、和平共處。你一旦和鄰居交惡，霍布斯認為，你未來的生活就會很嚴酷。霍布斯的解決之道就是建立一個能夠執行法律和維護秩序的強而有力的中央政府。

如果你發現別人在某方面威脅到你的生存或利益，就開始責怪他人，那麼你將永遠無法平靜而快樂地生活。要脫離這種不安的自然狀態，你必須要能對責怪他人這種不理性的傾向展現自律能力。不管是在高速公路上或是在工作場合裡、在家中或社交場合裡，你都應該盡力控制你責怪他人的傾向。冒犯你的人可能只是不小心講錯話，不至於因此就是「下賤的母狗」；緊貼著你車尾的機車騎士違反了交通安全規則，但他還是人，而不是噁心的垃圾；而昨晚跟你爽約，害你空等的人也不是草叢裡的狡猾毒蛇。

霍布斯用了一個大家都很熟悉的處方來總結他所提供的藥方：「己所不欲，勿施於人。」否則，你的平靜和快樂就會被破壞。如果你老是責怪他人，你可以預期別人也會用同樣的方式來對待你。因為指責別人一無是處，無可避免會導致你對他人採取無理和攻擊的行為，不停地責怪別人反而會讓你自我保護的本能受挫。

第三帖解藥：習慣是不斷重複養成的，當然也就可以改變

將別人的道德特質視為是可以加以改變的習慣，而不是天生無法改變的性質。（亞里斯多德）

有些人真的很邪惡，就像有些人真的很善良一樣，不是嗎？首先要當心，批評某人邪惡，表示這個人在道德上有缺陷，但這並不表示他的每個面向都有缺陷。例如，即使有人是邪惡的，希特勒無疑就是個好例子，但他還是有一些正面的、無關道德的特質，例如他的藝術天分。此外，嚴格來說，不可能有人是「完全」邪惡的。因為這表示，那個人「從未」有過合乎道德的行為或仁慈的想法，但這樣的預設通常是不合理的。那麼，評斷一個人是邪惡的，究竟是什麼意思呢？

其實只要看看亞里斯多德對道德的善與惡的分析，你就可以找到很有用的答案。根據亞里斯多德的看法：

> 透過我們和他人的交易行為，我們可以變成正直的或不正直的人；在面對危險時，我們是習慣性地感到恐懼或自信，我們可以變成勇敢或懦弱的人。對於欲望和憤怒的情緒亦然；在適當的情境下，因為行為方式的不同，有些人會自我節制，保持好脾氣，有些人則是放縱自己、脾氣暴躁。

亞里斯多德想說的是，人的好或壞並不是天生的；他們究竟會養成好習慣或壞習慣，端看他

們採取什麼樣的行為。舉例來說，你不會因為偶爾說了個謊就變成了騙子！反之，你若養成了說謊的習慣，你就會變成騙子。變成騙子的意思是，為了欺騙而不斷說謊，結果養成了欺騙的習慣或傾向。（註十二）所以一個人是好是壞，端看這個人養成的是好習慣或壞習慣。而當我們說某人是好人或壞人，通常是針對此人行為習慣的特性所歸納而來的結論。所以，何不正本清源，直接說它們是好的或不好的習慣就好？

我們之所以稱某人是好人或壞人，原始的主要目的是為人們提供行為的依據。例如，哲學家諾威—史密斯（Nowell-Smith）解釋道：

> 告訴你瓊斯是好人或壞人，重點是要告訴你是否該學習瓊斯、是不是該給瓊斯一份工作，或其他跟瓊斯有關的事。

但為別人（或你自己）提供道德建議時，比較好的方式是明確地指出哪些個人習慣是你應該或不該學習或支持的。如果你和另一半發生口角並脫口罵他是壞人，這樣做除了侮辱他之外，有什麼別的好處？相反的，如果告訴他，他習慣發脾氣或對你說謊，別忘了，習慣不是偶爾發生的

註十一　說謊不只是陳述了錯誤的事情，它還包含了具有特定動機的行為。在亞里斯多德看來，行為一般而言是可以用道德或不道德來衡量的，衡量標準在於它們是否是在「對的時間、對的目標、對的人、對的動機和對的方法」下執行。*Ethics*, bk. 4, chap.6, 1106b15-24.

事，你便能夠將焦點放在改變這些令人厭惡的行為上，而不是對他發動全面性的攻擊。

亞里斯多德用習慣來分析道德的善與惡，有一個很重要的特點，那就是習慣是可以改變的。人可以透過認知和行為方式，來加強對憤怒和恐懼這類情緒的控制力，讓自己講話更實在，更有同情心、更友善、更正直等等。習慣並不是天生的、無法改變的。例如，從這個觀點來看，「他是拉丁裔，所以脾氣不好。」這種主張就是一種迷思。根據亞里斯多德的觀點，「我們的德行（或惡習）不是來自天性，也不違反天性；相反的，是我們的天性適應並接受它們，然後透過習慣讓它們變得更完美。」換句話說，你之所以變成脾氣暴躁的人，就是因為你不斷讓自己的脾氣失控；而你之所以是好脾氣的人，是因為你不斷成功地控制自己的脾氣。所以你最後會養成什麼習慣，關鍵因素是「訓練」而不是「天性」。

即使你認為有些人的某些行為的確有遺傳傾向，這也沒關係。重點在於，習慣是透過不斷重複相同的行為而形成的。因為人類擁有改變和修正行為的能力，所以我們仍然可以透過各種方法來控制自己養成或改掉某些習慣。所以對改變的可能性採取開放的態度是很重要的。放棄別人，跟放棄你自己一樣，絕對不是正確的態度。如果你放棄他們，他們很可能就會放棄自己。這點對於處在習慣養成階段的小孩特別明顯。引導並鼓勵建設性的行為，對建立良好的品德習慣是很有效的策略。若只是預言自己會成功或失則，則剛好相反。

罵別人邪惡，通常是影射對方沒有改變的能力。認為別人都是邪惡或不道德的人，大多都預設了別人是無可救藥的壞蛋。這通常只會讓「有意義的改變」這類有建設性且值得尊重的討論徒勞無功。

【第四章】做自己：對治人云亦云

你是不是很容易讓人牽著鼻子走？你是不是很容易著迷而過著追逐流行的生活？你是不是快要被那些充斥在社會和政治裡的教主或天王給洗腦了？

不管你認為自己是領導者或是追隨者，在某個程度上，你很可能不過是個沒有自覺的盲目信徒。這是因為你和大家一樣，都是在一個充滿各種文化和次文化的社會中長大，並在社會化的過程中接受了某些道德標準、禮教、法律、禁忌、性別角色、偏見、宗教理論、外表的美醜標準，酷或遜的想法、經濟的意識型態（如資本主義是好的，社會和共產主義是不好的）、物質價值、黨派政治、社會傳統，以及充斥在這個僵化的、徹頭徹尾社會化氛圍裡的各種命令、要求、規定和禁止。

我們正是在這種社會教化的環境下偽裝我們的個人認同。所以，如果你想做自己，那麼你就必須努力培養獨立思考的能力，這點再明顯不過。那些盲目遵守團體標準的人，沒有機會去發展創造人類幸福不可或缺的要素——個人特質。

彌爾在他著名的自由論中曾意味深長地指出：

> 人類的認識、判斷能力、差別感受、心智活動，甚至是道德偏好的運作，都是為了做選擇。

墨守傳統習慣的人不必自己做選擇的。他不必訓練自己辨別或渴望最好的對象。但心智和道德能力跟肌肉一樣，一定要使用才會進步。如果別人做什麼你就跟著做，你是無法鍛鍊能力的，就像你相信某件事只是因為別人相信它一樣。如果一個人採取某種觀點不是因為自己的理由，那麼他自己的理由就無法強化，反而會因為採取了這個觀點而被削弱：如果誘使某人採取行動的原因與他自己的感受和個性不同（愛情或他人的權利此處不予考慮），這只會讓他的感受和個性更加遲鈍和麻木，而不是更加主動和活潑。一個讓世人或旁人為他規劃人生的人，只要具備像猩猩般的模仿能力即可，不需要任何其他的能力。

彌爾在這裡提醒我們注意的，是一種人類特有的、最具破壞性的荒謬行為。這個錯誤的行為一般稱之為「趕流行」。它的行為規則如下：

趕流行：如果別人都這麼做，那麼「大家都這麼做」的事實，正是你也必須這麼做的好理由。

這裡所說的「別人」，可小到一群朋友、宗教團體，大則到整個國家。雖然彌爾所用的「風俗」一詞，通常是指比派系或朋友還大的社會團體，但趕流行的規則也可運用在這類小團體裡。

這種謬誤的行為還有另一個版本，稱為「人云亦云」。兩者的差別在於，「趕流行」要你「做」某事，而「人云亦云」則是要你「相信」某事。彌爾區分了兩者的差別：「別人做什麼就跟著**做**，你根本不需要花心思，這和別人相信什麼，你就跟著**相信**是一樣的。」這條行為規則如下：

人云亦云：如果別人相信某事或說某事，那麼大家都相信某事或說某事的**事實**，正是你也要相信某事或說某事的好理由。

這兩條規則都有相同的毛病：它們都要求你盲目地追隨他人。我的反駁如下：

針對趕流行的反駁：

趕流行的規則要你忽視證據，別人做什麼就跟著做，只因為大家都這麼做。但這是一種盲從，這種盲目的行為遲早會讓你後悔當初為何不三思而後行。

針對人云亦云的反駁：

人云亦云的規則要你相信某事或說某事，只因為別人都這麼做。但別人相信某事或說某事的事實本身，並不足以成為這個意見為真的證據——除非他們剛好是這方面的專家，例如都是心臟外科醫生，而談論的主題是心臟手術。如果不是這樣，那麼人云亦云到頭來可能會證明你所相信或說的事是錯的。

人云亦云的下場和趕流行一樣，最後都會帶來破壞性的後果，因為錯誤的信念通都會導致令人遺憾的行動。

化解趕流行的解藥

我們——我指每一個人，除非你剛好是隱士——每天總是被各式各樣追趕流行的誘惑所轟炸。廣告媒體看準了我們一窩蜂的傾向：「每天賣出超過二十億個」、「美國最暢銷的香煙」、「冠軍早餐」。一小撮影視紅星鼓勵我們（尤其是年輕人）飆車、穿名牌、雜交、吸毒。女人被迫接受同工不同酬的「慣例」，她們做的事情和男人沒什麼不同，領的薪水卻比較少。電影公司把自己置入他們的電影產品中。例如，二十世紀福斯影片公司在他們所拍的電影裡安排大眾收聽他們旗下的公司：福斯新聞頻道的畫面。而政客們則呼籲「所有熱愛自由的美國人」，要投票給他們。我們想也沒想就吃下油膩的漢堡、抽幾口含有致癌物的萬寶路、收看「公正客觀」的福斯新聞、買件上面印有「Polo」字樣的襯衫、把票投給最會利用競選廣告操弄和誤導選民的候選人。我們自認為自己是命運的主宰者，卻一點也沒察覺我們已經為自動化、標準化的美好生活而喪失了個人特色。所以，有很多人覺得失去自我、無法滿足、過得不快樂，這就不足為奇了。

第一帖解藥：「趕流行」無法為你定義快樂，只有你自己可以

別在「他人」身上迷失自己，要勇敢面對自己存在的不安。（海德格）

對於讓自己盲目追隨沒有名字、沒有特徵的「他們」，而失去自由和個人特質的人，哲學家海德格提出告誡：

「他們」悄悄地為我們解除了自己做決定的「壓力」，這個過程其實都被「他們」隱藏起來。究竟是誰做的決定，這完全是個謎。我們被「無名氏」牽著鼻子走，從來沒有真的自己做過選擇，我們在虛假之中越陷越深。這個過程是可以扭轉的。只要我們將迷失在「他們」之中的自己找回來。但找回來的一定得是那個我們在虛假之中迷失的自己。

海德格為我們的「迷失」所提供的解藥，最重要的一點就是要能夠察覺自己迷失了。自由的假象必須被揭穿，真正的自由才能加以取代。對海德格而言，在社會化之中迷失自己，可以讓你不用面對自己的有限。在「他們」之中迷失，你可以逃離「走向死亡」的不安。整形和染髮可以隱藏你開始老化的現象，以及難免一死的事實。身為一家之主，你必須按慣例負擔家計；身為家庭主婦，你必須整理家務，負責養育工作。在人生的每個轉角都會有一條規則告訴你下一步要怎麼做。你不必擔心要獨自一人撰寫你的人生劇本。你的劇本早已經寫好了，只要照著演就行了。

沒錯，有些細節是你可以自己決定的，例如你要嫁給誰，但結婚這件事卻是由社會主導的。社會決定了基本規則，像是同性或異性、一夫一妻，或多夫一妻、多妻一夫。女人若不想被取笑是「老處女」，就得趕上結婚的流行列車；她必須生小孩才對得起上天交付給她的任務。男人則必須娶妻生子、傳宗接代才算善盡本分。

只要將包覆著你的社會化一層層剝下，你就能把自己從虛假的存有中解救出來。因為你不可能長生不死，所以你必須清楚知道自己想過什麼樣的人生。你對死亡感到焦慮並非壞事。它是敲醒你的晨鐘。不幸的是，如果你依然迷失在「他們」之中，你永遠不可能醒來。「趕流行」無法為你定義快樂。只有你自己可以。

第二帖解藥：探索自己的靈魂吧

別像裁紙機一樣：要定義你自己的本質。（沙特）

沙特用「存在先於本質」來說明這個觀點。他的意思是，你跟那些根據預設的目的（本質）所製造出來的東西不同。當你來到這個世界（存在），你什麼都不是，直到你定義自己是什麼。你和裁紙機不同，它設計的目的是用來裁紙，但你並沒有任何天生預設的目的。你的本質是你沒有任何本質，除非你設定自己的本質。如果你不想結婚，想當個單身漢；如果你不想生小孩，而想把時間和金錢花在別的地方，這是你的個人選擇。人類沒有什麼命中注定的本質，要求你一定要這麼做或那麼做。社會制度是人為的產物，而不是上天的命令。

當然，信仰虔誠的人會插嘴，人類的本質不是上帝預設的嗎？就像工程師設定裁紙機的本質一樣？沒錯，沙特會這麼回答。但首先，你必須接受上帝是造物主的說法，而這仍然是你的選擇。你有選擇的自由，但這是你個人的決定，所以你依然要對它負責。只有當你說「我不得不結婚，或是不得不過這樣或那樣的生活不可」時，你才會活在虛假的生活中。你不一定要相信有一個上帝存在，命令你完成這些任務。

沙特認為，你也不是按照上帝的形象創造的！相反的，是你創造了自己的上帝。這真是褻瀆神明的說法，對吧？沒關係。你還是可以相信上帝並承認你有選擇自己生活方式的自由。宗教的觀點不會否定你有自由意志。決定權在你身上。對於自己的生活，你是否希望擁有更大的掌控權，一切操之在你。

幾年前，我曾在一所大學的女性課程裡教過一群「失業」的家庭主婦。這些女人不是新寡就是中年離婚，子女幾乎都已成年，所以一想到自己不用再扮演人妻或母親的角色，她們就會感到極度焦慮。這些女人的世界觀都很類似。每個人都認為，當妻子或母親是女人的天職。這種性別角色在她們的心靈以及日常生活中是如此根深柢固，以至於她們從未質疑。對她們而言，這是天經地義的事。就跟二加二等於四一樣，根本不用懷疑。但懷疑卻是這些女人必須做的事，如果她們想要掌握自己的人生的話。

課程到了最後，有些女人終於明白，原來她們所扮演的角色其實是社會替她們選擇的。現在，她們終於有機會重新決定自己的人生方向。套句海德格的話，這些女人現在有機會「把她們迷失在『他人』之中的自我找回來」。這些女人必須正視自己的不安。她們終將一死的命運赤裸裸地擺在面前。這是一個嶄新的人生階段，這也正是她們為自己做抉擇的機會。而這個選擇必然會影響**她們**，但這是**她們**自己的決定，而不是一些無名的群眾為她們所做。

套句沙特的話，這些女人必須透過為自己的真實存在做決定，來重新定義她們的「本質」。對她們而言，她們的存在先於本質，而不是本質先於存在。她們必須運用她們的意志力去改變她們終生扮演某種角色的慣性，而這些符合傳統的角色正是她們從小在社會化過程中被灌輸的。

你也有能力去檢視並改變你在社會化過程中所接受的角色。與其跟著潮流走，一事無成，更有甚者，每況愈下，不如自己決定下半輩子要怎麼過。你可以跳下流行的列車，自己當司機。你是否對某些事情感到沮喪，卻不是很清楚原因？你是否覺得無力掌控自己的人生？你是否覺得生活一成不變、無聊、無趣？你是否發現自己總是努力取悅他人，卻連一點自己的時間也沒有？你是否覺得自己所做的事，不管是工作上或社交場合裡，總是跟自己的本性格格不入？你是否發現自己被迫做某些事？你是否常常覺得不好意思說出真正的想法或感受，因為你會不自在？這些可能都是你的「本質」需要接受校正的訊號。校正你的本質不需要大動作翻修，你可能只是追趕某種潮流而毫不自知，只因為那個模糊的、抽象的「他們」都這麼做。但這卻不是那個實實在在的你真正想做的事。探索自己的靈魂吧！不斷尋找，你終會找到答案。

第三帖解藥：「做自己」是需要勇氣的

與其待在一成不變的單調洞穴裡和一群囚犯消極地談論自己的處境，不如掙脫壓抑（和沮喪）的枷鎖，走入陽光展開冒險，探索你的創造潛能。（柏拉圖）

在這個要求一致與服從的世界裡，「做自己」是需要勇氣的（膽量、魄力，隨便你用什麼字眼）。比較簡單的方法是撤退、迷失在人群中、出賣你的價值，或當變色龍，隨波逐流而非逆勢前進。

柏拉圖的洞喻，對於人類喜歡一致、害怕改變的傾向有很生動的闡述。表面上它是一個故事，敘述一群人從小就被囚禁在洞穴裡，他們的腳和脖子都被銬住，身體無法移動，只能看到前面的東西。在他們後面有一個燃燒的火堆，火堆和囚犯之間有一條通道，上面築了一道矮牆，模仿傀儡戲的舞臺，好讓操縱傀儡的人在表演傀儡戲時，可以躲在矮牆後面。牆後操縱傀儡的人拿著石頭和木頭做成的東西，包括人和動物造形做傀儡表演。由於無法回頭，這些囚犯只能看到這些東西所投映出的影子；結果，他們把這些來回移動的影子當成事物本身。由於他們熟悉的東西只有這些影子，所以這些囚犯用來打發時間的遊戲，就是猜接下來哪個影子會出現。

如果某個囚犯有一天獲得自由，並能夠轉頭去直視火堆，看那些在牆上投映出影子的東西，而且最後走出洞穴去看外面的世界……想像會發生什麼事。柏拉圖認為，剛開始，這個囚犯一定會固執地堅持他之前所認定的事實，但過了一陣子，適應光線後，他最後終會明白，他之前所認定的事實不過是一種幻象，而且他寧可當個流浪漢，也不願再重回之前的生活方式。

誠如柏拉圖所言，如果這個獲釋的囚犯再回到洞穴，告訴其他人關於外面世界的事，他們一定會取笑他，認為他瘋了，甚至想殺了他，如果他們抓得到他的話。

根據柏拉圖的看法，這些囚犯正是人類的翻版：害怕改變，頑強抗拒，不願放棄舊習慣、採納新觀念。事實上，偉大的改革者很少在有生之年得到認同，相反的，他們常常受到排斥、遭受迫害，甚至慘遭殺害。柏拉圖對他的老師蘇格拉底被處死一事顯然耿耿於懷，但是在接下來的歷史裡，那些試圖將我們從「無知的洞穴」解放出的人遭受排斥的例子，俯拾皆是。

這種抗拒改變的態度很普遍，並不是只有某些人才有這種問題。我們都是某種洞穴的居民，沒有例外。即使是哲學家也可能很固執。讓我舉個例子。

我所受的正式訓練是一般稱之為「純哲學」的學科。簡單來說，哲學回答的問題是「我該怎麼思考？」而非「我該怎麼做？」。例如，「什麼是知識？」「人類是否有自由意志？」「肉體與心靈的關係為何？」這些最普遍的哲學問題，主要就是探索我們應該如何思考。反之，應用哲學所關心的，則是如何利用這些理論和概念來解決人類的實際問題。休姆用習慣和風俗對因果論所做的分析，對於你老是責怪自己犯錯而非從中學習的行為，能提供什麼解決之道？相信自由意志如何幫你做自己生命的主人，讓你過得更好、更快樂？相信你等於你的肉體，或是你有獨立的心靈或靈魂，對你的人生會有什麼不同？這些問題主要是該怎麼做，而非該怎麼思考。

很明顯的，「我該怎麼思考」和「我該怎麼做」這兩個問題是息息相關的，因為回答第一個問題的理論也可以用來回答第二個。本書就是要證明，古代哲學家為我們提供了一個充滿了實用指南的果園，等著我們去採收。但不幸的是，那些只滿足於純哲學探討，而不願從實用的角度來看待它們的哲學家，一直阻撓運用哲學的提倡。在早期，這些哲學家很快就會發動攻擊，他們認為對實際問題感興趣的哲學家，不是在研究「真正」的哲學，所以也不是「真正的哲學家」。根據這種觀點，只有那些停留在純抽象思考的人才有資格成為真正的哲學家。

我很高興在我撰寫本書時，這種食古不化的觀點已經不再那麼盛行，雖然它還是有些虔誠的追隨者。我很清楚這些哲學家的想法，因為我自己在布朗大學（Brown University）念研究所時，也被灌輸相同的思想。我的博士論文寫的是純哲學問題：價值理論，也就是探討當我們說某樣東西的本質是有價值的（或沒價值的）是什麼意思。例如，當我們陳述讓人痛苦的東西具有不好的本質時，是什麼意思？我當時的研究重點是「本質」，而不是人類的痛苦以及減輕痛苦的方法。我構作了一套縝密的定義，仔細定義它們的關係，在為這篇複雜的論文答辯時，我輕鬆過關，獲得口試委員的一致讚賞，其他的就不用再多說了——除了我親愛的老婆在我完成論文時給的一個評語。

她說：「寫得不錯，但是你打算拿它來做什麼？」我一時辭窮，除了能增進人類的知識和幸福之類的模糊想法外，我真的找不到其他答案。這個問題成了指引我未來工作的一盞明燈。它將武斷的、自以為是的我，從毫無實用價值的哲學觀點中搖醒。

這同時也激勵了我進一步探索之前在正規訓練中未曾深入研究的其他哲學理論，如女性主義哲學和存在主義。我專攻的英美哲學傳統不太重視這些領域。然而，這些觀念在理論上和實際應用上的優點，現在看來是再清楚不過了。

在下定決心推廣應用哲學後，我在一九八二年創立了一份專業期刊《國際應用哲學期刊》（*International Journal of Applied Philosophy*）。這是有史以來第一本全面性的應用哲學刊物。身為一個年輕的編輯，我一腳踩進了挑戰哲學現狀的領域，當時的我是個異類。我身為一位哲學家的名聲不斷受到質疑，而我許多同儕更是看不起我。

在一九八〇年中期，我開始發展應用價值理論。〔註一〕我太太當時正在準備心理諮商師的考試，她在研究所時曾研究過心理學家艾理斯的學說，發現我早期著作和艾理斯的相似處。這個序曲促使我開始發展以邏輯為基礎的哲學諮商，這正是艾理斯的理情行為療法的哲學變形。

在學會裡經過了五年的臨床研究後，我和一些人在一九九〇年共同創立了美國哲學、諮商及

註一　此一研究後來出版成書。

心理治療協會（簡稱ASPCP）。我的主要任務是加強哲學家和心理諮商師的合作，以提升並發展哲學應用。這兩個專業團體原本都是各自為政，因此不易相輔相成。如今我很高興ASPCP的任務在美國本土和海外都持續順利進行。

這就是我的結論。相信我。不要害怕打破陳規。我在專業領域裡如果有什麼重要的貢獻和令人激賞的地方，那正是因為我勇於抗拒墨守成規的傾向。待在柏拉圖的洞穴裡數著牆上的影子實在是太無聊了，而且一點也無法鼓舞人心。但如果你想永遠處在輕度的憂鬱中（註二），這倒不失為一個好方法。彌爾說得很對，趕流行的人是不會進步的。從你的洞穴走出來，過有創意的生活。正如柏拉圖所說的，如果你冒險走入陽光下，可能會被洞穴裡的人取笑，但結局將會是值得的。

第四帖解藥：個人特質是人類幸福的關鍵，請捍衛它

以實用作為你的行為準則。嘗試不同的生活方式，當政府企圖限制你個人以及你同胞的自由時，大聲反對。（彌爾）

如果你的生活完全被盲目的服從所宰制，你最後只好戴上面具，隱藏真正的自己。例如，像我們這種患有同性戀恐懼症的國家，對許多想過正常生活的同性戀者而言，是件很困難的事。我曾經有個結過兩次婚的個案，他努力嘗試當個正常人。因為強烈的宗教信仰禁止同性戀行為，加上他個人想要融入正常社會，所以他選擇搭上異性戀的主流列車，過著欺騙的生活，結果什麼事都不順利。遺憾的是，我最後聽說這個可憐的傢伙還在流行的列車上，他註定要受苦，而且造成

別人更深的焦慮和挫折。

同性戀出櫃需要勇氣。但只有這麼做，你才能忠於自己，而不是墨守一致的性傾向而承受巨大的壓力。我的一位異性戀個案在知道丈夫是同性戀後，表達了想將她丈夫改造成異性戀的企圖。我要她想像一下，如果她是在同性戀的文化下長大的異性戀者，要她改變，她會有什麼感受。這和換衣服、改名字，甚至改變信仰是不同的。你不可能某天早晨醒來，突然改變你的性傾向，而且就算你想改，也沒什麼可靠的醫療行為能夠幫助你。唯一可行的方法，就是不要偽裝，做一個表裡如一的人。

人本主義心理學家羅傑斯（Carl Rogers）曾經指出，要有建設性的改變，「表裡如一」是一個很重要的條件。根據羅傑斯的看法，表裡如一就是你的內在思想符合你的外在行為。也就是要透明：你所說的是你真正的想法和感受。這表示你不是一個虛假的人，不是那種戴著面具或披著社交外套的人。在羅傑斯看來，表裡如一是讓人勇往直前、心靈成長，換言之，也就是獲得人類幸福所不可或缺的條件。

彌爾在他的《論自由》（*On Liberty*）一文中，建議以「實驗性的生活」做為治療墨守成規和遵循傳統的解藥。

註二　醫學上稱這種輕度憂鬱為輕鬱症（Dysthymia），參見美國心理學會*Diagnostic and Statistical of Mental Disorders* (Washington, DDC: American Psychiatric Association, 2000)。

因為人是不完美的，所以應該有不同的觀點，這點非常有用，既然如此，那麼我們也應該實驗不同的生活方式；各種人格特質都應擁有充分的行動自由，前提是不要傷害其他人；如果有人認為某種生活方式是值得他們去嘗試的，那麼他們就必須證明，這種不一樣的生活方式是有實用價值的。換言之，只要不干擾到別人，個人特質就應該受到維護。如果行為規則的依據是傳統或習俗，而非個人的特質，那麼人類幸福就缺少了一個最重要的要素，因為個人特質是個人和社會進步最重要的因素。

彌爾認為，你必須考慮行為的「實用性」，才能決定它是對的或錯的。如果有另一種生活方式可以達成人類最大的幸福，即快樂、沒有痛苦，那麼追求這種生活就是對的，反之就是錯的。根據彌爾的看法，一個盲目追趕流行，而非追求自我目標的人，他的行為很容易違反這條「實用主義」的標準。

所以，與其單純地**預設**大家最清楚什麼是好的，不如嘗試一些不同的生活方式，看看它是否能夠讓你更幸福。但這並不表示，你應該將所有的風俗習慣都棄如敝屣。如果這些風俗習慣不須推翻，你也犯不著去改變它們。不過在大多數情況下，以傳統和習俗為基礎的行為規範，通常是不符彌爾的實用主義標準。因為這些規則常常是僵化的，反而會壓抑人類的幸福。

如果我們沒有機會去探索不同的生活方式，受到壓抑的不只是個人，社會也一樣會蒙受其害。當大家的想法和行為都一樣，沒什麼變化，那麼進步就不太可能發生。美國是一個文化、種族多元化的國家，充滿了文化的多樣性，這正是這個國家之所以如此美好的原因。政治領導人若利用一致化的社會政策來壓制這種多元性，那麼他們便危害了這個國家的民主基礎。舉例來說，如果我們修訂憲法，規定婚姻必須由一男一女組成，那麼它就違反了獨立宣言，因為它賦予人民「生命、自由和追求幸福的權利」。為了幸福，任何違反個人自由的企圖，我們都應該站出來加以反對，即使成為俎上肉的不是你個人的自由，因為誰也難保同樣的事不會發生在你身上。

追求幸福的方法有很多種。正如彌爾所言，只要在追求的過程中不傷害別人，你便可放手去做。別讓流行的想法阻礙你的創意，畢竟人各有志。你覺得快樂的事，別人未必會有同感，所以別奢望單一標準可以適用所有人。你應該知道，如果你想買的是一件適合每個人穿的衣服，到最後一定是誰都不合適。你是一個獨立的個人，有追求生活、自由和幸福的權利。為了跟大家一樣，跟著別人亦步亦趨，就長遠來看，是無法為你帶來最大幸福的。如果某種習俗或傳統符合你追求幸福的標準，那就保留它。但如果它是造成你痛苦的根源，那就拋棄它，試試其他的。

第五帖解藥：創造自我的價值，別依賴「集體道德」

與其指望別人的認可，不如把自己視為一個獨立、自主的價值創造者。（尼采）

跟隨別人的腳步，人家說什麼你就做什麼，這表示你認為別人的價值觀比你自己的好。你一旦有了這樣的預設，你就否定了你**創造自我價值**的能力。存在主義哲學家對這種價值的主觀立場有很清楚的說明，其中最重要的代表是尼采。「高尚的人」尼采說道，「把自己視為一個價值的決定者，他不需要別人的認可……他把自己理解成賦予事情榮耀的人，他把自己視為創造價值的人。」

對那些糊里糊塗趕搭流行列車的人，尼采所提供的解藥是，提升自我的層次，不再非得到他人的認同不可，相反地，把自己視為一個能創造自我價值的主體。不要再遵循別人提供給你的價值——尼采用了一個很貼切的字眼來形容這種價值觀：「集體道德」——你將因為接受自己，用它來創造自己的價值並付諸行動而變得高貴。

我並不是要你為了發揮創意而去破壞法律及秩序。你不必這麼做也能挑戰那些你認為應該反對的法律和政策。健全的民主之聲是由許多人組成的，他們有各式的創意觀點，而且勇於表達自己的想法。

化解人云亦云的解藥

第一帖解藥：鑑往知來，從歷史中吸取教訓

從歷史中學習：不要因為是「官方說法」就深信不疑。（桑塔耶納、彌爾）

美國憲法第一修正案賦予你言論自由。只要你的言論不傷害他人，如在人擠人的體育館裡大喊「失火了！」，你就有權利表達你的真正想法。令人遺憾的是，許多政治、法律和社會壓力迫使我們接受當局的觀點，現在如此，未來想必也一樣。

當服從的壓力危害了我們的言論自由時，我們失去的究竟是什麼？根據彌爾的看法，當人們

無法自由地表達自我時，人類便失去了許多珍貴的東西。因為如果受到壓制的觀點是對的，那麼其他人就無從得知事實；如果它是錯的，那麼其他人就失去了原本可以透過反駁錯誤的觀點，來強化他們信念的機會。而且，對於別人聲稱為真的事，如果我們無法自由且公開地從正、反兩面來加以求證，到頭來我們只能把它當成教條或神聖不可侵犯的東西來接受，而非經過理性思考確認的事。彌爾說道：「只要戰場上沒有敵人，不管是教人的人或學習的人，都會立刻在自己的崗位上睡著。」同樣的，也沒有什麼傳統觀念是自明的，不需加以懷疑。「人類有一種致命的傾向：一旦對事情不再懷疑就會放棄思考，他們所犯的錯誤有一半是這種傾向造成的。」

當你對官方或當局的觀點照單全收，而不去探究它們的真實性，你不僅增加了誤信的風險，同時還會養成人云亦云這種不用思考的壞習慣，讓自己更容易受到當權者的欺騙與操弄。讓我舉個例子來說明。

一九六〇年代，越戰方興未艾，當時普遍的觀點認為，這場戰爭對阻止共產主義「來到這裡」是必要的。所以，為了捍衛我們的自由，所有「愛國的」美國人都要支持這場戰爭。所有反戰者都被貼上「嬉皮」和「逃避兵役」的標籤。那些為了保衛我們的國家而在越南叢林喪生、殘廢或發瘋的人，都是出於善意，相信我們的政府不會欺騙他們。然而，當我們回顧此事，歷史告訴我們，共產主義登陸美國事實上是一派胡言，這場戰爭的主因是經濟和政治利益。當軍事工業集團忙著海撈一票時，遭到屠殺和殲滅的正是我們忠誠的年輕士兵。

你要獨立思考。這是我們應該從這件事情中學到的教訓，不管是過去還是現在，獨立思考都是迫切的。不要因為別人告訴你那是真的，你就對它深信不疑！相反的，在相信任何事情之前，一定要有真憑實據。別人陳述了某件事，不等於這件事就是不證自明的。水門事件給我們的啟示再清楚不過了，即使是美國總統也要接受人民的質疑和法律的約束。

遺憾的是，這得來不易的洞察力最後可能還是毫無用武之地，除非我們在挑戰未來時能夠用它做先鋒。誠如哲學家桑塔耶納所言：「不能從歷史中汲取教訓者，註定要重蹈覆轍。」

在出兵伊拉克之前，美國政府宣稱伊拉克擁有大規模的殺傷性武器，而領導人海珊是一位「惡魔」，他打算利用這些武器來對付美國，就像他對付自己的人民一樣。但斷言海珊擁有這類武器的聲明，主要是建立在一個假設上：他在一九八〇年代曾經擁有這類武器，所以他現在一定也有。但是，二十年來我們一直相信他擁有這些武器（事實上，美國曾經協助海珊取得這些武器以對抗伊朗），為什麼到現在才突然如此迫切地想要阻止他，甘冒風險，不顧犧牲，以先發制人的姿態發動戰爭，這真是叫人百思不解。經歷二〇〇一年九月十一日的恐怖攻擊後，美國政府企圖將這起攻擊行動和海珊扯上關係，想辦法為出兵伊拉克解套。

儘管伊拉克擁有大規模殺傷性武器的證據薄弱，而九一一事件和海珊有關的證據也不夠充分，媒體不但沒有謹慎地進行獨立的調查報導，反而採取官方的說法。令人遺憾的是，美國人民對這種說法照單全收。當這些武器仍然存在的推測，和海珊與九一一事件有所關聯的猜想被證實錯誤後，官方的說詞又改了。現在，發動伊拉克戰爭的理由是推翻海珊對伊國人民的暴政。但這位獨裁者的殘暴行為早就不是什麼新鮮事了，過去二十年來也無人聞問。

所以，當哈利伯登這類公司在伊拉克不用參與競標就可以拿到龐大的全額合約，而媒體巨頭和聯邦政府聯手拉抬他們的利益（如通用電氣所屬的國家廣播公司〔NBC〕、時代華納的美國有線電視新聞網（CNN）、衛康的哥倫比亞廣播公司（CBS）、迪士尼的美國廣播公司（ABC），以及新聞公司旗下的福斯），美國人得到的只是一套官方說法，而且還指望我們照單全收。

對於那些經歷越戰時期的人而言，事情這樣的發展既無新意也不令人意外。以人道之名配合官方說辭營造氛圍，說穿了不過是為了經濟利益而發動流血戰爭的老把戲。正如桑塔耶納所說的，這正是因為我們未曾留意歷史並從中學習教訓的結果。這是我們的錯，因為我們沒有善用理智，反而輕信官員的片面之辭。彌爾早就對我們提出警告了。這種人云亦云的結果就是讓許多無辜的生命喪生。

如果你曾懷疑，為什麼那些在納粹統治下的德國人會追隨希特勒，不必捨近求遠，答案就在你面前。這些人並不是特別冷酷或麻木的人。他們只是相信別人告訴他們的事。這跟我們被官方說法所蒙騙的情況是一樣的，我們之所以相信，是因為某些人說了這些話，而不因為這些話經過驗證。這就是人云亦云赤裸裸的真相。

第二帖解藥：創意思考，不要變成應聲蟲

當一個愛國者，而非應聲蟲；支持民主，而非盲目附和。（杜威〔John Dewey〕）

對付這種毛病有一帖特效藥，那就是變成熱情的民主擁護者。我指的是**真正的**民主，而不是虛有其名的民主。民主生活的真諦在於你能依據自己的想法過創意的生活，而不會干擾其他同樣

過著創意生活的人。杜威明確地指出，教育對完成這項使命的重要性。他意味深長地談到：

我們致力於民主教育也是基於一個類似的事實。表面的解釋是，透過普選選出的政府是不可能成功的，除非選出政府並服從政府的選民受過教育……但還有一個更深的解釋。民主不只是一種政府形式；它主要是一種聯合的生活模式，一種彼此溝通的經驗。散居各地的人因為參與了一個共同的利益，所以他的行動必須顧及他人的行動，並考量他人的行動，以做為自己行動的重點和方向，如此一來我們便能打破階級、種族和國土的障礙，這些障礙讓人無法領會他們行為的完整意涵。數量越大、樣式越多的接觸點表示個人必須反應的刺激也會越多樣化……如此一來才能確保力量的釋放，否則只要行動的誘因是有所偏袒的，力量就會受鎮壓，因為一個封閉性的團體必然會排除許多其他的利益。

團體迷思、對既定觀點的盲目附和，都是不公的行為，因為它會排擠現狀之外的其他利益。這是反民主的，因為民主應該是努力融合各方利益，而不是排除異己。

在杜威看來，一個受過教育的人應該具備行動力、有彈性、有適應能力，也就是能夠善用聰明、創意的方式來掌控他們的環境。與之相反的是僵化的服從習慣，它會壓抑創意，而且：

將個人特質……擺到一邊，或是把它視為災害或混亂的來源。服從就是只聽從一種聲音。結果只會讓我們對創新不再感興趣、厭惡進步，對不確定和不可知的事心懷恐懼。

受過教育的人有一種特徵，那就是他會傾向多元化的創意思考，而不是盲目的附和。法西斯國家歡迎後者，他們把精力花在壓抑個人特質和灌輸人民不經思考的盲目服從習慣。民主剛好相反。所謂的民主，就是要能包容各種不同的觀點。要愛國。支持民主。不要變成應聲蟲。

第三帖解藥：追隨具有「兌現價值」的信念

在相信任何事情之前，先找出它的「兌現價值」（cash value）。（詹姆斯）

你的所思所想，和你的所做所為一樣，都會造成結果。讓我們舉一個詹姆斯的例子來說明，如果你在森林中迷路，正確的觀念能教你如何走出森林，救你一命。如果你的觀念是錯的，它可能會讓你在森林中喪命。詹姆斯指出：「『真的』是我們在進行思考時的唯一考量，就像『對的』是我們相信任何事情的唯一考量一樣。」他認為正確的觀念具有一種「兌現價值」。只要我們依據它來行動，它就會引導我們或有助於引導我們得到令人滿意的結果，至少就長遠來看是如此。難怪我們總是努力將事實，而非錯誤的資訊，牢記在腦海裡。當適當的時機來臨時，我們便能將之前暫時冷凍儲存的事實取出，用來解決我們在現實生活中遇到的實際問題。

人云亦云並無任何「兌現價值」，相反的，它會讓你走上無知的道路，做出後悔莫及的事。但這並不表示，盲目的信念對你絕對無用。例如有人跟你報明牌，要你買賣某張股票，你聽了這人的話，賺了好幾百萬。這是有可能發生的，對吧？但是這句話的關鍵在於「可能」這個詞。它也有可能不會發生。

當然，這跟你聽從股票經紀人的建議，投資某張股票是不同的。在舊式的「醫主原則」模式裡，病人認定醫生是「懂最多的人」，所以在我們還沒生病之前，便在社會化的過程中相信，不管醫生說什麼都要點頭稱是，不要再進一步追問。還好，現在的醫療照護體系已有十足的進步，開始強調病人的權利，尤其是病人的自主性及「知情同意」。然而，還是有許多想法老派的人認為，我們應該儘量避免對醫生提出質疑，最好是連提都不要提。當然，如果你的病痛相對而言沒什麼危險，好比是趾甲內生一種不會危及生命的病，那麼這種態度是不至於造成嚴重的後果。但如果你有不分青紅皂白，對什麼事都堅信不移的習慣，這就可能會帶來麻煩。如果你有心臟病這類的大毛病，那麼你就應該好好關心自己的病情，詢問相關問題、了解自己的疾病、尋找其他合格醫生諮詢醫療意見。很遺憾的是，那些堅信舊式「醫主原則」、積習難改的人，只要是醫生說的，他們都深信不疑，結果反而讓自己的健康承受了許多不必要的危險。

事實上，好醫生通常都很歡迎病人跟他們互動。那些得了「上帝情結」、希望你盲目地聽從他們的醫生都是過度自信，而這也會使他們的能力受到質疑。

所以，即使你聽的是專業人士的建議。你最好養成運用理性、自主判斷的習慣，而不是無知地人云亦云。如果你現在正在閱讀本書，那麼你可以準備接受挑戰。正如詹姆斯所說的，一個信念之所以為真，是因為它有「兌現價值」，因為它具有符合事實的能力，而不只是因為某人如是說。盡你所能做到最好吧。

【第五章】節制：對治無能為力

常把「我做不到」或類似的話掛在嘴邊，表示你總覺得無能為力卻又不願採取對策（解藥），來解除自己的症狀（達到自我控制）。無能為力究竟是什麼意思？它意謂著你總是告訴自己你做不到，所以你根本快樂不起來。你堅持「沒辦法」，拒絕跳出來。

讓自己覺得無能為力的方式有三種：

1. 情緒的（情緒上的無能為力）
2. 行為的（行為上的無能為力）
3. 意志的（意志上的無能為力）〔註一〕

註一　「意志的」（volitional），意思指的是你意志的無能為力。

情緒上的無能為力

第一種方式是因為接受了下列這條行為規則：

情緒上的無能為力：如果你覺得不高興，一定是某人或某事引起的，因此，你不能，也不該嘗試控制你的情緒。

這條規則告訴你，把沮喪、罪惡、焦慮、憤怒和其他的負面情緒怪罪給外在的人、事、物，而不是為自己的情緒負責。以下是常見的幾個使用這條規則，而將過錯往外推的例子：

- 你真的把我給惹火了。
- 那讓我氣惱。
- 你讓我覺得很沮喪。
- 那讓我覺得快死了。
- 她快把我逼瘋了。
- 他讓我有罪惡感。
- 我脾氣不好，因為我是拉丁裔。

這些例子（以及其他不勝枚舉的各種版本）都隱含了是別的人或事，讓你有這類的負面感覺，所以你無法為自己的情緒負責。在這種情況下，你無力改變自己的情緒，因為你已經預設了你無法控制它們。你認為這些情緒是你無力控制的，就像你無法控制被閃電擊中一般，所以你根本不需費心試著控制它們。如果你不服用適當的解藥，讓這種「做不到」的毒素從你體內排出，你勢必持續在這種自我毀滅的狀態中打轉。

當你說有人把你惹火了，你責怪別人讓你生氣，而不是你自己。透過諉過，你有了不必控制情緒的藉口；相反的，你要求別人改變他們的行為。你把個人的情緒變成消極的、任由他人操弄的東西，從而讓自己變成受人操縱的對象。

事實上，這種感情上的無能為力會對你造成深遠的影響。如果我們完全受外在條件控制，那我們就沒必要否認人的情緒，不管是法律上或道德上的。告訴別人不該為某些事情生氣、沮喪、焦慮或有罪惡感是沒有意義的，因為根據康德的看法，「應該」隱含了「能夠」。換言之，如果人一開始就不能控制自己的感覺方式，那麼告訴別人「應該」或「不應該」有這種感覺是沒有意義的。同樣的，如果我們的情緒完全受外在條件所決定，而不是我們所能控制的，那麼要人為自己的情緒反應（如暴怒）負責，是說不通的。但事實上，要求他人在法律上或道德上為自己的情緒負責是合理的，而且我們也會適當地建議別人應該或不應該有某種感覺，如果情緒上「無能為力」的規則是正確的，那麼所有這一切就根本毫無意義了。

相反的，以邏輯為基礎的治療方法（也就是本書所採用的方法）認為，你必須為你的情緒負大部分的責任，因為它們是你透過推理方式，從前提推論得出的結論。所以，你的情緒不是原因和結果（就像火焰的產生是火柴點火的結果）；相反的，它們是人的**選擇**或**決定**。要化解這種推理中的非理性規則，只要調配適合的解藥並勤加服用，加上意志力的幫助，必然能大幅提升你的能力，讓你避免掉入許多自我毀滅的情緒中。因此，人應該為自己的情緒反應負責，而且我們也可以建議別人應不應該如此感受，就這兩方面而言，以邏輯為基礎的療法和我們一般的直覺看法是一致的。

然而，「我們大致上能控制自己的情緒」，它並不是一個**完全無可妥協**的命題。「**所有**」自我毀滅的情緒都是可以克服的，這種看法顯然並不正確。某些嚴重的憂鬱症、躁鬱症、強迫症及其他病症的患者，可能因為生化系統的失調，致使個人很難或無法有效地採取對策來對抗非理性的行為規則。在這種情況下，就必須先藉助藥物的治療，等體內回復平衡，以邏輯為基礎的治療才能發揮功效。許多人因為接受並採取了各種非理性的規則，把自己變成了自己最可怕的敵人，在大多數這類例子裡，以邏輯為基礎的治療方法對於戰勝理性的情緒是非常有效的。〔註二〕當你堅持「我做不到」，放任自己的情緒陷入「無能為力」的地步，你便放棄了控制自己感情生活的機會。

所以，反駁情緒上「無能為力」的規則如下：

如果你無法控制自己的情緒，那麼你將淪為一種生物機器，對外在刺激只會機械式地反應。告訴別人他們應該怎麼感覺是沒有意義的，因為「應該」隱含了「能夠」，要人們在法律或道德上為非理性的情緒所造成的犯罪行為負責，也沒有道理。甚至連希望透過服用解藥，並發揮意志力來戰勝非理性情緒，也只是浪費時間而已，因為你的情緒永遠不是你所能控制的。但是，以邏輯為基礎的治療不斷強調，且透過經驗證實，這樣的論點與事實不符，因為實際上的確有許多人透過理性的這帖解藥，成功地戰勝了他們非理性的情緒。這代表人類**能夠**依照如何感覺的建議行事，而且能為他們的情緒反應負責。

行為上的無能為力

第二種「無能為力」是告訴你自己，你無法控制自己的行為。你對自己的行為束手無策，因為你固執地認為你無法不這麼做，從而讓自己不斷重複同樣的自我毀滅行為。以下是幾個例子：

- 我無法快樂。
- 我無法和別人相處。
- 我無法和別人親近。
- 我無法不想它。
- 我無法做任何創新或冒險的事。
- 我無法改掉壞習慣。

註二　即使在投藥治療的情況裡，藥物本身並無法幫助生化失調的人思考。藥物只能回復體內的平衡，讓人比較容易使用以邏輯為基礎的方法，而這種方法對當事人可能是非常有用的。

- 我無法在課堂或工作場合暢所欲言。
- 我無法交朋友。
- 我無法改進我的技巧或學習新的技能。
- 我無法原諒，放開過去，重新過生活。

這裡的「無法」妨礙了進步和因時制宜的行為。你不但拒絕有意義的改變，反而在「一成不變」的**無能為力**的行為模式裡封閉自己：

行為上的無能為力：如果你的某種行為有問題，你是無法改變它的，連試都不用試。

當你對自己的行為感到無能為力時，你剝奪了自己做出合理選擇，讓自己變得更好的能力。相反的，你讓自己訴諸一種生物機制，一種不斷重複自我挫敗的機械反應。反駁行為上的無能為力，和反駁情緒上的無能為力很類似：

如果你無法控制自己的行為，你就是一個只會對外在刺激做出機械反應的生物機器。建議你應該或不應該這麼做是無意義的，而要求任何人在法律上或道德上為他們的行為負責，和把程式化的電腦以犯罪之名送入監獄一樣，是沒有意義的。但事實並非如此，因為有許多人成功地改變了他們的行為，而且以邏輯為基礎的治療顯示，人們可以透過理性的解藥，成功地改變他們的非理性行為。所以，人和電腦是不同的，人是可以為自己的行為負責。

我在哲學界待了很多年，不用想也知道有些嚴苛的哲學家會批評我上述的反駁，認為即使是電腦也可以經由設定來改變它們的行為。不過這不重要。如果電腦可以和人類一樣進步，能透過理性的解藥，有自覺、有意識地戰勝它們的非理性行為，那麼它們也許也可以像民主社會的成年人一樣，擁有權利和義務（特權和負擔）。但在這天來臨前，我的立論重點將放在人類和電腦是有別的，至少到目前為止是如此。人能改變自己的行為，並承擔法律和道德上的責任，而電腦則不可能。

意志上的無能為力

如果我們能夠創造出一種比一般人更有耐心的電子人，那該多好。遺憾的是，意志上的無能為力是人類的通病，而且常常是破壞個人成功和人際關係的殺手。當事情變得困難或具有挑戰性時，你便告訴自己你受不了，其實是低估了你自己承受挫折的能力。當你告訴自己受不了某事，因為你無法忍受挫折，也就是艾理斯所說的「無法容忍」（I-can't stand-it-itis），你對挫折的承受能力就會越來越低。以下是幾個例子：

- 我無法忍受升遷的是那傢伙而不是我。

- 我等不及想買新車。
- 我受不了被嘲笑。
- 如果我丈夫離我而去，我也活不下去了。
- 我受不了代數課。
- 要是賠錢，我一定活不下去。
- 我受不了笨蛋。
- 我受不了被困在電梯裡。
- 我無法接受得不到我想要的東西。
- 我受不了快車道上有烏龜車開在我前面。
- 我受不了獨自在餐廳用餐。
- 我無法忍受犯錯。
- 我無法忍受變成禿頭。

這樣你知道了吧。意志的無能為力的例子不勝枚舉。它的行為規則如下：

意志上的無能為力：如果你發現某件事太難、挑戰性太高，讓你很難應付時，你一定無法忍受，而且你無法、也不希望戰勝它。

這條行為規則的反駁再清楚不過。只要在我們面對挫折時能時時刻刻牢記：

反駁：如果人類從未嘗試克服困難和挑戰，而是告訴自己無法承受，馬上打退堂鼓，那麼人類就不可能有什麼傲人的成就，因為絕大多數令人驕傲的成就，都是在困境下完成的。

化解情緒上無能為力的解藥

第一帖解藥：我的情緒由我控制，我做得到

當你覺得煩躁時，不要怪罪他人，相反的；要怪你自己非理性的推論。（艾彼科蒂塔斯）

要讓自己變得煩躁很容易，只要把負面情緒怪到別人頭上就行了。因為你是唯一能將自己從焦慮中解救出來的人，所以你肯定要受苦，直到你最後終於醒悟過來，好好過生活。根據古斯多葛學派的見解，造成我們憂慮的不是外在世界，而是我們如何看待這些事物。艾彼科蒂塔斯說：

讓人心煩的不是外在事情本身，而是人們對這些事情的判斷。例如，死亡本身並不可怕，否則蘇格拉底也會這麼認為，可怕的是對死亡的判斷，這才是真正可怕的事。因此，當我們受到挫折或感到憂慮、悲傷時，讓我們責怪自己，也就是我們自己的判斷力，而不是怪罪別人。

以理性為基礎的治療法贊成艾彼科蒂塔斯的說法。更正確來說，真正讓人們煩惱的是他們的非理性**推論**。一旦你接受「嚴重化」這樣的非理性規則，你最後一定會得出這樣的判斷：人終將死亡是可怕的。這樣的判斷反過來控制了你的情緒，例如，對無可避免的死亡感到焦慮。換言之，如果你能停止「死亡是可怕的」這樣的推論，你就可以不再為它感到焦慮。

針對情緒上的無能為力，艾彼科蒂塔斯提供的解藥是，不斷提醒自己你有控制推論的能力。只要你不再認為你的情緒受制於外在事物，只要你認清它是**你自己**從前提推論而來的結論，那麼控制權就會重回你手中。例如，當你推論出，騎在你前面的機車騎士是個討厭鬼，因為他在你前方龜行，害你重要的約會遲到。你可以這麼對你的憤怒說：「我的情緒是由我控制，而不是任何其他人。推論出這騎士是個討厭鬼的人正是在下我，只因為他實在騎得太慢了。除了我之外，沒有其他人能做出這樣的推論，所以讓我生氣的人正是我自己。」

你一旦承認了這點，你就可以決定不要再做這樣的推論，改用理性的推論方式：「騎太慢並不會讓他成為討厭鬼。畢竟他還是人，有基本的價值和尊嚴，是上帝的受造物，是有意識、有自覺的價值中心。」

你可以選擇讓自己繼續消沉下去，或是打起精神來，一切操之在你。你可以選擇繼續採行不理性的行為規則，放任自己的毀滅傾向，但你也可以採取理性的方法來對抗它。你做得到的。是的，你一定**能**。透過告訴自己「你能」，將軟弱無力的「不能」驅逐出境，賦予自己力量。

第二帖解藥：使用負責任的語言，不淪為情緒的奴隸

避免使用不負責任的情緒語言，如「你讓我很生氣」、「你讓我很不高興」、「你讓我很不爽」、「你讓我很火大」。相反的，使用負責任的語言，如「我讓自己生氣」、「我讓自己很不爽」、「我把自己惹毛了」、「我讓自己很火大」。（艾彼科蒂塔斯、維根斯坦、詹姆斯）

從你描述自己情緒的語言，就可以看出你是否有對抗非理性情緒的能力。當你用被動語態來表達自己的情緒（「我被搞得火冒三丈」、「我被那件事情氣炸了」、「他們讓我很不爽」……），你把本來屬於你的責任，從自己身上轉移到外在的人或事情上。你只要這麼做，便可以否認自己要為激動的情緒負責，就像你突然遭到歹徒綁架，被推入車子裡，開始瘋狂的旅程。

但從另一個角度來看，你也可以用主動的語態來表達你的情緒，為你的情緒負責，而不是把它推給別人。「我讓自己生氣」、「我讓自己很不爽」都是負責的說法。用這種方式說話，你賦予自己對抗非理性情緒的力量，而不是淪為它們的奴隸。

艾彼科蒂塔斯也贊同採取這種主動語態來談論自己的情緒，因為他相信，外在事物早已被決定，但你可以控制你的內心世界。你不必鑽研自由意志和命定論的形上學問題，一樣可以證明用主動語態談論自己的感情比用被動語態好。哲學家維根斯坦說過：「語言是一種工具。它的概念也是工具。」而且他補充道：「概念帶領我們追根究柢；它是我們意向的表達，並引導我們的意向。」我們的意向對於我們採取什麼樣的概念是很重要的。詹姆斯指出，事實並不是直接傳遞給我們，而不摻入任何我們的詮釋。「對於事實的主題和敘述部分，我們都會有所增添。我們的世

界是很有可塑性的，等待我們的雙手為它最後定型。」

最後，我們使用什麼樣的語言，主要是看我們接受什麼樣的價值，而非事實的基本特質。使用受人擺佈的被動語態來表達我們的情緒，對追求幸福是毫無助益的。正如詹姆斯所言，它的「兌現價值」很低。相反的，使用對自己情緒負責的語言才符合追求幸福的目的。事實上，這是最重要的關鍵。伊比鳩魯就曾告誡過我們，除非你能對自己的情緒負責，否則你追求快樂的目標註定要失敗。

第三帖解藥：「是的，我做得到」，請立刻採取行動吧

證明你不只是預先設定好的生物機器。讓你自己接受經驗的考驗。（休姆、艾耶爾〔Alfred Jules Ayer〕）

行動證明一切。你可以控制你的情緒，這不只是一個很重要的假設，它還有哲學史上一個很重要的知識論學派為它背書。這個學派就是經驗主義。根據它的觀點，事實的陳述（即我們對於外在世界知識的陳述）只有透過經驗的驗證，才是有意義的或為真。〔註三〕在這個觀點下，休姆對無法由經驗檢證的宗教教義和形上學理論提出質疑。他質問：

> 它是否包含了任何有關量或數的抽象推論？沒有。它是否包含了有關事實或存在的實驗推論？沒有。那就把它丟到火堆裡：因為它不過是詭辯和幻覺罷了。

英國哲學家艾耶爾承襲了這個古老的傳統，提出了他的「可驗證判準」。根據他的判準，若一個陳述

> 對任何特定的人具有實際上的意義，則他必須知道如何驗證這個陳述所表達的命題——也就是說，只有當他知道什麼樣的觀察可以在特定的條件下，引導他接受這個命題為真，或否定這個命題為假。

我們是否可以透過觀察來驗證你事實上「能」控制你的情緒？還是我們應該把這個理論丟到火堆裡燒了？

假設當你越來越驚慌時，你可以採取理性的方法讓自己停止這種行為。這時你能說你沒有這種力量嗎？我敢說你肯定有。當你在對抗情緒上的無能為力時，你必須拋開**我做不到**的想法，並用「是的，我做得到」這種強而有力的想法取代它。如果這麼做了之後，你不再因為類似的情況而習慣性地發脾氣，你不就證明了你事實上是可以控制自己的情緒嗎？正是如此。

只要你願意督促自己去驗證你對情緒的控制能力，你便可以和許多人一樣，使用以邏輯為基

註三　此一傳統區分了「透過經驗獲得的陳述」（我們稱之為「後驗的陳述」）以及「不倚賴經驗（先驗的）陳述」。根據這個傳統的標準，後面這類的陳述只包含定義性真理（definitional truths），如「所有三角形都有三個邊。」這類真理對於擴展我們的世界知識並無實際的幫助。數學和邏輯真理被認為屬於後面這類真理。

礎的治療方法來控制自己情緒上的無能為力，那麼它就不是放火燒了也無所謂的形上學空談，而是一個有實際觀察做背書的重要理論。如果你覺得無能為力，那麼為了你的快樂幸福著想，你必須讓自己擺脫無能為力。證明它吧！立刻採取行動。

第四帖解藥：改變行為，就能改變你的感覺

拋開憂傷，笑臉迎人。（吉伯特．萊爾〔Gilbert Ryle〕）

行動和感情密不可分。情緒衍生行為。如果你覺得自己很可憐，你的行為舉止通常也會表現得很可憐。事實上，有些哲學家企圖完全以情緒來定義行為。哲學家萊爾在他的經典之作《心的概念》（*The Concept of Mind*）一書中聲稱，情緒——你的「傾向」和「心情」——的發現和其他的感性認識並無不同：

> 我聽到並了解你談話中的宣稱、你的用詞和語氣；我看到並了解你的肢體動作和臉部表情……這和我發現我自己的動機、心情並無種類上的不同，雖然我無法看到自己的苦瓜臉和肢體動作，或聽到自己說話的語氣。

藉由透過自我意識的內在狀態來發現自己的情緒，萊爾明白地指出，情緒「和習慣或疾病一樣，都是一種『經驗』」。這就是伍迪艾倫的俏皮話，當兩個行為主義者碰面時的問候語是：

「你很好。我好嗎？」

這個笑話點出了一個重點：**完全**以行為來定義情緒是荒謬的，因為它忽略了其他如認知和身體感受的心理狀態，後者是具有情緒的人類所特有的。儘管如此，你的情緒大致上依然是一種行為，雖然不是全部。改變行為，你就能改變你的感覺方式，甚至是你的內在狀態。

你曾因為某些原因而情緒低落，沒有心情見任何人？但因為你不得不出現在某些地方，如公司、學校，或其他社交場合，所以你只好勉強起床，強迫自己梳洗換裝，漠然地坐上車。到了目的地後，你開始假裝，努力隱藏惡劣的心情。在自我意識的努力下，你勉強擠出了笑容，用愉快的語氣說話，裝出心情很好的樣子。過了一陣子之後會怎樣呢？沒錯！和大多數人一樣，你會發現自己的心情好多了，不只是外表，連內在也一樣。

第五帖解藥：怒氣高漲時，試著轉移目標

當你覺得快要抓狂時，把意識轉移到其他比較沒有爭議的對象上。（艾德蒙．胡塞爾〔Edmund Husserl〕）

你不僅可以透過由外而內的方式——也就是藉由改變你的外在行為來改變你的內在感受——戰勝你的無能為力，你也可以使用由內而外的方式——藉由改變你的內在感受來改變你的外在行為。你可以透過刻意地改變你的意識對象而做到這點。我所謂的「意識對象」指的是你意識到的東西。

根據現象學的看法，所有的意識狀態，包括情緒，都對外指向某些對象，如一個人、一件事、一個問題或一樣東西。現象學之父胡塞爾指出：「自我所據以存在的意識本質，就是所謂的意向性。意識永遠是對對象的意識。」例如，當你生氣時，你一定是對某事生氣，例如在高速公路上超你車的人、惡毒的批評、政治決策，或是被放鴿子。你的怒氣具有一種意向，這表示它指向或集中在某個對象上。

以邏輯為基礎的治療法認為，當你產生某種情緒並根據某項規則提出指控時，事實上你所指控的事件正是你情緒的意向對象。例如，當你在高速公路上被超車而覺得生氣時，你的推論過程想必是這樣：

規則：如果某人做了某件讓你不爽的事，那麼他就是一無是處的狗屎。
指控：那個傢伙在高速公路上超我的車（這事讓我很不爽）。
情緒：對那個在高速公路上超我車的人生氣。

惹你生氣的對象實際上正是你所提出的指控，你看出來了嗎？你現在應該很清楚，如果你沒有提出這項指控，情緒就不會持續波動。只要你轉移注意力，情緒也會跟著平息下來。讓我們把造成你負面情緒的對象想像成颱風眼。當它越清晰（越集中），颱風就越強。一旦颱風眼越來越不明顯時，颱風便隨之減弱。情緒和其對象也是一樣。當情緒不再「有所指」，它就會消解。例如，當你刻意把注意力轉移到高速公路的其他地方，而不再老想著那個超你車的人，你的怒氣自然就會消失無蹤。例如，把車開在高速公路上比較不擁擠的路段（如果可能的話），而不要開在車陣裡，我發現這招很管用。不知道你是否注意到，車子通常會一群群的開在一起，你可以找一個比較空的路段，把開到那裡當成你的目標。過了一陣子，當你的情緒逐漸沉澱下來，你的怒氣就會煙消雲散了。

想要拋開你的怒氣、憂鬱、內疚、焦慮或痛苦的情緒嗎？把你的注意力轉移到其他較不具爭議的對象上。過一陣子，風暴就會平息，日子就可以繼續下去了。

第六帖解藥：用「不會」取代「不能」

不要找藉口讓自己受制於非理性的情緒。將「不能」改變為「不會」。（沙特）

從存在主義的角度來看，人類的存在是沒有藉口的。你不僅要為自己的行為負責，也要為你的感覺負責。

對於這點，沙特直言不諱：

存在主義論者不相信情緒的力量。他永遠不會認同有所謂突如其來的一陣情緒，像毀滅性的洪流，宿命地讓人採取某種行動，並拿它當藉口。他認為人要對自己的情緒負責。

為自己的情緒負責表示你要拋開**無能為力**，用**不會**來取代不能。這也表示要用負責的語態說話，如我之前所提到的。將你的推論付諸行動的人正是你自己。你有能力停止推論狗屁倒灶的事。你辦得到的。

如果你真的有控制自己情緒的能力，那麼說你無法停止折磨自己就是自欺欺人。因為這很明顯是在說謊，唯一的解決之道就是承認不是你**不能**，而是你**不會**。當你說：「我**無力**讓自己不再為今天工作出錯而沮喪。」正確的意思應該是：我**不會**停止折磨自己。但**不會**和**能**是相容的。你**能**，只是你**不會**。所以下一步就是把你的不會變成**會**，然後盡你所能的停止折磨自己。例如，你可以刻意改變你的意識對象，如我前面所討論的。

第七帖解藥：用熱情戰勝非理性

用熱情來戰勝非理性的情緒。（尼采）

「用你的意志戰勝非理性情緒」並不是完全不帶任何情緒色彩。根據以邏輯為基礎的治療方法，人可以、也應該接受理性情緒的激勵，也就是從合理的前提推論出來的情緒。例如，你總是用你無法和別人建立親密關係的說法，做為你**無力**建立幸福關係的藉口。假設你在理智上也明白這其實是自欺欺人的說法，你最後一定會因為自己的選擇而過著孤獨寂寞的生活。因此你很可能也會對執著於這種非理性的生活模式感到恐懼。這時候，理性的情緒就可以激勵你克服對承諾的非理性恐懼。如尼采所說的：

戰勝情緒的意志，追根究柢其實是另一個情緒的意志，或其他幾個情緒的意志。〔註四〕

誰說理性的意志背後不能用情緒做支持？相反的，我要督促你用熱情戰勝你的非理性情緒。激發一種情緒來對抗另一種（非理性的）情緒並無不合理之處，只要動機本身是理性的。〔註五〕事實上，在認清非理性情緒的破壞力後，我希望你能在情緒上鼓勵自己想辦法改善現狀。

化解行為上無能為力的解藥

第一帖解藥：別說你不能，除非你能證明

不要把天生註定的事，和身為一個人能不能辦到的事相混淆。（梅爾登〔A.I. Melden〕）

當你說**無法**不想某些事，或你無法暢所欲言、無法和別人相處，或是無法戒掉你的壞習慣

註四　參見尼采，《超越善惡》（*Beyond Good and Evil*），trans. Helen Zimmern, in the *Philsophy of Nietzche* (New York: Random House, 1954), pt4, sec. 117, 460. 用一種情緒戰勝另一種情緒，這種方法要歸功於尼采。但我們應該用理性的情緒來戰勝非理性的情緒，這種方法可能比較接近亞里斯多德的觀點，而非尼采。

註五　我並不認為意志本身可以化約成其他的情緒，或意志一定要能被其他的情緒所驅策。但我也不排除這樣的可能性。一般而言，優秀的哲學家會量力而為。

時，你所說的無法究竟是什麼意思？它是指身體上的限制嗎？你肯定是無法徒手舉起一萬磅的東西。這種無法是自然科學的定律。但說你無法和別人相處這類的話時，你指的並不是物理定律。這世界沒有清楚免除你和他人和睦相處的定律。所以，它也許是種心理上的不可能。但是我敢打賭，如果你能找出一條心理學定律，證明你無法——這裡的無法不只是難度很高、挑戰性很大而已，而是不可能——和別人相處，我就把心理學的教科書吃給你看。

當你說**你**無能為力或**你**無法改變你的行為時，你指的是你**這個人**做不到。這和大腦活動所決定的行為是不同的。大腦活動不會無能為力，只有人才會。大腦活動不具備人的行動能力，只有人才能行動。只有人才能思考並做決定，大腦活動沒辦法。所以，將你能或不能做某事變成身體事件的討論，這在邏輯上是說不通的。

哲學家梅爾登簡潔有力地說明了這個觀點：

> 我們每個人都是中樞神經系統活動的無辜受害者，這個謠傳的結論不過是個邏輯的錯誤（謬誤）。「本來可以如此這般」和「本來可以不必如此這般」、「無助的」這類的表達方式，不是用來描述在身體機制裡所發生的事件，也不是用來表達心理活動……而是**個人**所使用的表達方式。

不管你的身體內部產生了什麼變化，你都不能拿這些內在的身體狀況做為你無法改變行為的藉口。沒錯，你根本無法知道你神經系統的內部的活動，所以拿它做為無法改變行為的理由是說不通的。從外在來看，你是一個人，你能思考、決定、行動，你有許多面向是和身體內部功能無關的。做為一個人，你必須面對的是你想擁有什麼樣的人生，而你皮膚底下發生什麼事情，就身為人的層次而言，是無法否定你是一個有能力做選擇的存有。沙特就曾說過：「你註定是自由的。」說你不能，不過是逃避個人的責任。沒有任何詭辯能讓你擺脫這項責任。

第二帖解藥：負起責任，別再賴給「無能為力」了

捫心自問，你的行為是否是出於無知，還是受外界所迫。如果都不是，別再說你無能為力，要接受你的責任。（亞里斯多德）

亞里斯多德認為，你只能對自願性的行為負責。例如，你在外力的強迫下所做的事，就不是你的自願性行為。亞里斯多德指出，這類的行為「起因於外在環境，並不是行為者本身促成的。」假設有人從後面撞上你的車，造成你追撞前面的車子，你並不須為你的行為（撞上前面那輛車）負責，因為這不是你的自願行為。但這和因為前面的駕駛對你「比中指罵髒話」，所以你就從後面撞他，是完全不同的。沒錯，你無法聲稱這是非自願的行為而讓自己免責。如亞里斯多德所言，因為自願行為的「行動主體是行動者自己」，「如果行為的原動力是在我們身上，那麼這些行動本身就是出自我們的意願，而且是我們有能力控制的。」

亞里斯多德同時也指出，某些非自願性的行為是在特定的情況下，因為無知的緣故而造成的。例如，你將某事告訴了某人，卻不知道這件事是個祕密。假設你對自己的行為（洩露祕密）感到後悔，而且你無法對你的無知負責（你無法預料這是一個祕密），在亞里斯多德看來，你的

行為就是非自願性的。但是當你對前面開車的人不爽，故意撞他，這樣的行為顯然就不是出於無知，即使你事後對自己的行為感到後悔。

亞里斯多德也區分了由於無知的緣故所造成的行為，以及無知的行為。例如，你喝酒開車並撞了人，或者突然暴怒打人，這就是無知的行為，「因為酒醉或暴怒的人，他們的行為並不是因為無知的緣故所造成的，造成這些行為的原因是酒醉或暴怒，雖然不是故意的，但卻是無知的。」哲學家認為，無知的行為是自願性的，所以你必須對它負責，「因為行為的原動力在當事人身上，他有不喝醉的能力，而他喝醉正是造成他無知的原因。」同樣的道理也適用於其他非理性的情緒所產生的行為。〔註六〕

所以，除非是受到外力的強迫或由於無知的緣故，你的行為都是自願性的，所以你必須對它們負責。我們不容許任何藉口或強辯。不要說：「是魔鬼要我做的」或「是那個傢伙把我惹火的。」如果真的有人把你惹火，那個人肯定是你自己。要牢牢記住，「行為的原動力在你自己身上。」你是自我的驅策者。解放自己，擺脫**無能為力**。

第三帖解藥：向中庸之道靠近

給自己一些行為任務，包括做跟你的傾向相反的事。（亞里斯多德）

亞里斯多德可能會這麼提醒你，你之所以變成某一種人，正是因為你不斷重複同樣的行為所造成的。你不斷用非理性的行為來塑造你的非理性傾向。如果你養成暴飲暴食的習慣，那麼你的胃就能容納更多的食物，這時你就會發現大吃大喝很容易，漸漸地你就不容易適可而止。如果你一直逃避社交生活，你就會把自己孤立起來，越來越難控制你自己。

受到亞里斯多德的啟發，行為療法發現，改變壞習慣的建設性方法就是改變你的行為。所以你不該再暴飲暴食，夾菜的時候少夾一些，不要去吃到飽的餐廳。對社交活動不要退縮，反而要刻意地讓自己出現在社交場合，如參加舞會，或在超市排隊時跟陌生人攀談。

如果你有行為上的問題，像是無法在社交場合表現自己——無法在課堂上發言、跟別人約會、要求你應得的薪水、公開演講，以及其他各式各樣的社會退縮行為——那麼你一成不變的逃避行為只會不斷強化你的問題。要打破這種自我挫敗的舊習慣，你就必須改變你的行為，你是有能力做到的。發言、約會、要求加薪、公開演說，這些事只有實際去做，你才能打破由不斷重複的逃避行為所累積起來的慣性。只有將這些事情付諸行動，立刻處理問題，你才能做得更好，**感覺**好一些。

對於「自我矯正」，亞里斯多德提供了一個很有用的建議：

註六 非蓄意的行為有些是可以原諒的，有些則否。有些無知的行為是可以被原諒的，雖然它們同時也是因為無知的緣故所造成的；不是因為無知的緣故所造成的行為（雖然他們做這些事時是無知的），而是因為某種情緒所造成的，這種情緒既不是自然的，也不是人類的習性（亦即非理性的或破壞性的），則是不可原諒的。」亞里斯多德，《倫理學》，bk.5, chap.8, 1016.

我們必須考慮那些很容易把我們沖昏頭的事情；有些人喜歡某類事情，有些人則喜歡另一類；而這很容易從我們感覺快樂或痛苦來區別。我們必須把自己往另一個相反的極端拉去，因為我們可以把自己從錯誤的一端遠遠的拉開，而回到中間，就像我們用來把彎曲的棍子拉直的方法一樣。

在亞里斯多德看來，走極端是不理性的。和控制自己的恐懼相反的另一個極端，是變成懦夫，變成傻瓜則是另一個極端；但勇敢則在這兩個極端之間。這就是兩個極端之間的「中庸之道」，只有合理的恐懼你才應該害怕，而不該害怕時一點也不恐懼。但如果你有懦弱的傾向，那麼你可以試著讓自己朝向大膽的極端靠近。你雖然朝相反的另一個極端靠近，但事實上你並不會因此變得太過大膽，而是會變得比較接近合理的恐懼。就像你把彎曲的棍子往反方向拉，它一定會反彈，然後回到比較靠近中間的地方。你可以試著用這種方式來矯正自己。

試試亞里斯多德的建議。如果你傾向自責，那麼試著自誇；如果你的個性很內向，可以試著變成外向的人；如果你有憂鬱的傾向，不妨試著搞笑；如果你對社交感到焦慮，就請試著變成聚會狂；如果你總是墨守成規，不妨試著當個善變的人；如果你老是愛操心，那麼就試著不為所動；如果你是工作狂，那麼就試著游手好閒。當你這麼做，未必會讓你真的變成自誇、外向、搞笑、聚會狂、善變、不為所動、游手好閒，但卻可能因此讓你向中庸靠近。

化解意志上無能為力的解藥

第一帖解藥：對抗你的身體慣性，就是意志力

當欲望讓你誤入歧途或逐漸遠離正途，別說你無能為力改變自己。要說你做得到，而且要努力克服你的傾向。（亞里斯多德、坎貝爾〔C.A. Campbell〕、桑塔斯〔Aristotelis Santas〕）

在自然界裡，事物會採取阻力較小的方式運作。就像水會沿著阻力最小的路徑流動，人類面對生活的方式也一樣。在大多數情況下，這種做法是沒有問題的，而且也是合理而有益的。如果我們可以確定這點，那麼人類的傾向有一部分可能是天擇的結果，因為人類和其他生物一樣，必須對抗環境才能生存。當你變得昏昏欲睡，要你睡著比醒著容易，因為只有這麼做，你的身體才能獲得睡眠，而這是保持身體運作不可或缺的。但當你在必須保持警戒狀態的工作崗位上睡著了，問題就來了。

你可以對抗你的身體慣性而變成一個更有成就的人，這是很尋常的事。事實上，隨著你創造出較沒阻力的新途徑，身體慣性也會跟著改變。就像當你希望飲食比較健康，而努力抗拒吃甜食的欲望，久而久之，你就會習慣不同的飲食方式，變得更容易避免甜食。但我們常常會向誘惑屈服。即使你知道某些東西對你不好，你還是會照做不誤。

亞里斯多德是第一位有系統地檢視**意志薄弱**這個問題的人。假設你正在進行低碳水化合物的

節食計劃，你訂了一條新規則：「我**不該**吃甜食。」但是從小到大，你的行為規則就是「我**應該**吃甜食。」現在讓我們假設，你參加了一個社交聚會，一塊香甜誘人的巧克力蛋糕就擺在你眼前。

亞里斯多德認為，在這個情況下，兩個不同的推論正在你心中交戰：其中一個命令你吃了那塊巧克力蛋糕，另一個則禁止你吃。其中一條規則說：「你要吃甜食」，而「這是甜食」。另一條規則說：「你不能吃甜食」，而「這是甜食」。因為你的身體對美食有一種趨力或「食欲」，所以你就會想要吃掉它。這是一條阻力較小的路徑，所以你在生理上（生物化學上）會想要吃了它。

以邏輯為基礎的治療方法同意亞里斯多德的觀點，我們的確很容易遵循非理性的規則，即使我們可能很清楚它是非理性的。這同時也說明，人是有能力用理性的規則對抗非理性。例如，在亞里斯多德的例子裡，你可以把禁吃甜食的規則視為一帖理性解藥，幫你對抗命令你吃甜食的規則。

不幸的是，很多人都受意志薄弱所苦。我們無力對抗把我們帶向非理性規則的身體慣性、欲望和渴望，即使我們知道它們是非理性的。〔註七〕相反地，我們對自己說我做不到，讓自己變得**無能為力**。

因為**做不到**，我們甚至連嘗試都不願意。你曾經在享用最愛的玉米脆片時，試著吃到一半停下來嗎？這時候，你的手在一包剛剛打開的香辣玉米脆片和嘴巴之間一來一回。你把脆片一片接一片送進口中。好，現在立刻停止。不可以再把任何脆片放到你的嘴巴裡。

你是否**感覺**到你的身體催促你再拿一片玉米脆片？事實上，告訴你自己無法抗拒這種欲望比較簡單，然後你伸手又拿了一片，直到袋子裡連一點屑屑都不剩。

就是在這類誘惑的情況裡，談論意志的力量才有意義。如同坎貝爾所說的：「只有當我們選擇的道路和我們的欲望相反，我們才會意識到意志力的發揮。」

在抵抗拿玉米脆片的衝動時，你可以感受到意志的力量。你所感受到的力量就是我所說的**意志力**。當你努力對抗拿玉米脆片的「欲望」時，你就是**發揮**了你的意志力。

哲學家桑塔斯在一篇很重要的文章中將意志力定義為：

1.忍住不做某事（不管是在做之前，還是正在做）的力量和能力，即使你做這件事的傾向非常強烈；或2.繼續做某事的力量或能力，即使你不做這件事的傾向非常強烈。

桑塔斯強調意志力對實踐自由的重要性。〔註八〕沒有它，你和受環境制約的生物機器沒什麼兩樣。你有意識，而且能刻意地中止身體的機械動作，正是你和單純的機器不同的地方，後者只會簡單地依照內部電路和內建程式運作。這種力量的重要性不該被低估。是它讓你成為一個**自由**的主體。

意志的無能為力讓你變成不自由的人。只要事情變得複雜或困難，你便告訴自己你無法忍受，你已經準備好失敗了。如果你只是選擇沒有阻力的道路，或者輕言放棄，即使你能分辨對與

註七　我在第一章曾經討論過，這就是所謂的「認知失調」，換言之，你自己的行為和你所認知的理性行為不符。

註八　桑塔斯將實踐的自由和形而上的自由做了對比，後者蘊含不受生物和環境等基本因素所控制的狀態。反之，實踐的自由是指克服機械式活動；並自覺地選擇其他活動的能力。

錯、理性與非理性，那也不重要了。

對抗意志上無能為力的第一步，就是別再說你**做不到**，因為這只會妨礙你控制自己。用**做得到**取代**做不到**、用**會**取代**不會**，你就可以擺脫束縛，努力去做了。

第二帖解藥：好習慣會帶來更多的好習慣

要強化你的意志肌肉，先從小事開始，慢慢鍛鍊自己。（艾彼科蒂塔斯、桑塔斯）

努力改變根深柢固的習慣是一回事，實際上能否成功又是另一回事。如同桑塔斯所強調的，有些人的意志力比較強，所以在某個程度上他們是比較自由的。意志力的懸殊，部分原因可能是我們生理結構上的差異造成的。然而，我們每個人——是的，不論你或我——多少都具備忍受短暫挫折以獲得長遠滿足的能力。

好消息還不止這些。意志力可以經由練習加以強化。桑塔斯將意志力比喻成可以透過運動強化的肌肉，這點很有用。就像練舉重的人從較輕的重量開始舉起，然後慢慢增加重量，你也可以用同樣的方法鍛鍊你的意志力。

怎樣才算是容易入手的小事，在某個程度上是因人而異的。舉列來說，你可能覺得你對陌生人比較容易控制情緒，我則不容易和朋友及家人相處。如果你很難控制自己的脾氣，那麼要你別一下子就發飆，可能比要你忍耐別再吃玉米脆片難多了，但不管是哪一種情況，你所要鍛鍊的「肌肉」其實是同一個。從小事開始，再慢慢練習較困難的任務。

假設只要別人做了讓你不高興的事，你就想罵人。練習不要咒罵那個在超市裡笨拙地踩到你的人，會比停止咒罵你的另一半，只因為他或她忘了你的生日要容易。藉由在比較容易的情況下鍛鍊意志力，你便能增強處理比較困難的問題的勇氣。

在日常生活中，如果你很容易受瑣事影響，那麼影響你的小事肯定有很多。而這正是我們鍛鍊自我意志力的最佳練習場。伊比鳩魯曾提醒我們：

> 從小事做起。你翻倒了一點油，被偷了一些酒，告訴自己：「這是保持心平氣和的代價，這是保持心靈平靜的代價。」沒有東西是不用付出代價的。

好習慣會帶來更多的好習慣，把壞習慣排擠掉；反之，壞習慣也是一樣。如果你可以一整天不生氣，就是踏出了非常重要的第一步，當你慢慢增加自制力的範圍，它便會開始獲得自己的動力。

故態復萌是無法避免的。沒有人能十全十美，你可能會把事情搞砸，忍不住又發火，但重點在於慢慢養成保持冷靜的習性。養成這種習性的不是單一事件，而是許多事情累積起來的。

用心記錄你的進步。看看你一週、一個月或一年進步了多少？你是不是越來越少發脾氣了？是不是大致上都能保持心平氣和？別忘了，鍛鍊意志力和克服非理性的思考是一輩子的事。它並不是在某個特定的時間完成後，便可以高枕無憂，再也不用關心它。沒有人是完美的，我們永遠有進步的空間。一旦你對自己說「我不需要再去想這些事了」，你就會發現自己開始退步。

我建議採用一種**理性復原模式**，它和戒酒及戒毒的方式很類似。根據這種方法，你永遠無法完全**復原**；相反的，你永遠處**在復原的狀態中**。這表示，如果你不再練習以邏輯為基礎的治療法，並鍛鍊你的意志力，你的非理性習慣就會有再度復發的危險。

第三帖解藥：接受挑戰，為你的意志肌肉增加重量

將挑戰視為鍛鍊自己意志肌肉的機會。（尼采）

還有什麼事可以幫你強化意志肌肉？發揮意志力的這帖解藥，幫助你有意識地對抗非理性思考，你可以在日常生活中找到許多機會，練習以邏輯為基礎的治療方法（註九），尤其是在那些**無能為力**戰勝意志力的情況。這些情況會直接挑戰你的意志力，因為一旦你說：「我再也受不了了。」你便立刻否定了讓你成功的意志力。只要努力，你可以向自己證明你擁有意志力。

尼采是意志力的擁護者，對他而言，意志力就是生存的意志，他清楚地表達了這個想法：

「人」已經提升到一種高度……要產生這樣的結果，首先，他處境的危險性必須變得非常大，他的創造力和偽裝（他的「精神」）在漫長的壓力和衝動下，慢慢變得純淨和無畏，他的生存意志必須不斷強化，變成一種無上的意志力。

困境和巨大的壓力，正是你向自己證明你有意志力，而且可以變得更堅強的最好機會。

假設你對自己說，你受不了星期天去拜訪親戚。當親戚故作親切的揶揄慢慢在你心裡浮現，你心想：「白白浪費我的假期」。現在，你可以採取另一個較有建設性的方法，對你自己說：「這正是鍛鍊我意志肌肉的好機會。」「不去健身房鍛鍊身體，我可以去拜訪親戚來鍛鍊我薄弱的意志。看看他們對待我的方式，等到拜訪結束，我大概就可以變成大力士了！」

第四帖解藥：找出羞愧的事，面對它

透過「攻擊羞愧感練習」來強化你的意志。（艾理斯）

「攻擊羞愧感練習」是強化你意志肌肉的好方法。我們之前討論過了，它是利用強迫自己去做你特別覺得羞愧的事。別誤會了我的意思。我不是要你做缺德或違法的事情。我指的是那些相對無害，但是會讓你不好意思的事。

有一次，我應老婆的要求買了一件粉紅色的運動夾克。她還試著說服我連短褲也一起買，但很不幸地被我拒絕了。同一天，我穿著這件新夾克到一家雜貨店，看到一個人穿著跟我一模一樣的外套，而且還拿著同系列的手提包。他走向我，稱讚我對夾克的品味很高。後來我發誓我再也不穿這件衣服，但當我告訴我的學生這件事時，他們竟要求我穿來上課。我穿了，並因此贏得了

註九　(1)找出你的非理性前提，(2)反駁它，(3)尋找反駁前提的解藥，(4)發揮你的意志力，確實服用解藥。

學生們的尊敬。這是很好的「攻擊羞愧感練習」，因為它幫助我克服了什麼才是「真正的」男子漢應有的外表，這是一種我無能為力改變的社會印象。（可惜我沒連褲子也一起買！）你一定也可以找到一些讓你自己感到不好意思的事。放手去做吧！拋開你的無能為力，讓自己的意志多長一點肌肉吧！

第五帖解藥：用建設性的方法來處理事情，就是勇敢

要勇敢：別變成非理性情緒的奴隸，別讓它們把你的生活搞得一團糟。（柏拉圖）

在鍛鍊意志力的同時，你也會讓自己變得更勇敢。事實上，根據柏拉圖的看法，除非你能培養你的意志力、採取理性的行為，而非聽從非理性的傾向，否則你的意志是無法正常運作的。柏拉圖式的心理分析大致如下。你的靈魂包含了三個部分：理性、欲望（感情）和精神（意志）。每個部分都必須盡忠職守，你才能身心協調。那麼構成你靈魂的每部分要怎麼樣才算善盡本分呢？柏拉圖如是說：

> 理智的任務是代表靈魂，智慧而謹慎地行事；而精神則應服從理性並提供協助……當理智已經知道如何培養能力並明瞭他們的真正功能，他們就必須掌控欲望，因為人類靈魂很大一部分是欲望，而且它們的本質是貪得無厭……如果一個人不管痛苦或快樂，都能遵守理性的指令，知道什麼應該害怕，什麼不應該害伯，我們就稱這個人是勇敢的。

換言之，雖然你的肉體有強烈追求快樂和逃避痛苦的非理性驅力，但是當你的理智下命令時，你有採取理性的行動的意志力和勇氣。

假設你發現有人做了對不起你的事，例如有人對你說謊。你說：「我詛咒那個混蛋下地獄。」你有一股強烈的非理性欲望，想把他踹到一邊。但儘管這股感情很強烈，你還是採取了理性的對策，讓自己平靜下來，用比較有建設性的方法來處理事情。這就是一種勇敢的行為，因為理性最後戰勝了用自我挫敗的方式來行動的非理性傾向。對柏拉圖和以邏輯為基礎的治療法而言，一個懂得適當地調整自己的人正具備了這種特徵。他們會與理智攜手合作，共同對抗非理性導向的感情，因非理性的感情若沒有理智的控制，將無可避免的導致毀滅的結果。

對柏拉圖而言，靈魂真正的敵人並不是生活中惱人的外在事情和偶發事件，而是人類很難控制自己，常用非理性的方式來處理事情的傾向。這種傾向天生就有一種力量，能「奴役一個人（的理性和意志），侵犯不屬於它的主權，然後把生活搞得一團糟。」但從另一方面來看，正如我們先前所討論的，如果你讓理智來主導你的情緒（從合理的前提做推論），你的情緒就能正常地運作，而且能夠有效地協助你對抗其他非理性的情緒。

對柏拉圖而言，挑戰你的意志力的正是你的非理性情緒。在危險的情況下仍然不顧一切勃然大怒的人，不過是暴露了自己的弱點和懦弱罷了。為了幸福，你要堅強而勇敢：發揮你的意志力吧。

第六帖解藥：善用快樂的六項標準追求幸福

將快樂量表運用在你長遠的幸福上。（邊沁）

意志上的**無能為力**通常代表了對挫折的忍受度很低。結果，你犧牲了長遠的滿足，只為逃避一時的挫折。放棄比堅持容易，所以你乾脆放棄算了。結果，你錯失了原本只要堅持下去就可以達成的目標。

暫時的滿足和長久的滿足，兩者之間的差別是哲學史上的一個重要問題。特別是在邊沁著名的「快樂量表」中有很詳盡的說明。

我在前面曾經提到，邊沁是享樂主義學派的哲學家，這表示他認為任何東西的價值都是建立在它所能產生的快樂上。有些東西，像金錢，具有**工具上**的價值，這表示我們可以用它來產生快樂。例如你花錢買了一張電影票，開心地看了一部電影。相反的，有些東西卻有**本質上**的價值，也就是**它們的本身就具有價值**，像是大熱天裡，你覺得快熱死了，這時一杯冷飲就能帶給你快樂的感覺。有些東西沒有本質上的價值，卻擁有工具上的價值，例如去看牙醫。事實上，除非你是被虐待狂，否則牙醫的鑽子在牙齒的神經上鑽來鑽去，是毫無快樂可言的。但如果你想擁有健康的口腔，那麼治療蛀牙是必要的。所以，在這種情況下，你就要忍受本質上的短暫痛苦，以追求口腔健康所帶來的長遠快樂。

邊沁最主要的貢獻就是提出本質價值和工具價值，做為評估快樂的標準。要評估快樂的本質價值，他認為要考慮下列這幾個情況：

1. 它的強度
2. 它的持久度
3. 它的確定或不確定
4. 它的近或遠

邊沁認為，快樂的程度要越強越好，而且要能持久，很有可能得到，而且要越快越好。以性愛的快樂為例，雖然時間可以很短，但強度卻可以很大，而且是可以獲得並立刻擁有的（例如去夜店釣一個）。在追求這類的快樂時，你可能會為立刻獲得滿足的欲望所蒙蔽，而沒有考慮到潛在的危險「副作用」。所以邊沁另外又加入了這些標準：

5. 它的豐富性，或是它帶來同一類感受的機會，也就是說，如果是快樂，它就會帶來相同的快樂感受；如果是痛苦，它就會帶來相同的痛苦感受。
6. 它的純粹性，或是不會帶來相反感受的機會，也就是說，如果是快樂，它不會帶來相反的痛苦感受；如果痛苦，就不會帶來相反的快樂感受。

例如，你必須考慮追求性愛的快樂是否能在未來帶來同樣的快樂。這就是邊沁所說的「豐富性」。你同時也必須考慮它是否會帶來其他的痛苦，這就是「純粹性」的標準。如果只是一夜情，那麼你唯一得到的快樂是短暫的：沒有其他進一步的快樂，它的豐富性很低。但事情還沒結束，如果和你發生性關係的人有傳染病，如愛滋病或C型肝炎，那麼這件事對你的純粹性就非常低。因為在這種情況下，魚水之歡對後半輩子可能產生的負面衝擊，要比它短暫的本質滿足強多了。

對於意志的無能為力，邊沁的建議是：行動之前要仔細評估。如果短暫的快樂可能賠上你未來的幸福，你最好發揮你的意志力來抵抗它，即使這是件很辛苦的事。當事情已經進展到某個程度時，要你的心理踩剎車或不論多麼挫折都要堅持下去，並不容易。但正如柏拉圖所說的，你必須讓理智為你的靈魂掌舵，由它來指揮你的意志。這表示在指揮你的意志時，要應用邊沁的六項標準，絕不能屈從於短視近利及自我挫敗的無能為力。

【第六章】發揮道德創意：對治跟自己過不去

當你發現很重要的事情出錯時，你是否覺得非得折磨自己不可？當你把這種反應當成「第十一誡」時，你顯然就會要求其他跟你面對相同問題的人，要像你一樣折磨自己才行。你會問：「都這種時候了，你怎麼還能如此鎮靜，一點都不擔心？難道你一點都不在意？」所以別人必須乖乖地低下頭、皺起眉，反覆地思考這個問題直到它解決了，或是有其他「更迫切的」問題出現為止。

這個規則認為，你必須折磨自己，這是一個神聖的道德義務，如果你或其他處境類似的人做了任何取悅、放鬆自己，或其他有建設性，卻和當下問題無關的事，都是不敬的。是的，你必須在重大事情的祭壇上受難，為它犧牲、翻來覆去，一次又一次的思考，直到黑暗的隧道露出一絲曙光。但即使是這樣，你還是要努力不懈，直到**確定**問題已經解決了，你才能休息——可惜好景不常，因為下一個黑暗的隧道顯然已在不遠處等著你。這個自我挫敗的規則可以歸結如下：

> 你必須折磨自己：當你遭遇人生的重大問題時，你在道德上有義務要反覆地思考問題，永不停止，直到它把你搞得悲慘不堪，人仰馬翻不可，而且其他跟你一樣認同這是個問題的人也要跟著你一起操心，直到你確定，或差不多確定，你已經找到解決的方法為止。

這條規則會產生一種**道德義務**，也就是**道德上的非如此不可**。這並不是因為就心理層次而言，你非如此這般不可，後者本質上屬於一種**無能為力**。所以，「你必須折磨自己」的規則和無能為力的規則是不一樣的，雖然許多認為有必要折磨自己的人，當他們想捨棄這條規則時，反而會掉入無能為力的規則中。我常常告誡我的個案和學生，錯誤的觀念總是成群結隊地出現。當你努力克服「你必須折磨自己」的規則時，牢記這點肯定不會錯。當你把這層非理性的觀念剝除後，你很可能會發現，在它下面還有一層**無能為力**。

那麼，你必須折磨自己的道德義務或倫理命令究竟是什麼？如果真有這種東西，那肯定是一派胡言。這並不是說，這條規則在我們這些愛自尋煩惱的人類身上已經不再盛行。事實上，它是許多人把自己逼入絕境最常用的方法。我在這裡是以一個專業倫理學家的身分發言。在鑽研倫理學（即道德的哲學研究）多年後，我遇到了一位倫理思想家，他居然在哲學或神學的基礎上，為「人有義務因為一個問題而折磨自己」的行為辯護。即使是像愛德華滋（Jonathan Edwards）這類傳佈「地獄磨難」的傳道者，也不會贊成這種義務說。

愛德華滋在提到罪惡時，有一段話非常接近：

> 尤其是一些他們曾經犯過的罪，這些罪一直在他們面前出現，讓他們無法將之從心中抹去。有時候，那些曾經被判刑的人，他們的罪也會一直跟著他們，像鬼魅般陰魂不散。

不過愛德華滋這裡指的是那些犯了重罪的人。他從未說過在面對生活的問題時，人們應該折

磨自己。這樣的行為即使像愛德華滋這樣的人看來也是扭曲、錯誤的。〔註一〕

即使是在古典倫理學的史料記載中，也找不到你必須為個人問題而折磨自己的這種義務。倫理學討論的是如何分辨對錯、善惡。不管是什麼學派的倫理觀點，都不會認可這種義務，而且會毫無異議地認為，這種行為是無法在道德上立足的。

在道德哲學的研究裡，我們通常都會區分結果取向的倫理學和非結果取向的倫理學。前者認為對的行為取決於它是否能帶來好的結果。雖然不同的理論對何謂好的結果有不同的定義，但沒有任何理論會認為，你必須因為生活的問題而折磨自己，它並不是一種義務。

我之前曾經提到享樂主義的理論，這個學派認為快樂就是善，痛苦就是惡。但我們卻找不到任何證據可以支持，只要遇到問題就把自己搞得精神衰弱，然後就能夠為你帶來長遠的滿足。事實上，我們有充足的理由相信，這種精神上的壓力會妨礙認知和記憶的心理能力，讓你**更難**有效率地思考解決問題的方法。所以，從享樂主義的觀點來看，不斷地思考問題而把自己弄得疲累不堪，反而會讓你的原始目的受挫。

古代哲人的看法

非結果取向的倫理學理論以康德最為著名。他的理論強調動機而忽略結果。根據康德的理

註一　愛德華滋以罪惡感和恐懼做為手段，讓「罪人」俯首認罪。我在下一章會討論這種操縱手法的潛在危險。

論，如果你的動機可以適用於所有人身上，而不會有不一致的情況發生，那麼這個動機就是可以接受的。例如，你拒絕救一個溺水的人，這是不一致且無法被接受的行為，因為如果同樣的事情發生在你身上，你也會希望別人來救你。

我們在第四章曾經討論過，康德還有另一個倫理標準，對待別人要和對待自己一樣，把「他們當作目的本身」來對待，而不「只是手段」。這意謂著你在對待他人時，要**以他們本身的價值**來對待他們，而不只是因為你可以利用他們來達成自己的目標。所以，當你拒絕救溺水的人，你便不把他或她當成有自我價值的人，如此一來，你便違反了康德要你尊重他人的標準。

康德的邏輯是這樣的：每次只要別人一遇到問題，**他們**就命令你跟著煩惱，你希望別人用這種方式來侵犯你的個人自主性嗎？如果你不希望別人這樣對待你，又為何容許自己老是用這種方式對待他人？此外，如果每次遇到問題時，你都有義務折磨自己，**所有的人**也都有這種義務的話，那麼每個人只會在乎自己的個人問題，不會去管其他的事，甚至是你的事，你願意活在這樣的世界裡嗎？所以，根據康德的邏輯，拿個人的問題來折磨自己，同時還把別人拖下水的做法是無法被接受的，因為沒有人能這麼做而不違反一致性原則。所以你也不該這麼做。

而且根據康德的另一項標準，一樣說得通。根據這個標準，你不該把達成某個特定的目的，視為人類（包括你自己）存在的唯一價值。但是當你為了解決某個問題，犧牲自己和他人的幸福，你便違反了這個標準。你已經知道，根據康德的觀點，你的價值是固定不變的，不會因為人生的高低起伏而有所增減。

至於聖多瑪斯．阿奎納則用「自然律」做為分辨對錯的標準。他認為，人應遵守他們的自然傾向，因為這些傾向是烙印在人類身上的上帝之意志。但是聖多瑪斯在談到求生存、教育後代、以及避免傷害他人的自然傾向時，他從未提到人有什麼傾向，要你在面對個人問題時，非把自己搞得悲慘不堪不可。所以，強迫性的焦慮患者在聖多瑪斯的理論裡是找不到盟友的。

洛克是十七世紀英國著名的哲學家和政治家，他所提倡的生命權、自由權和財產權，也反映在美國憲法第五修正案。獨立宣言裡也有一段相同的話，只是用「追求幸福」取代了「財產」。顯然，折磨自己和「追求幸福」的目的是不符的，即使你認為折磨自己是你的個人自由。當然，如果你想扯光你的頭髮，那是你的權利。你或許有權利操心，但是把**自己**折磨到死，姑且不論這是不是理性的行為，它仍然無法成為一種**義務**。**權利**代表你被允許去做某事，而不是被要求去做某事。再者，它不允許你妨礙他人的自由，要求別人要跟你一樣，在你的問題裡打轉。

即使是亞里斯多德也不會認同這種義務。亞里斯多德要我們避免極端。然而在問題裡打轉，不斷折磨自己直到找到解決的方法，這顯然就是一種極端。根據亞里斯多德的學說，這種假義務不但不是一種德性，它實際上還是一種惡。

所以，我們有堅強的理由拒絕「你應該折磨自己」這條規則。反駁的理由總結如下：

每當你遭逢人生的重大困難時，你有義務必須不斷地折磨自己或其他人，把大家搞得悲慘不堪，這個規則在道德上是站不住腳的。它無法從人類追求幸福、快樂和減輕悲痛、苦難的前提推論出來，也無法從理性、服從上帝、大自然或其他可以證明人類義務的哲學標準衍生出來。事實上，這種要求和倫理標準是不一致而且相互矛盾的。若不能百分之百肯定找到解決問題的方法，你是不會停止思考你所面臨的現實問題，這種態度是不切實際的。因為你在實際進行推論時所採用的事實，通常都是暫時性的，而且頂多是有可能發生而已。

放棄「你有義務折磨自己」這種不理性的想法，發揮**道德上的創意**。這表示你要採取建設性的行動，而不是躊躇不前，直到錯失良機。它意謂著不要害怕嘗試各種不同的、創新的生活方式。它意謂著明瞭圓滿的人生包括了肯定生命的正面價值和經驗，而不是終其一生在一堆讓人精神錯亂的負面問題中打轉。它意謂著明白自己與生俱來的自由，善用理性的道德標準來造福自己和他人的生活。

化解「你必須折磨自己」的解藥

第一帖解藥：允許自己幸福，即使在不如意時

把你從加諸自己身上的暴行中解放出來。發表你自己的獨立宣言，確認你有追求生命、自由和幸福的權利。（傑佛遜〔Jefferson〕等人）

我在前面曾經提到，如果你想把自己的頭髮扯光，你有權利這麼做。但你也有快樂幸福的權利。如果你願意改換心境，那麼回想一下獨立宣言這段不朽的名言，可能會很有幫助：

我們認為下面這些真理是不言而喻的：人人生而平等，造物者賦予他們許多不可剝奪的權利，其中包括生命權、自由權和追求幸福的權利。為了保障這些權利，人類在他們之間建立政府，而政府之正當權力，是經由被治理者的同意而產生的。當任何形式的政府破壞了這些目標，人民便有權力改變它或廢除它，並建立一個新的政府，並以此原則為其基礎，按此方式組織其權力，因為它們對人民的安全和幸福影響甚鉅。

當你告訴自己，在面對個人問題時，你有**義務**擔心害怕，那麼你等於在告訴自己，你沒有追求自我幸福的權利。因為義務是一種要求，而權利則是一種允許。如果你要求自己把自己弄得很**不快樂**，那麼你的快樂就是不被允許的。但是，你**的確**是可以快樂的。

美國的國父在面對君主專制政權時，宣布人民為了幸福和成功有追求獨立、自由的權利。如果你活在「你必須折磨自己」這條規則的暴政統治下，那麼你也有權利推翻這種壓迫，解開你的枷鎖，宣布你的自由。現在就跟著我朗誦一次：「我有生命權、自由權以及追求幸福的權利。我沒有必要生活在任何壓迫下，即使壓迫者就是我自己。我可以『改變或推翻』這個高壓政權，重新建立一個關心我追求幸福權利的嶄新政府。」畢竟，國父建立一個新國家的目的，就是要保障所有人民的幸福。那麼當你可以撰寫你自己的獨立宣言時，為什麼要白白浪費這得來不易的自由呢？

這就是美國國父為「折磨你自己」所提供的解藥。你可以允許並肯定你的幸福權利，不要再讓自己受苦，即使當你遇到問題或生活不如意時亦然。

第二帖解藥：沒有百分之百確定這回事，請順其自然

在處理生活問題和設定自我目標時，只要有可能性就該滿足，不要強求確定性。（柏拉圖、沙特）

「你應該折磨自己」這條規則告訴你，你必須讓情緒處在抓狂的狀態，直到你找到了確定的方法或幾乎確定的解決方法才能罷休。原則上，這意謂著你永遠無法住手，因為要為人生的問題找到確定的答案，通常是不可能的。還記得柏拉圖是如何描述我們所生活的物質世界吧！它是不完美的。根據柏拉圖的觀點，你對這個世界的判斷常常是錯誤的，而且永遠無法完全獲得證實。當你的體重計顯示，你比你以為的還重了兩公斤，你能確定這是正確的嗎？當然，你可以找不同的體重計來確定你的體重，但即使如此，其他的體重計也有可能碰巧都壞了，雖然這種可能性很低。如果你要求百分之百的確定，那麼你永遠會有再次確認的空間，你只能不停地查證、查證再查證。

我有一位個案，她花很多時間上網，尋找疾病的相關症狀，想知道自己和親人是否有什麼毛病。當然，有些文章證實了一些恐懼，通常是她最害怕的情況，而有些文章則證實了其他的解釋。因為網站的連結數量相當龐大，所以她的執著似乎永遠也得不到滿足。結果，她讓自己一直處在一種提心吊膽的挫折感之中，直到筋疲力竭，不得不放手讓她的焦慮隨風而去，但只要過了幾天或幾小時，她又會再度陷入另一波執著之中。

理性的問題解決之道，不是要求確定性或幾乎確定，因為這樣的要求只會對強迫性格火上加

油，把自己搞得悲慘不堪。

沙特就曾清楚地說明這一點：

當我們想要某樣東西時，通常都會計算它的可能性。我可能正等待一位朋友的到來。這位朋友可能搭火車或電車，而且要預設火車會準時抵達或電車不會脫軌。我置身在一個可能性的領域中。但可能性很多，只有和我的行為相關的可能性，我們才有必要認真地對待它。如果我所思考的可能性和我的行動沒有密切的關連，那麼我就不該一直陷在裡面，因為沒有上帝或任何計劃，能夠依照我的意志來改變世界和它的可能性。

沙特要告訴我們的是，與可能性和平共存。不管你要的是什麼，永遠沒有百分之百確定這回事。你所能做的，就是根據最可能的情況行事，其他的就順其自然。如果你無法接受可能性，反過來要求世界符合你的期待，那麼你一定會過得非常不快樂。

另一方面，你可以根據可能性來調整自己的生活，而不是期待無法達到的目標，如此一來，你才能活得更有創意、更有建設性。你可以自由行動而不會因為疑慮而裹足不前；你能承受合理的風險，盤算可能性，然後很有信心地往好處想。即使有時候你會有些退縮，而且是一定會的，你也會明瞭，在這不完美的世界裡，這是無可避免的，因為這裡沒有絕對的保證，人類也沒有無所不知的能力。所以你必須打起精神，重回跑道，再次評估可能性，並期待最可能的結果出現。

第三帖解藥：生命不是一個待解的習題，而是一種生活的體驗

避免一開始就用問題來看人生。尤其是不要用無解的難題來思考生命。（齊克果〔Kierkegaard〕、佛陀）

如果你不再期待不可能的事，那麼人生就沒什麼問題了，至少沒有什麼大不了的問題。齊克果說過：「生命不是一個待解的習題，而是一種生活的體驗。」這種重新界定人生觀的方法，將賦予你更多幸福的希望。如果你一開始就不要把事情變成問題，而是專注在生活上，那麼你就可以避免坎坷的人生，不用走在充滿憂慮的道路上。那麼，你要怎樣才能停止不斷製造問題，開始好好過生活呢？

如果你要求討厭的事情絕對不能再發生，你才願意快樂起來，那麼你永遠也無法快樂。不管你面對的事是否能由你控制，都不要欺騙自己。佛教四聖諦的第一諦有時被詮釋為「痛是無可避免的，苦是可以選擇的」。就這個觀點而言，苦是起因於你對世界**強求**你所無法擁有的東西。你無法停止生老病死，以及其他自然的退化過程。但這並不表示你必須反覆地思索這些問題來折磨自己。這是你可以選擇的。

如果你想避免這種苦，那麼就要提防進退兩難（dilemma）的**思考模式**。當你用進退兩難的觀點來詮釋現實生活，就會陷入這種思考模式。沒錯，死亡是無可避免的，但這並不表示你應該對自己說：「我可以努力走完這一生，但到頭來還是免不了一死，或者我也可以現在就讓一切結束，自我了結。不管怎樣，我都是死路一條！」這就是所謂**進退兩難**的思考模式。在這種思考模

式裡，你會給自己兩個一樣爛的選擇，然後一直想著自己的情況有多糟，不管你做什麼都不會有所改變。基本上，任何處境都可以用進退兩難的論證的方式來詮釋。如果你選擇這種方式，就會把生活變成一連串令人頭疼的問題。

你可以反過來這麼說：「沒錯，我一定會死，但這並不表示我不能過充實、幸福的生活。反正死亡也沒什麼好怕的。它反而可以變成很有用的事，讓我提醒自己別老是坐著不動，該起來做點事！」在這裡，你所確認的是同一件事——你終將一死——但陷在空虛的狀態裡，只會讓你不斷反芻這種兩難的困境。虛無是苦。為了幸福，盡你所能從一開始就不要用進退維谷的角度來詮釋人生。

但這並不表示進退兩難的論證一定是非理性的。哲學家很久以前便區分了真的進退兩難和假的進退兩難論證。假的進退兩難，它的前提至少會有一個為假。例如，死亡讓生命徒勞無功，這就是一個錯誤的前提，因為即使知道難逃一死，還是有很多人努力過著快樂、充實的生活。相反的，真的進退兩難具有不易反駁的前提。如一位因懷孕而有生命危險的女人，必須面對把孩子生下來或保住自己生命的難題。因為所有的醫學證據都顯示，她必須冒很大的危險，不管是選擇生下或拿掉孩子。

不管你面對的兩難情況是否為真，用最不會讓你受苦的方式來重新詮釋它，這個可能性對你而言是開放的。如果這位女士決定把孩子生下來，她可以把自己的犧牲視為完成上帝的使命，或者，她也可以將生孩子這件事視為「不該發生的事」。

第四帖解藥：選擇，事實上就是一種創造

你對生命的徵兆和現象所做的詮釋，要對它負責。不要用自我毀滅或負面的觀點來詮釋生活裡發生的事情，相反的，要創造肯定生命、具有建設性的人生。（沙特）

沙特曾經舉了一個很貼切的例子，來說明我們對現實進行詮釋是無可避免的，所以我們很難用嚴格的道德標準來衡量現實生活。有一位學生在納粹占領法國時跑去見他。這個男孩陷入的兩難是：參加自由法蘭西軍團以為死去的哥哥報仇，或是留在家裡照顧傷心欲絕的母親。他知道母親只為他而活，如果他離開她，甚至可能戰死沙場，那麼他母親一定會陷入瘋狂的絕望之中。然而，若是留下來照顧母親，他就錯失了為哥哥報仇和幫助國家對抗納粹的機會。前一項行動具體而且可行，但卻只能幫助一個人，即他的母親。另一項行動卻是比較抽象而不確定，因為投筆從戎的結果，有可能被派去做文書工作，但它仍然有機會幫助許多人。

正如沙特所言，沒有任何道德理論能幫助這位困惑的年輕人化解他的兩難處境。〔註二〕結果論的倫理學（consequence-based ethics）無法幫他決定，即使是康德的倫理學也幫不上忙，因為如果選擇留在家裡，他就是把所有在戰場上冒著生命危險的人當成手段，但若選擇從軍，那麼他就是把母親當成手段。根據基督教義，你要愛你的鄰人，但在這個例子裡，誰才是他的「鄰人」？他的母親，還是他的同胞？

最後，沙特這麼建議這位青年：「你擁有自由。選擇，事實上就是一種創造。」根據沙特的看法：

沒有任何道德理論能夠告訴你該怎麼做；這個世界沒有預言。基督徒或許會回答：「但真的有。」縱使如此，它們的意義還是由我自己選擇。

我希望你們都能牢記這點：你有選擇的自由，你甚至可以為生活事件「創造」最終的意義和內涵。但這並不表示當你在做某些選擇時，不需考慮「客觀的」事實或生活狀況。如果是沙特，他一定會這麼告訴你，我們一生下來就受到「人的限制」。例如，你不可能長命百歲，這是事實，你終有一天會死。也許你剛好生在貧窮人家；也許你天生就有一些身體上的缺陷，如先天失明或癱瘓。

你不必接受極端的道德相對主義，也可以接受這個概念：你有選擇自己生命意義的自由。沒錯，道德理論無法告訴你該做什麼，因為就像沙特所說的，你必須自己去選擇這些理論的意義和內涵。但這並不表示，你的詮釋可以不受理性的限制。有些事是說不通的，不管你怎麼強辯也無法自圓其說。特別是當你覺得你有義務毫無意義地折磨自己，你不但讓自己受苦，也讓親友跟著遭殃。它只會帶來阻撓和傷害，而不是幫助，而且只是把人，包括你自己和其他人，當作「手段」而已。

在彩繪人生的調色盤裡，還是有許多肯定人生、具有建設性的色彩，可以任你恣意揮灑。沙

註二　我的意思並不是這類理論對幫助你解決問題完全無用，而是它們的用處主要取決於所處的環境，光是理論**本身**基本上是無法**為你**解決問題的。

特舉了一個後來變成耶穌會修士的年輕人的故事，來闡釋這個論點。根據沙特的說法，這位年輕人因為年幼喪父，生活過得非常貧苦，後來因為拿到獎學金而在教會學校就讀，但是他總覺得自己是被救濟的對象，一直得不到同學的尊重。後來，當他十八歲時，一場戀愛又讓他「遍體鱗傷」。最後，在他二十二歲時，沒有通過軍隊訓練成了壓垮他的「最後一根稻草」。沙特解釋：

這位年輕人可能會覺得他把每件事都搞砸了。這必定代表某種意義，但究竟是什麼意義呢？他可以選擇在痛苦和絕望中逃避自我。但他很明智地將所有發生的這一切視為一種啟示：他天生就不適合追求世俗成就，只有宗教、神聖和信仰之門為他而開。他在這些經歷裡看到上帝的旨意，所以他決定接受這個使命。除了他之外，還有誰能決定這些啟示代表什麼意義呢？

沙特知道，這位年輕人原本可以對他的負面遭遇賦予不同的詮釋。例如，他可以選擇成為木匠甚或革命家。他也可以讓自己深陷在絕望之中，變成酒鬼或自暴自棄。但他非但沒有這麼做，反而善用他的自由做了一個明智的抉擇。

但他的抉擇何以見得是明智的？

因為他並未把這些接二連三的不幸解釋成無法克服的問題，而變得絕望無助；他反而將之視為一種過更豐富、更與眾不同的生活的**正面**象徵。套句齊克果的話，他發現：「生命不是一個待解的習題，而是一種生活的體驗。」

如果你是一個老愛擔心的人，你顯然對如何詮釋生活事件做了很爛的選擇。用肯定的態度面對生活遠比強迫自己活得痛苦來得聰明多了。沒人規定你要活在痛苦裡，上帝沒這個意思，大自然也沒這條律則，大哲學家的理論裡也沒這種說法。正如沙特所說的，能對你悲慘人生負責的人，只有你自己。如果你不同意這種說法，你有權選擇不贊同。那麼你的苦難也只有自己去承受。

第五帖解藥：起而行，只有行動才會產生真理

用實事求是這種實際的、行為導向的人類義務，取代你必須跟自己過不去這種假義務。（詹姆斯）〔註三〕

光是詮釋事實並不夠，還必須付諸行動。正如沙特所言：「只有在行動中才有事實。」光用想的無法解決你的現實問題。對於是否參加自由法蘭西軍團，還是留在家裡陪伴母親的年輕人而言，只有透過行動才能做出決定。將坎坷的人生視為考驗他的宗教、聖潔和信仰的年輕人，直到他採取行動加入耶穌會，他才算做出決定。當你實際遭遇困難時，光憑一張嘴是無法解決問題的。

用不做決定的方法來做決定，通常都是你未努力解決問題的產物。當你對什麼才是「正確的行動」猶豫不決時，時間和環境都會改變，最後只好讓外在因素幫你做決定。你對度假計畫猶豫不決，當你最後終於打電話訂機票時，機位已滿。你不確定是否該接受某個工作機會，最後那個

註三　我在這裡區分了實際的問題和理論的問題。後者可能只是空談，但實際的問題是一個我們該怎麼做的問題。這才是真正的關鍵。你可以為行動擬定計劃，但若不付諸實行，它還有什麼其他價值？

職位已經找到人了。你一直考慮是否該重回學校念書拿學位，但等你終於去詢問時，註冊時間已經過了。你不確定是否想再跟那個人交往，當你最後開始思考或許應該接受他時，卻看到他已經跟別人成雙入對了。你一直無法做決定，直到事情決定了你。解決實際問題的計劃，只有當你依計劃行動時才算完成。「人的命運操之在己……行動是人活著的唯一證明。」

折磨自己，讓自己受苦不是你該做的事。只有行動才會產生真理。你的信念只有透過行動才能加以驗證。美國實用主義哲學家詹姆斯就是以這個觀點為基礎來建立他的哲學。我在前面曾經提到，詹姆斯認為，一個信念之所以為真，在於它的「兌現價值」。也就是說，只要依據它來行動，你就以可達到滿意的結果。如果你在森林中迷路挨餓，詹姆斯認為，真實的信念可以幫助你走出森林。它的實際價值就是只要你依據它行動，它便能拯救你的性命。生活在這個眾所周知的生活叢林裡，白費力氣空想該怎麼做才好，把自己搞得煩亂不堪，是沒有用的。你在這種行為裡找不到真理，找得到的只有**破壞性**的絕望；相反的，真理是建設性的。

事實上，詹姆斯告訴我們，追求真理是「人類最重要的義務」：

> 在我們生活的世界裡，事實可以非常有用，也可以極度有害。告訴我們哪些事情是可以預期，並可以加以驗證的概念，就是真的概念，而追求這些概念就是人類最重要的義務。

對詹姆斯而言，這是一個能夠為我們帶來滿意結果，而非悲慘下場的義務。它是一個**起而行，透過行動來驗證信念**的義務，而不是呆坐空想、折磨自己的假義務。它也不是要你等到百分之百確定自己的信念沒問題才付諸行動，事實上，這只會讓你覺得很挫折，因為你只有行動才能驗證自己的信念。沒有行動，你是不可能確定任何事情的，即使等你確定了，情況也不見得一樣，因為現在可行的方案，未來未必可行。「我們必須活在我們今天所能得到的真理之中，」詹姆斯說道，「並準備好明天面對它變成錯誤的。」

身為一個追求真理的人，你不能翻來覆去地東想西想，然後把自己和別人都煩透了。以真理之名，不要再左思右想，因為它會阻礙你驗證你的想法。別再折磨自己，因為它只會讓你和滿意的結果背道而馳，而滿意的結果正是追求真理的目的——讓生活更快樂。不要再強求確定性，因為真的觀念並不是絕對的、無條件的真，而是此時此刻為真，而且只有去驗證它，也就是依據它行動，你才有辦法確定。

這並不表示你必須衝動行事，或不經理性評估便貿然行動。我在本章前面曾經提到，生活應該依據可能性，而非確定性。正如亞里斯多德的警告，極端通常會讓人走入歧途。衝動行事和等到事情確定才採取行動，都是一種極端。這兩者都要避免。

你沒有義務要困坐愁城，讓自己煩到快死掉了才甘願休息。你是人，不是神。你是不完美的，你無法通曉宇宙萬事。在人的能力範圍裡，追求真理才是你的任務，別把它和自我折磨這種假命令混淆了。

【第七章】授權：對治愛操縱

你是否曾不惜以恐嚇、威脅、欺騙或其他操縱別人的方式來達成目的？如果是的話，那麼你並不是特例。問題在於我們使用這些操縱手段的多寡和程度，而不是我們是否曾經這麼做。如果你習慣操縱他人以得到你想要的東西，那麼你的人際關係早晚會出問題。

許多操縱別人的方式，遲早都會讓你的人際關係亮起紅燈。其中最常見的是**霸凌**、**講難聽話**和**吹噓**。有些操縱方式很露骨，例如：「如果你不和我上床，我就跟你分手。」有些則比較含蓄，如：「我相信你不想被人當白癡。」

常見的三種操縱別人的方式：

霸凌：如果你想要某人幫你做某事，那麼你應該使用威脅、暴力、勒索或其他強迫的手段來達成目的。

講難聽話：如果你希望別人有某種想法或做某事，你應該用強烈的負面語言或其他讓人心生恐懼的方法來達成目的。

吹噓： 如果你想得到別人的尊敬、認同、信任或合作，你應該用說謊、隱瞞真相、誇大事實或用其他欺騙別人的方式來達成目的。

我們不難看出這些規則在邏輯上的弱點：這些規則最後都會導致自我毀滅。使用這些方法的結果只會讓你距離希望的目的更遙遠。用威脅的方式讓別人服從，最後只會引來抵抗和憤怒。這麼做只會讓你圓滿的人際關係受挫，沒有任何幫助。

用強烈的負面語言迫使別人服從，同樣會讓你走上自我毀滅的道路。「你幹麻跟那種混混交往？」如果父母想讓青春期的女兒變得更自衛、更堅持要跟那個混混約會的話，這倒是個不錯的方法。這並不是說，講難聽話是沒用的。舉個例子，跟你的潛在客戶打小報告，把你的競爭對手說成是個騙子，這的確會讓對方心生疑慮，即使你的指控是毫無根據的。但將這種策略用在人際關係上，你得到的好處是遞減的。和操縱別人的方法一樣，它很可能會弄巧成拙，尤其是當你習慣性地使用這些方法。告訴你的另一半，她穿那件新買的紅色迷你裙看起來像個妓女，你或許可以阻止她穿那件裙子——至少不會在你面前穿——但你不留情面的羞辱卻可能引起她的怨恨。有很多理性的方法可以表達你的觀點，不一定要訴諸威脅。例如，「那件裙子可能不適合穿去上班。我都可以看到妳的屁屁囉！」

我這裡所說的吹噓，本質上是一種欺騙。當你向別人吹噓，你已經讓自己變成了不值得信賴的人。當你把自己變成不能信賴的人，再用這種手段希望別人信任你，結果只會得到別人的敷衍。沒錯，有時候你的確可以騙過某些人，但還需要我再說些什麼嗎？大多數喜歡吹噓的人，無可避免的總是落得人盡皆知，結果反而和他原始想要達成的目的背道而馳。〔註一〕

反駁這種操縱他人的方式再清楚不過：

當你操縱別人時，是把別人當東西看待。你侮辱了他們跟你一樣身而為人的特質，只是利用他們做為達成你私欲的工具。不管你是用威脅的方式迫使別人屈從，或是用強烈的負面語言恐嚇別人，或是說謊騙取別人的信任，你都蔑視了他們的人性尊嚴，因為你否認了他們可以在理性的基礎上為自己做決定的能力。健全的人際關係是建立在互敬的基礎上，所以你不但破壞了自己的幸福，也危害了被操縱者的幸福。到頭來，你操縱別人希望得到幸福的目的，肯定是要失敗的。

哲學對操縱他人所提供的解藥，首要目標就是透過授權，建立互信和互敬。這意謂著將別人當成有理性、有自決能力的主體。操弄權勢、威脅欺騙破壞了人與人之間的信任和尊敬。共事者或同僚、親人或朋友之間的互信和尊敬，是個人幸福不可或缺的條件。在專制的國度裡，獨裁者利用武力和不當手段壓迫人民，藉「國家安全」之名行掠奪之實，破壞環境，摧毀人民的幸福。當世界強權為了帝國主義的擴張，利用謊言和武力來鎮壓其他主權國家，只會助長恐怖主義和仇恨，威脅世界的和平與安全。

化解霸凌的解藥

第一帖解藥：發揮意志力，努力傾聽理性的聲音

和對手公平競爭。首先要遵守正義戰爭理論的規範。只有在保護自己免於身體傷害，而且必須在符合目的的必要範圍內，才能使用武力。（阿奎納、霍布斯）

使用暴力，尤其是肢體暴力，不管理由為何，都不是文明人解決爭執的好方法。當你可以用講理的方式來解決問題時，使用暴力是毫無意義的。從個人的小衝突到國際戰爭，使用武力無可避免要付出代價：死亡、破壞、根深柢固的敵意和仇恨。相反的，以理性的方法解決衝突，相互尊重，理性對談，自然可以避免上述的種種遺憾。而且動武之後，如果你希望有不一樣的解決方案的話，大家最後還是要坐上談判桌，理性對談。

人類的戰爭史是無謂犧牲的好例子。流血絕對不是長久和平的基礎。戰爭唯一能夠提供的好

註一　在《論扯淡》（*On Bullshit*）這本小書裡，哈利・法蘭克福（Harry Frankfurt）提到，「扯淡的本質不在於它是錯的，而在於它是假的」。他同時區分了說謊和扯淡的不同。前者是刻意陳述錯的事情，而後者的重點不在對錯，而在於它企圖製造某種假象，例如，讓別人覺得你精通某個議題，或是讓別人認為你很愛國。在法蘭克福看來，扯淡之所以不同於說謊，在於它對事實的全然漠視。說謊者至少會關心事實，雖然目的是為了扭曲它。不過，我在本章所討論的吹噓包含了說謊，以及其他法蘭克福視為虛偽或造假的行為。我對吹噓的定義比較廣泛，它的核心概念就是欺騙。

處，就是讓那些彼此衝突的人事後願意理性地討論彼此的差異，找出解決問題的方法。如果理性的對談能夠先於戰爭而不是之後才發生，那麼就不會有那麼多生命白白犧牲。

但即使是人類的戰爭也有一種傳統，即利用理性來規範戰爭的發動和進行。這個傳統始於西元第四世紀的聖奧古斯丁，到了十三世紀則由聖多瑪斯・阿奎納進一步加以發展。根據阿奎納的觀點，正義的戰爭具備三個要素。首先，只有得到授權的當局才能發動戰爭，一般平民是不能發動戰爭的。一般人的權利遭到侵犯，可以透過法律途徑尋求解決。其次，戰爭必須有正當的理由，如打擊不公。第三點，戰爭必須有趨善或避惡的正當動機。對於第三點，阿奎納引用聖奧古斯丁的話解釋道：

> 傷害他人的欲望、殘酷的報復渴望、騷動、無情的心靈、造反的狂熱、權力的追求等等，所有這類在戰爭中發生的事情都應公正地加以譴責。

所以，如果你打算對別人採取行動，你最好仔細想想正義是否站在你這邊。身為一個普通公民，你在制度上沒有任何職權對別人發動戰爭。如果你尋求的是他人不當行為的補償，那麼你可以訴諸法律途徑或其他制度上可行的方法來申訴。

在盛怒中，你很難看清自己的理由是否正當，或者只是一種「殘酷的報復渴望」、一種「權力的渴望」，或是其他愚蠢的目的。所以你必須發揮意志力，阻止自己無端攻擊他人。要將正義戰爭的條件謹記在心，當你冷靜下來，強迫自己傾聽理性的聲音：「我沒有職權對普通百姓發動戰爭，而我對報復的『殘酷渴望』或想讓對方知道誰是老大的目的，是無法達成的。」請用理性的力量：**發揮你的意志力**。

我並不是說你沒有權利自衛。根據哲學家霍布斯的觀點，你自衛的權利是絕不能被剝奪的，即使是政府也不行，因為保障人民的安全正是政府的職責。但是自衛並不等於使用暴力或發動攻擊以獲取個人利益。所以，根據霍布斯的看法，為了保障其他人民的安全和生存，政府有權限制你的活動。

如果有人想殺你或嚴重傷害你，即使是阿奎納也允許你使用武力自衛。根據阿奎納的觀點，你可以對侵略者使用武力以保護生命，只要你的目的是保護自己，而且你使用的武力不可超出你自衛所需的程度。〔註二〕

第二帖解藥：心甘情願才能造就幸福

為你的要求提供合理的基礎，以尋求他人出自內心的合作。（哈特〔H. L. A. Hart〕、康德）

霸凌並不需要真的使用蠻力，也不一定要訴諸肢體暴力。霸凌最常見的方式就是用別人不喜歡的非暴力行為或怠慢的態度來讓對方屈服。舉個例子，我有個朋友，他在一所頗具規模的州立

註二　不過，阿奎納並不認為我們可以為了自衛而故意**殺人**，因為他認為這是屬於公權力的範圍。

大學擔任兼任講師，有一次他告訴我，他的老闆把他叫進去，要他負責一個「特別的」教案；可是這個任務和他已經擬定的計劃相衝突。此外，新增的額外工作相當於全職工作，卻沒有相對的福利和報酬。這位老闆表示我朋友的參與「完全是自願的」之後，接著提到不久將有一個新的專任教職缺，問他是否有興趣申請。

這段談話沒有任何明顯的威脅，但言外之意昭然若揭：「如果你認真考慮這個新教職，那你最好接受這個任務，不管你喜不喜歡。」我朋友婉拒了這個「慷慨的」邀請，而且後來也去申請那個新教職，但卻連面試的機會都沒有（後記：我的朋友後來在別的地方找到了專任的教職，而且由於新老闆的支持，他成了一位著作豐富的學者）。

現在讓我們來談談這個故事的寓意。恐嚇和威脅他人是行不通的。如果你要別人跟你合作，那麼你就必須尊重他人，並將他們視為有自主性的個體，而不是利用和操縱的對象。這正是康德所說的無上命令，把別人，包括你自己，當作「目的本身」來對待，而不「只是手段」。

這個告誡對法律哲學非常重要。做為一種控制的工具，法律可以用來壓迫人民，無視他們的理性自決能力。它可以用來脅迫人民服從，而不是共同建立圓滿生活的理性基礎。獨裁政權就是利用這種系統性的手段來迫使人民服從。雖然這種體系有時可以持續一段時間，能成功地恐嚇人民，但卻無法為人民的成長、繁榮提供一個穩定的環境。

要做到後面這點，法律體系就不能只是一種外在的控制手段，不能只用脅迫做為指揮系統的後盾。它同時必須有內在的方法。而這有賴我們將法律視為社會生活的理性規範。

你可曾注意到，當高速公路上有交通警察出沒時，所有駕駛人都會留意速限？但是當警察離開高速公路之後呢？你猜得沒錯。某些人會超速開走。這個令人遺憾的例子說明駕駛人只是把速限當成一種威脅，之所以認真看待它，只因為違規會接到罰單。

牛津大學著名的法律哲學家哈特將這種對待法律的態度稱之為「外在觀點」（the external point of view）。根據哈特的看法，採取這種法律態度的人都會這麼說：「我是不得已才這麼做的」「我可能會遭殃，如果我……」「你可能會遭殃，如果你……」，或是「他們會這麼對付你，如果你……」。這些人向來不用這類的表達方式，如「我有義務」或「你有義務」，因為後者所用的語言是一種內在觀點。

對那些採取內在觀點的人而言，法律不只是用來預測不服從是否會遭殃的工具。相反的，從內在的觀點來看，法律是一種社會生活的準則，而且是主張、要求、允許、批判、處罰等這類生活中受規範約束的行為基礎。

對哈特而言，法律之所以讓人遵守或覺得「有義務」，而且能讓我們持續地、完全地守法，並不是因為不守法就會被處罰的恐懼，而是因為法律已經內化成一種**應該**遵守的東西，它為你的守法行為提供了**理性的基礎**。

哈特對內在和外在觀點的區分，說明了為什麼透過威脅和恐嚇迫使他人服從，最後會讓你名譽掃地，因為它不把人當理性的存有看待，不認為別人選擇服從需要理由。當人民把當權者視為恐懼而非尊敬的對象，他們頂多只是表面裝出服從的樣子——如果你讓他們夠害怕的話——但他們絕不會激勵自己守法。換言之，這種方法阻礙了人的自主性。

馬基維利（Machiavelli）在他著名的《君王論》（*The Prince*）裡頭問道，是愛戴甚於恐懼好，還是恐懼甚於愛戴好。他認為：「我們的回答可能希望兩者兼備，但一個人很難同時兼具兩者，當兩者只能擇其一，恐懼甚於愛戴是比較安全的。」但對馬基維利而言，「比較好」只是意謂著讓人民服從，而不是為人民建立幸福的環境。你是無法透過威脅人民服從來達成後者的。

第三帖解藥：民主也是一種人際關係的哲學

在和他人建立關係時，要透過自主和民主的參與和合作，而非用專治和壓迫的方式來達成相互依賴與合作的關係。（杜威、彌爾、偉克森〔Janice Wilkerson〕）

這就是為什麼民主是如此重要的原因。杜威的觀察是正確的，民主的核心概念就是培養個人的自主性。人類彼此合作，設計出規範生活的規則。它不是單方面的，也不是獨裁專治的。民主不只是組織化的城邦才有的政治組織。是的，它同時也是一種人際關係的哲學。

令人遺憾的是，有人認為家裡一定要有一個「主子」。在我們的傳統裡，這個主子非男人莫屬，他是家裡的獨裁者，治理家務的方式是命令而非說理。在極端的例子裡，這種關係建立在家暴上，不管是精神上或身體上的虐待。這種一家之主會利用恐懼和威脅來進行統治。在許多例子裡，配偶受到貶抑，並被教育成服從是非常幸福的事。許多這類的受害者都是來自這種家暴的家庭。因為相信自己一無是處，所以繼續尋找對他們施暴的另一半。在這種家庭出生的小孩，長大以後又變成了受虐的對象，然後又生出被害的下一代。

彌爾在一八六九年出版的論文《婦女的屈從》（*The Subjection of Women*）中，稱這類受虐者為「自願性的奴隸」。彌爾的論文對當時的女性屈從提出強烈的批評，他立論的基礎不是男人在智力上優於女人，而是因為體格上的優勢。彌爾說道：

> 接受（男女）不平等的結果……從不曾讓人類受益……它只是源自一個單純的事實，自人類形成社會起，女人（由於男人賦予她們的價值，加上她們的力氣遠不及男性）便一直處在受男人奴役的狀態。法律和政治體系都是從人與人之間既有的關係開始建立的。它們只是單純把事實變成法律權利，然後賦予它社會約束力，主要的目的在取代民眾過去用以主張並保護這些權利的方法，而不是為了防止偶發的、非法的肢體暴力。

彌爾這段話道出了一件令人不安的事實：有些內在化的法律從來就沒有任何理性的基礎。在這裡，男人給了自己虐待女人正當的理由——告訴自己這根本沒什麼——然後將施暴合法化。例如，美國在十九世紀就有一條「姆指規則」，它允許男人打女人，只要使用的棍子粗細不超過他們的大姆指。

雖然現在棒打老婆在美國是不合法的，但令人遺憾的是，容許這種施虐方式的原始意識型態，依然殘存在我們身上。看看美國至今依然盛行的身體與精神虐待（包括性虐待），我們實在不能再把頭埋在沙堆裡假裝沒看到。重點在於，我們必須拋棄利用脅迫他人服從，來提升自己生活品質的這種非理性觀念。

正如彌爾對婦女的屈從所指出的，沒有人比較快樂。男人肩負著一家之主這個「高高在上」

的不可能任務，他們的獨裁統治被要求完美無缺，而女人身為一個自主個體的優點則被完全剝奪。渴望男性至上的男人不得不醒悟——但遺憾的是，在這之前他們已經經歷了許多年的折磨和苦難——而受苦的不只是他們自己，還有被他們虐待的女人。屈服於這種大男人之下的女人，放棄了她們身而為人應有的權利，就像待價而沽的東西，再也不是她們自己。

這種生活劇本是不是跟你的有點像？比較好的選擇是伴侶關係，在這種關係裡，雙方都是有自主性的成熟個體，彼此尊重，而且可以追求自我幸福、不用擔心另一半的報復。一定要有一個主子的預設是很不合理的。在伴侶的關係中，家庭的利益分享和壓力分擔是民主的，而非強迫性的。自動自發選擇分配的勞務，取代了男女之間不平等的權力結構。

身為哲學家同時也是社會工作者的偉克森，將這種權力平等主義的理想歸納如下：

> 只有當我們的社會能為每個人提供平等的機會，並透過這種方式賦予人民權利，我們才能明瞭，今日仍遙不可及的光榮、力與美，將能成為我們明日的成就。只有當我們的社會嚴厲拒絕暴力的攻擊行為，我們才能停止不人道的惡夢，只是因為天生的性別差異，女人變成了男人的附屬品，這都是不人道的行為。

第四帖解藥：暴力就像雜草，讓權力窒息

> 不要使用暴力，或威脅使用暴力來擴張你的權力，而是透過不受限制的、知情同意的民主討論來賦予他人權力。（漢娜·鄂蘭〔Hannah Arendt〕）

德裔美國哲學家漢娜・鄂蘭在比較這種均權的理念和暴力時說道：

> 權力和暴力是互不相容的；當其中一個獲得絕對的控制，另一個就會消失。當權力受到危害，暴力就會出現，一旦任其自然發展，結果就是權力的消失。

根據鄂蘭的看法，權力是團體中所有成員對某項行動表達同意，這種同意是出於自由，而且是被告知的，這是一種參與式的民主。如果你習慣用強迫他人服從的方式行事，就會和權力衝突。威脅強迫的策略就像雜草，讓權力窒息，只留下死亡、腐敗的遺跡。柏拉圖肯定會同意，暴力、或威脅使用暴力、恐嚇，以及其他操縱他人的方法，都是對權力概念的扭曲，這些方式最終也會因為權力的瓦解而失敗。威脅和權力唯一的相似處，就是被霸凌者的合作。只要對霸凌說不，你就可以終結它。當你欺壓別人時，你終結掉的其實是你自己，你的目的是無法達成的，因為你已經摧毀了雙方以同意為基礎來建立同盟關係的希望。

化解講難聽話的解藥

威脅是使用恐嚇性的方法使他人屈服，而講難聽話則是使用強烈的負面語言，讓對方因害怕而順從你的意思。講難聽話就像在井裡下毒，但被你下毒的正是你自己喝水的那口井。以下是其中幾個例子：

●只有白癡才會和那種敗類約會。
●同性戀很變態，你是同性戀嗎？
●批評總統的人都是叛徒。
●我討厭窮人。你可以借我點錢嗎？
●你打算像個軟腳蝦一樣坐著不動，讓他用那種態度對我說話？
●你什麼時候才會讓那個婊子明白到底誰是老大？
●你別像一個膽小鬼。來嗑藥（毒品）吧！

上面的例子都是使用攻擊、負面評價的語言來操縱別人的反應。〔註三〕在一般的用法裡，「白癡」、「軟腳蝦」、「婊子」和「膽小鬼」都是評價性的字眼，因為它們主要用來評價，而非陳述事實。這些用詞都有強烈的負面意思，因為它們強烈抨擊它們所描述的對象。

第一帖解藥：給別人建議可不是為了你自己得好處

不要濫用別人的信任。使用評價式的語言要真的符合事實。（諾威－史密斯、康德）

講難聽話時，你利用評價式的語言來操縱別人的反應，以獲取你個人的利益。但這種操縱式的用法並不是評價式語言的主要功能。根據哲學家諾威－史密斯的看法，語言的主要功能是給予他人建議。

你為什麼要為別人提供建議？當然不是為了自己的利益。給別人建議顯然是要幫助他人獲得他們想要的東西，而不是你想要的。根據諾威—史密斯的看法，評價式的語言除非在一開始就和建議者的建議，以及接受建議者想要的東西有關，否則任何人都不應該使用這種語言，把它當成「操縱別人行為的工具」。

當你告訴某人，如果不聽你的建議，那他就是笨蛋，你的話暗示了你的建議在某種程度上和對方的利益有關。但如果你使用這類語言是為了自己，而不是為對方好，那麼你就是為了私利而濫用語言約定俗成的習慣。如果你的能言善道成功地讓你隨心所欲地操縱別人的反應，那也是因為聽從你建議的人被你自私自利且侵犯語言慣例的行為所欺騙。

我們之前曾談到，根據康德的看法，你據以行動的理由必須可以變成普遍的自然律。例如他說過，虛假的承諾，即許下承諾卻從未打算遵守，就不可能成為普遍的自然律。因為如果每個人都不信守諾言，我們就不可能相信別人會守信。根據康德的看法，這就是為什麼虛假的承諾是一種道德上的錯誤行為。它將讓承諾的機制破壞殆盡。

康德的觀點也可以用來反駁將評價式的語言當做欺騙的手段。如果每個人都用評價式的語言來操縱別人，那麼這種語言給予他人建議的用途就會受到破壞，因為這種操縱式的用法讓建議變

註三　但有時候，語言的負面意義是隱含的。例如，「要像個男子漢一樣反擊」隱含了如果你沒有反擊，你就不是男子漢。牛肉商的廣告詞：「有品味的人吃牛肉。」表面上並沒有使用負面語言，但卻隱含了：如果你不吃牛肉，就不是「有品味的人」這個意思。

得有百害而無一益。

當然，並不是每個人都會用欺騙的方式來使用評價式的語言。但這正是為什麼有些人可以濫用它來破壞語言規則。因為我們相信彼此都是誠實的。講壞話違反了這個基本的信任。康德的普遍律則告訴我們，這種信任對人類的幸福是非常重要的。我們依賴彼此給予善意的建議。一旦這種傳統被講難聽話破壞了，人類幸福的基本條件，不管是你的或他人的，都會受到危害。

第二帖解藥：提供建議時，要讓對方自己決定怎麼做

透過尊重他人理性的尊嚴來賦予他人權力。用評價式的語言來引導他人的行為，而不是刺激他們。（奧斯汀〔J.L. Austin〕）

奧斯汀在《如何以言行事》（*How to Do Things with Words*）這本經典小書裡介紹了「語言行為」（*speech act*）的概念。根據奧斯汀的看法，當一個人在使用語言時，他不只是單純地發出某種聲音，他實際上是在執行某種行為。如果牧師說：「我宣佈你們結為夫妻。」事實上已經成功地讓兩個人結為連理。又如，如果你對我說：「我保證。」那表示在特定的情境下，我們兩個人都說中文，我聽到你所說的話，我希望你完成我的要求，那麼你實際上已經**做**了一件事，那就是保證。

奧斯汀區分了兩種透過語言執行的事。有些行為是你在特定情境下**說出**特定的話時，便已執行了該行為，有些行為則是**透過**說出某些話來執行。（註四）例如，當我**說**「我保證」時，我就是

在保證。當我**說**「我警告你」時，我就是在警告。當我**說**「我告訴你」時，我就是知會你。〔註五〕

相反的，**藉由**說出「你要是聽他的話，你就是大笨蛋」時，我的目的是恐嚇你不要聽他的話。注意到了嗎？我可以說「我建議你如此這般」，但我卻無法有意義地說「我恐嚇你如此這般」。後面這句話的行動（恐嚇某人），是你說的話所造成的**結果**，而不是你所說的這句話本身。

所以，講難聽話是你**透過**說出某些話所造成的後果來達成你的目的，而不是你所**講**的這些話本身。〔註六〕你使用語言來恐嚇、刺激別人，讓對方依照你希望的方式反應，你不是提供他人建議，相反的，你試圖控制別人。這對一個有自主能力、有理性的人而言，是不尊重的行為，因為你阻撓了別人理性的、自我判斷的能力，取而代之的是煽動別人依照你的希望行事。

提供別人建議時，你要讓對方自己決定怎麼做。給別人建議的目的是**引導**他們。但是講難聽

註四　奧斯汀把「在說某件事的當下即已執行某項行為」稱之為行事行為（illocutionary act），「藉由說某件事來執行某項行為」則稱之為取效行為（perlocutionary act）。

註五　這並不表示警告或建議某人時，你一定要使用如「我警告」或「我建議」這類明白表述行為的語句。例如，當你想警告別人有迫切的危險時，你可以說「你若想阻止他，他會射殺你」。這句話裡面已經隱含了「我警告你」的意思。

註六　我這裡所說的講難聽話（在井裡下毒），預設了你企圖嚇阻的人也發現井水有毒，並拒絕喝這口井水。例如，只說「呆子才會戴那種眼鏡」並不等於說了難聽話（在井裡下毒），你要能成功嚇阻對方戴那種眼鏡才算是說難聽話。如果你想嚇阻的人沒被你的話嚇到，那麼這只能算是想講難聽話（在井裡下毒）卻沒有成功的**企圖**。只有當你成功地嚇阻想嚇阻的人，你說的難聽話（在井裡下毒）才算成功。

話則是刺激他們。建議是建立在理性的論證上。當你建議某人做某事時，你的建議預設了你有合理的基礎這麼做。你預設了你有充足的理由可以證明，對方若接受你的建議則對他有益。當你嘗試用理性的討論來引導一個人時，你肯定了對方有能力對討論進行評估，並做出合理的決定。因此，你肯定了對方身為一個人的尊嚴。當你這麼做，你就是為相互尊重的人際關係提供了一個互動的平台。

相反的，在講難聽話時，你把自私的目的偽裝成建議，藉此控制、操縱他人。你用欺騙的方式讓別人服從、為了自私的目的而利用他人，這樣的做法把別人的人格貶低了，這不但有違誠信，而且讓人與人之間的互敬互重變成了笑柄。真正的建議是一種授權的行為，將操縱偽裝成建議則不是。被賦予權力的人會比沒有權力的人快樂許多。

的確，在某些情況裡，我們是出於善意，為了別人好才講難聽話。例如，父母為了青春期的女兒好，想要阻止她跟某個男孩約會而罵他「敗類」。在這個例子裡，潛在的動機不全然是自私的，先不論父母是對或錯，他們關心的是子女的幸福。但儘管如此，這種方法還是操縱性的、不誠實的，而且是反授權的。它忽略了青少年是可以透過講理的方式來規勸的，反而將他們視為東西一般來操縱。認為這種戰術對子女有益的父母，最好三思。青少年最恨別人操縱他們，這麼做反而喪失了建設性的、彼此尊重的談話機會。比較好的方式是尊重青少年，把他們視為可以講理的人，而不是把他們當成東西。引導他們會比刺激他們來得管用。

化解吹噓的解藥

騙人的方法有很多種，但都有一個共通點，那就是蓄意的。喜歡吹噓的人知道自己在做什麼。沒有哪一種吹噓是無心之過。如果你打從心底沒有誤導他人的意思，那就不是吹噓。然而，和說難聽話不同，吹噓並不是一個成功的字眼。也就是說，當你講難聽話時，你一定能成功地讓別人感到害怕；但當你向別人吹噓時，你未必能從對方得到你想要的東西——例如，對方的認同、尊敬、合作等等。事實上，吹噓最明顯的特點就是它們通常都不會成功。喜歡吹噓的人通常是人盡皆知的。

你可能會常常聽到有人高談闊論，炫耀他如何靠吹噓的方式成功地完成某事——考試、開會，或其他必須具備某種特定知識的活動。在我大學時有好幾門課都是跟一位同學一起上，他在參與課堂活動時總是小心翼翼。我記得他叫魯伯特，他講起話來總是長篇大論，用字很深奧，口氣很權威。剛開始時，我總是聚精會神地聽他說話，雖然我常常聽不懂他在說什麼。但我告訴自己，這一定是我的問題，因為大家似乎都很尊敬他，包括老師。後來，我開始仔細聽他說話的內容，發現他總是說些不相干的話題，浪費許多上課時間。

沒多久，班上的同學也開始發現他的發言毫無內容，根本沒什麼營養，不過是在吹噓罷了。魯伯特算得上是天賦異稟的專業吹牛大王，即便如此，他還是無法完全得逞。我不清楚他目前的去處，也不知道他後來靠什麼謀生，但除非他不再吹噓，實事求是，否則他會不斷地浪費別人寶貴的時間，並且失去那些待人親切、願意仔細聽他說話的人的信賴。

吹噓浪費寶貴的時間，對人類沒有實質的貢獻。因為它的污染，人際關係受到了阻礙，人與人之間產生嫌隙。如果你希望過有建設性的生活、經營有意義的人際關係，那就不要吹噓。

有些無傷大雅的吹噓只是誇大其辭、真假參半。但即使是這種類型的吹噓也可能變得危險，讓我舉個例子。卡崔娜颶風在二〇〇五年九月重創紐奧良，災後許多人開始質疑，為何聯邦急難管理署對災民的需求反應如此緩慢，讓受災居民衣食匱乏、無所依靠。當時聯邦急難管理署的署長麥可．布朗是布希提名的。雖然布希讚許布朗的措施說：「幹得好，小布。」但他在工作的執行上很明顯是失職的。

當美國《時代》週刊揭露他履歷中許多嚴重的造假後，他不勝任的原因就浮現出來了。根據布朗在聯邦急難管理署的網站上的自傳，他曾「擔任副市政經理並兼掌急難救助服務」。白宮在二〇〇一年所發佈的一則新聞稿也指出，他在一九七五年到一九七八年期間曾任職於奧克拉荷馬州的艾德蒙市，負責監督急難救助服務部。事實上，後來發現原來他只是「市政經理的助理」，而不是「副市政經理」，這意謂他根本沒有任何職權。所以他失職的原因再明顯不過：他缺乏危機處理的經驗和訓練。然而，卻有這麼多人的性命完全依賴他的專業能力。吹噓有時真的是會害死人。

有一句只對了一半的名言註定要遺臭千年：「我從未跟那個女人，魯汶斯基小姐，發生性關係。」美國總統柯林頓在一九九八年說了這句話，這個陳述就聖經的定義而言是真的，因為他並未跟她性交，但若就包含口交的廣義性關係而言，這卻是個不折不扣的謊言。令人遺憾的是，柯林頓說這句話時，並未言明他使用的是狹義的性關係，雖然他心知肚明一般人對性關係都是採取廣義的定義。所以，柯林頓說謊囉？嚴格來說，他只是犯了疏忽之過，而不是說謊之錯。他的話含混不清，而且有誤導之嫌，除非你認為口交等同性關係，那麼他才算是說謊。柯林頓沒有把所有事實說出來，他是避重就輕。

這件事成了柯林頓的政治箭靶，他的對手抓住這個機會批評他道德有瑕疵，不適合擔任我們這個偉大國家的總統。所以，共和黨就順水推舟將他們的政治訴求圍繞著重建白宮的道德風氣打轉，其他的我就不用再說了。布希主要就是繞著這個訴求打選戰。柯林頓的對手是否還找得到其他可以指控他的事情（如，他跟白宮實習生一開始就有曖昧關係），這就很難說了。但事情發展到這裡已經很清楚了。未能坦承所有事實讓柯林頓的處境水深火熱，也讓共和黨重新入主白宮多了一份籌碼。真話只說一半的危險，還需要我再多費唇舌嗎？

和片面事實相比，說謊有客觀性可言：它包含了與事實不符的陳述。事實上，當你說謊時，你已從三個面向誤導了他人，因為你對下列三點做了不實陳述：

1. 外在世界的狀況（你的陳述是錯的），
2. 你的信念（你說甲，但你真正相信的是乙），以及
3. 你的意圖（你企圖提供錯誤的而非正確的訊息給他人）。

有些哲學家認為，即使三個條件中的第一項不成立，但只要後面兩項成立，就可以構成說謊。例如，假設你知道某件事是錯的（如，你想出售的土地下面蘊藏石油），但你還是把它說成是真的，你擺明了是在騙人。但是，事實最後證明是你搞錯了，你所說的話的確是真的（你的土

地下面真的有石油）。不管你是否認為這是說謊——我個人比較偏向稱它為**企圖說謊**——這仍然是一種吹噓。因為你用欺騙的手段來操縱他人以達成你的目的（完成土地買賣）。

總之，不管是哪種形式的吹噓，你都是對自己的意圖做了不實的陳述。你的意圖一旦與事實不符，你的信念也會跟著遭到扭曲。例如，如果我告訴你某件事的真正意圖是讓你佩服我的博學多聞，那麼我就是對自己做了不實陳述，因為我表現得好像我真正在意的是我所陳述的事實。最後，有些吹噓，如說謊，也是對外在世界做不實的陳述。

所以，化解吹噓的解藥必須針對這三種不實的陳述加以治療才能見效。

第一帖解藥：不合理的吹噓讓人緣散盡

想像你自己是聽眾，如果連你都無法接受自己的吹噓，那就不要對他人這麼做。（康德）

蓄意欺騙他人以從對方得到你想要的東西，不管是認同或金錢，通常是經不起道德檢驗的。如果你根本不把道德放在眼裡，那我再多說也沒用。但你應該在意，至少有一個理由，即使是為了自我利益這種狹隘的目的，重視道德還是必要的。因為不道德的行為通常會對人際關係造成傷害。詩人唐恩（John Dunn）曾說過，「沒有人是孤島。」意思是你很難不和他人合作而獨自生活。但你若以蓄意欺騙做為達成目的的手段，大家遲早會疏遠你，再也不會有人願意跟你合作。

我意思並不是欺騙一定不對。即使是蘇格拉底也承認例外。他說：

假設有位朋友在心智正常的情況下將兵器寄放在我這裡，當他神智失常時向我要回這些兵器，我應該還給他嗎？沒人會認為我應該將兵器還他，就像大家會認為我應該跟一個健康情況良好的人說實話才對。

在這種情況下，如果你欺騙這位發瘋的朋友，告訴他槍械已經不在你這邊，以防止他濫用武器，你在道德上還是站得住腳的。那麼這算是吹噓嗎？我認為是的。〔註七〕即使是糞便有時也會有正當的用途，例如拿來當肥料。

所以，如果吹噓可以有**例外**，在道德上是可以接受的，那麼問題來了，你如何區分哪些是可以容忍的，那些不行？

讓我們回想一下，康德認為人際溝通的成功關鍵是人類的互信。〔註八〕如果我們每個人都可以為了從別人身上得到自己想要的東西而四處對人吹噓，那會是什麼樣的情況？再也沒人會把別人說的話當真，而所有有意義的人際溝通也會因而瓦解。如果一個世界裡找不到一個能夠讓人信任的老實人，那麼這個世界裡再也沒有互信了。

註七　如果你把吹噓定義成違反道德的欺騙，你當然就可以說這不算吹噓，但我不認為用定義把問題解消掉有什麼好處。老實說，你還是在對你的朋友吹噓，即使你有很好的理由也一樣。

註八　參見「說難聽話的解藥」一節。

很遺憾的是，即使是蘇格拉底發瘋的朋友來向他要槍的例子，一樣觸犯了康德對吹噓的警告。沒錯，根據康德的觀點，你用欺騙的方法來操縱他人是為了拯救別人的生命，但這並不是重點。你一旦把欺騙的操縱視為一種行為規則，它就會危害有意義的人際溝通。

不過，康德的一致性測試有一個比較實際的變通方法。沒錯，我們不可能讓每個人為了一己的私利而四處對人吹噓胡扯，因為這肯定會破壞有意義的人際溝通。但如果每個人不約而同地只在拯救他人生命，或避免類似的嚴重後果時才不得已吹噓，但在所有其他情況下均保持真誠，那麼結果會如何呢？我想，在這樣的世界裡，有意義的人際溝通是不會中斷的。所以，我們得到了一個康德測試吹噓的修正版。如果你能夠合理地同意他人如此對你吹噓，那麼這類的吹噓就是正當的。不合理的吹噓是那些會讓互信的人際溝通瓦解，連你自己也無法合理接受的狀況。〔註九〕

第二帖解藥：先置身在無知之幕後面，然後再做決定

在你向他人吹噓之前，先把你自己放在「無知之幕」的後面，然後捫心自問，這是否公平。

（約翰．羅爾斯〔John Rawls〕）

另一個相關的著名測試是前哈佛教授羅爾斯所提出的。他使用了所謂的「原始狀態」，做為公平地執行社會安排（social arrangement）的工具。他對「原始狀態」的說明如下：

即建立一個公平的程序，讓我們所同意的原則都是正義的。……我們必須設法解決因為特殊

的偶發事件造成人與人之間的爭執，以及為了一己的私利而企圖壓榨社會和自然環境。要化解這種情況，我假設每一方都要置身在一個無知之幕的後面。沒有人知道各種選擇方案會如何影響自己的處境，所以他們只能以通盤考量為基礎來評估這些原則。

現在想像你自己置身在「無知之幕」的後面，不知道自己是聽別人吹噓的人，或是向別人吹噓。在這個簾幕後面，你會同意用吹噓的方式讓暴怒的人遠離危險武器嗎？因為你無從知道自己將是受害者，還是加害者本人，所以你可以在無知之幕背後做出公平的決定。你是否會認為這種吹噓是公平的而接受它？我知道我會。

但若為了個人的私利，例如為了騙取錢財而對他人吹噓胡扯，又當如何？如果你不知道自己將是受騙的人或是騙子，接受這種吹噓就太危險了，不是嗎？如果我說得沒錯，那麼這種吹噓就是不公平的，你不該採取這種方法。

懂了吧？只要想像一下，你要建立一個正義的社會，但卻不知道你的選擇會如何影響你個人的利益。可以接受的欺騙就是在這種不知選擇結果為何的情況下，你可以接受的狀況，不能接受的欺騙就是你在這種情況下會反對的情況。下次當你想對別人胡亂吹噓時，請三思而後行。先想

註九　你應該把這個康德的修正版奉為金科玉律：用你希望別人對待你的方式去對待他人。遺憾的是，如果你碰巧是虐待狂，那麼這個主觀原則反而會變成你虐待他人的正當理由。不論如何，我的修正版本是建立在你能**合理地**容忍他人這個基礎上。它同時還包含了這條規則：會讓有意義的人際溝通受到破壞的吹噓，就是無法被接受的吹噓。

像你自己置身在無知之幕的後面，然後再做決定。

第三帖解藥：將想法和他人分享，遠離欺騙的界限

如果你正考慮做一件不可告人的事，先公開測試它吧！（塞內加〔Seneca〕、希瑟拉．博克〔Sissela Bok〕）

你也可以測試一下胡亂吹噓把你的人際關係污染到什麼程度，只要做一個客觀的污染分析即可。怎麼做呢？

方法之一是想像有一個人從你背後探頭過來看你在做什麼。斯多葛學派的哲學家塞內加的做法如下：

如果每個人都能擁有一個守護者陪伴自己，而且這個人是你所尊敬的，能讓你把他當成你的思想見證者，這無疑是件好事。如果你的生活能夠有一個好人時常關注你、陪伴在你身旁，你的生活肯定會更高尚。然而，如果你不管在做什麼事，都能想像好像真的有一個人在旁邊看著你，不管這個人是誰，那我就很滿意了；因為獨處會引誘我們做出各種壞事。

塞內加的重點是，當你認為沒人注意你、評斷你的行為時，你會比較容易欺騙他人。「獨處」，他說道，「會引誘我們做出各種壞事。」塞內加認為，這位旁觀者最好是一個能夠「常常陪伴在你身旁的好人」，不過他認為任何一個人也可以。當然，這表示你所想像的那個人不是奸詐狡猾之徒，而是至少不會輕易作奸犯科的一般人。

這個做法主要是讓你把隱藏的虛假意圖公開來，讓你的想法接受客觀的回饋。不過哲學家博克在她的經典著作《說謊》（*Lying*）一書中指出，那些習慣說謊以及其他欺騙方式的人，如果他們的唯一聽眾是自己的良心，或他們自己指派的、想像的旁觀者，他們通常很容易為自己的欺騙行為找到合理化的藉口。

雖然利用旁觀者的方法可能有用，而且在某些情況下也可能是唯一可行的公開測試法，博克還建議了另外兩個層次的公開檢視方法，可以讓你的決定更具客觀性。第二個層次是向真人而非想像的人徵詢意見，像是朋友、長輩、宗教領袖及德高望重者。如果你想用說謊的方式為自己脫身，你可以先跟一位親近的好友談談看，聽聽他的想法。大多數時候，透過向他人尋求回饋，你不但能夠更加清楚明白吹噓的不可取，還能得到珍貴的啟發，從而找到其他比欺騙風險更小的可行方案。

舉例來說，假設你想爭取一份工作並考慮吹噓自己的經歷。其實，你一定找得到更好的方式來陳述你的豐富經歷，而不必用說謊或誤導他人的方式來進行。例如，你可以對你擁有的技能多加著墨，像是溝通技巧、辦公室技巧等等，而不是你之前的受雇經歷（假設前者比後者更具說服力）。因為陳述事實的方法通常不止一種，你可以選擇對你最有利的方式來建構事實。只要你不扭曲你的資歷，你是用不著吹噓的。當然，用令人印象深刻的方式陳述事情，如何拿捏分寸才不至於變成愧對良心的欺騙扭曲，這是有理性界限的。透過將自己的想法和他人分享，你可讓自己避免踰越這條界限。

但即使你諮詢的對象經過精挑細選，偏見可能還是在所難免。所以，根據博克的看法，第三層次的公開性，是把諮詢對象的挑選擴大到「所有忠誠的人」。理想上，你挑選的對象應該包括那些可能很笨的人。

博克認為，這個層次的公開，對欺騙的**操作**非常有效，例如在政府裡，那些企圖瞞天過海的人都是受我們重託的人。最近有幾個例子，有效地（雖然是事後）利用公開的方法阻止了「政府」的吹噓胡扯，令人印象深刻。例如，當布希政府在二〇〇二年計劃成立一個「戰略影響辦公室」的事情被揭露後，它受到了大眾的檢視。這個組織改名叫「錯誤資訊辦公室」可能更恰當些，因為這個單位的唯一目的就是散發錯誤的資訊給國外的媒體機構，把他們當成操縱的對象。這件事情的揭露讓我們這個以誠實和信賴為立國基礎的國家，蒙上了虛偽的色彩。

政府高層吹噓的事還不只這樁：在二〇〇〇年初，布希政府拿了一大筆納稅人的錢給公關公司，目的是製作一系列「預先包裝的電視新聞」，天衣無縫地將政府宣傳植入各主要電視新聞網在各地分公司的新聞報導中。〔註十〕這些並未經確認的政府發言片段，在全國最大的幾個主要地區，包括紐約、洛杉磯、芝加哥，向數百萬人民放送。由公關公司和政府員工扮演新聞記者，讓觀眾誤以為這些片段是電視新聞網本身所播報的新聞。例如，在攻陷巴格達之後播出的一段影片，片中一位伊拉克裔美國人高興地說，「感謝布希，感謝美國。」企圖矇騙美國人，讓他們相信這歡欣鼓舞之情是伊拉克人民對美國出兵伊國的共同心聲。

二〇〇五年三月十三日，紐約時報在一篇標題為〈布希背後，一個預先包裝的電視新聞新紀元〉的文章揭發了這件事。儘管主流的媒體新聞網默不吭聲，前衛電台和網路上的部落格卻引爆熱烈討論。我承認我參加了好幾次廣播節目，嘗試將這件事傳播出去——包括和演員、也是廣播主持人珍尼恩·加羅法洛（Jeanamne Garofalo）在大蘋果的一場現場活動。〔註十一〕國會終於聽到了人民的怒吼，通過了一條法律，要求媒體告知觀眾這類罐裝「新聞」的來源。此外，二〇〇五年九月，美國政府責任辦公室宣佈，政府這類企圖利用欺騙的方法來左右選民的公共意見是違法的。不管華府這些人操弄民意時作何打算，他們的詭計是禁不起公開檢驗的。民主無法在真空中生存。它的人民需要被告知。

當你想騙人時，事前尋求回饋通常是讓你放棄這些詭計的好方法。「嗨，如果我對你吹噓胡扯而不是跟你說實話，你介意嗎？」這個問題通常是不會得到認同的。然而，除了制度上的例子（像政府機關）之外，在某些例子裡，和你想欺瞞的一方討論是否說實話可能是很有用的。例如，詢問你的父母，如果他們得了絕症，只剩下幾個月的生命，他們是否希望知道事實。大多數人都不願意被這類的診斷結果蒙在鼓裡，因為他們想自己決定如何過完剩下的日子。但在另一方面，對那些不想知道事實的人而言，事先沒有跟他們討論過這樣的可能性，便對他們隱瞞病情，

註十　其他更廣為人知的吹噓計劃就更不用說了，像是在媒體安插「冒牌」記者，如甘農（Jeff Gannon，又名古克特〔Jim Guckert〕）或威廉斯（Armstrong Williams），後者受雇於布希政府為其教育計劃「一個都不能少」（No Child Left Behind）宣傳。

註十一　這些內容出自我之前所編的一本討論媒體倫理的書。此書主要是討論新聞媒體和政府聯手散播造假事件的方式。參見 Cohen，*News Incorporated: Corporate Media Ownership and its Threat to Democracy* (New York: Prometheus Books, 2005)

也是不恰當的。

讓我們看看另外一個例子。夫妻雙方討論婚外情的欺騙行為也是很有幫助的。當兩個人彼此承諾一夫一妻的婚姻關係時，雙方都會譴責這種欺騙的行為是可以預期的。但為何彼此都譴責這種行為，以及如果自己遭到欺騙會有什麼感覺，互相分享自己的理由比表面上的反對要重要得多。只有透過深入的探討，夫妻雙方才能更加了解維持他們關係的價值所在。

令人遺憾的是，許多夫妻因為一時的性衝動而違背了自己的承諾，等到激情的烈火熄滅後才懊悔不已。如果遭到背叛的一方發現事實，他或她會有什麼感受？事情過後你有什麼感受？這件事對未來雙方的信任和對其他人，像小孩，會有什麼影響？當你的身體極度興奮，按捺不住跟對方上床的衝動時，清楚知道利害關係以及彼此的情緒感受，可以幫助你理性地克服這種衝動。

不可告人的關係，讓你處在一種不得不製造更多謊話來保住忠貞的表象：

「親愛的，你在跟誰講電話？」

「是打錯電話的啦。」

「但是親愛的，你聽起來像在說悄悄話。」

「我不想吵醒孩子。」

「你忘了嗎？小孩在我媽媽家。」

「喔，是的，沒錯。我只是……」

謊話通常會生出更多的謊話。兩人事先坦誠地討論欺騙對彼此關係的可能衝擊，應該會是很有效的預防針。

第四帖解藥：真誠的做自己，更容易成功

在對待他人時，要理性的揭露自己，而且要前後一致。（羅傑斯、亞里斯多德、沙特、尼采、海德格）

如我之前所提到的，吹噓會扭曲**信念**和意圖。例如，如果你用唱國歌來欺騙別人，讓他認為你很愛國，你同時還必須欺騙他，讓他認為**你自己**也相信你很愛國。所以，吹噓胡扯都是不真誠的。

另外一方面，真誠地表達你真正相信的事，是良好人際關係不可或缺的要素。有時，「你相信你所說的話」比「你所說的話是真話」還重要。一般人通常比較能夠接受做錯事但卻坦誠不欺的人，而不是那些口是心非的人。

吹噓胡扯通常都擺脫不了虛假的意味。一個虛假的人會扭曲自己——也就是你自己真正的想法——而不是外在世界。你之所以說某些話並不是你相信它，而是因為你認為它有助於達成你的目的。它會影響你的肢體語言，包括微笑、講話聲調、神態等等，它們都是為了達到某種效果而精心設計的，目的是為了操縱他人而不是表達你心中的真正感受。

我們之中不乏有人花了許多時間想盡辦法蒙蔽自我，利用各種手段獲得想要的東西，但事實

上，真誠的做自己反而更容易得到它們。我認識許多人——學生、個案和一些熟人——他們將自己真正的想法隱藏起來，躲在假客氣、假聰明、男子氣概的刻板印象、虛榮心，以及其他各式各樣能夠隱藏他們真實人格的面具下。你已經知道像沙特、尼采和海德格這類存在主義哲學家如何強調真誠，也就是活出真正的自我，而不是在虛假的偽裝下迷失自己。

已故的心理學家羅傑斯用「一致性」（congruence）來為這種存在的目的提供經驗的背書。根據羅傑斯的觀點，在一個治療的脈絡裡，治療師的一致性越高——真誠和實在——「不擺出專業的姿態或個人架子」，比較容易幫助個案產生建設性的改變和成長。更廣義地來說，在親子、伴侶、同事、師生這類人際關係裡，只有拋開虛假，強調真誠、不預設判斷的人際關係，建設性的改變和成長才有可能。

相反的，那些在公眾外表下隱藏真正自我的人，他們的人際關係很容易受阻。根據我自己的觀察，不管是在諮商室還是在外面，都印證了羅傑斯的說法。在超過二十五年的教學生涯裡，我發現當我採取開放、率直和自我揭露的態度時，學生的反應比較熱烈，當我採取比較防衛的姿態則否。我發現，因為我的「透明」（羅傑斯的用詞）讓學生可以看到我內心的想法，我的學生也變得更願意揭露自我、更願意信任他人、更樂意學習。

在另一方面，我也認識很多教授，他們躲在虛偽的專業外表下，很少揭露自己。這些老師通常比較不受學生歡迎，所以也不太可能是大多數學生所公認的「偉大教師」。

喜歡裝模作樣的老師——不管是說話時喜歡用誇張的語氣引經據典，或用精打細算、故作親切的態度和評論來對待學生——反而會降低學生參與課堂活動的意願，更無法激發學生主動學習的熱情，因為要不了多久學生就會看穿這些吹噓胡扯了。

但這並不表示，在你的人際關係中，你不管心裡想到什麼就一定要說出來。正如同羅傑斯所指出的，表裡一致並不是要你一股腦兒把所有想法都倒出來。有些事很顯然是不適合跟別人說的，而有些則是風馬牛不相及。亞里斯多德一定會這麼對我們說，適當程度的自我揭露應該是避免極端，不要揭露得太多，也不要揭露得太少。雖然沒什麼神奇的魔法可以保證你做到「中庸之道」，但要看出極端其實並沒那麼難。

吹噓胡扯不可取，不只是因為揭露得太少。最糟的是，它是虛偽的，而虛偽會破壞信任。不管是什麼樣的關係，只要涉及信任——有哪一種關係沒有呢？——保持真誠會讓你更容易成功。

第五帖解藥：只要實話實說就行了

問問你自己，若把眼光放遠一點，什麼樣的思考方式才是最一致的、才是上上之策。然後就照實說。（柏克萊主教〔Bishop George Berkeley〕、詹姆斯）

我在前面曾經提到，說謊是刻意對外在世界做出錯誤的陳述。說謊一般而言都是不好的吹噓，因為到頭來會讓你惹上麻煩。事實上總是有許多人浪費寶貴的時間，絞盡腦汁為自己的行為找藉口，其實他們只要實話實說就行了。我就發現，當你可以選擇說實話或說謊讓自己脫身時，前者不只讓你在面對進一步的質問時容易為自己辯解，同時也比較不會在最後給自己惹上麻煩。

真理的本質一直是哲學家長久以來思考的問題，但大家對真理的定義並沒有什麼基本的共識。儘管如此，真理勝過虛假，針對這點大家的看法並無二致。正如我前面所提到的，美國的實證主義學哲學家詹姆斯，用「兌現價值」來說明真理。他提到，真的信念如果不是因為它有「兌現價值」——亦即只要依據它來行動，你便能得到你所要的結果——我們也不會認為它值得擁有。它「是你思考的最佳方式，就像『對的』是我們信念的最高原則一樣。」真的信念能引導你到你想去的地方。

其他的哲學家如柏克萊主教則認為，真理是整個信念系統內各個信念的相互一致。柏克萊主教指出，真的觀念比假的觀念「存在更多的事實」，「也就是說，它比純粹由內心創造出來的東西更強而有力、更井然有序且前後一致。」就這個概念而言，兩個信念系統相互一致，是指這個信念能支持系統中的其他信念或被它們所支持。就像紙牌搭的房子一樣，系統裡的每一信念互相支撐彼此。舉例來說，我相信伊拉克目前有美國軍隊駐軍是真的，因為從媒體、網際網路、往來的電子郵件、學生、地方政壇、社群團體、精神領袖以及其他各種資訊來源，我的所見所聞都支持我這個信念，我的信念也支持了這資訊。事實上，要我相信在我撰寫本書時，伊拉克沒有戰事，這將會和我現在所相信的其他事情產生矛盾，而且就這些資訊本身相互支持的觀點來看，這也是極度不合理的。

真理以相互一致的方式存在，這正是為什麼說實話會比說謊話來得可行。如果你相信某件事是真的，你通常會預期你所發現的其他事情都會和這個信念相符。這也是為什麼真實的信念比錯誤的信念更有解釋力和預測力。

相反的，錯誤的宣稱是一個站不住腳的命題，因為它早晚都會和系統裡其他相互一致、共同組成真理的信念產生衝突。一個人說謊，很容易經由這種方式被發現，而說實話的人則比較容易受到證實。

真理的一致性正是為什麼真實的信念是如此有用的原因。柏克來自己就曾強調過這點：

它給我們某種遠見，引導我們為生活的利益而行動。失去了它，我們就會永遠迷失；因為我們不知道該如何行動，如何處理那些不可能為我們帶來幸福的事，或擺脫感官的痛苦。

所以實用主義和一致性的取向都認為，真理具有實用的價值，因為你可以用它來規範你的生活。

根據另一派廣受歡迎的哲學方法論的看法，真理不應該和一致性或為生活提供規範這件事相混淆。相反的，它是對**事實的完全符應**。根據這個學派的主要倡導者亞里斯多德的說法，

把既有的事實說成沒有，把沒有的事情說成有，就是假的；有的就說有，沒有的說沒有，就是真的。

根據這個觀點，真的信念就定義而言，就是和事實相符應，錯誤的信念就是和事實不符。所以，如果你相信印度有老虎，而印度**真的有老虎**，那麼你的信念就是真的；如果印度**沒有**老虎，那麼你的信念就是錯的。但注意了，真理的正式定義還是要靠你確定「什麼有」和「什麼沒

有」；也就是說，你還是必須確定事實是什麼。你要怎麼做呢？

你必須對你的信念進行**驗證**，就實證主義而言，驗證的方法就是依據它來行動，看看是否行得通。對採取一致性方法的人而言，則要看它是否和其他為真的信念相一致。所以，不管你所採取的理性方法為何，你都無法迴避真理的實用特質。

真理值得你追求。真實的信念為你提供一個一致的、可靠的架構，讓你在人生的旅途上找到**自己的**方向。說實話也讓你為他人——你的親人、朋友、同事等等——提供了這種值得信賴的架構。而且說實話的人不必為了圓一個謊而再說另一個謊，更不用擔心當謊言和真實相衝突時被揭穿的風險。正常的人際關係必須以信任做基礎。說謊是不值得取的吹噓方式，因為它破壞了信任。

第六帖解藥：失去了真誠，仁慈免不了要被自欺打敗

相信證據，而不是讓你感覺比較舒服的事。（羅素〔Bertrand Russell〕）

對別人說謊不是唯一的說謊方式，有時候甚至也不是最危險的一種。還有一種說謊的方式，即對**自己**說謊，企圖對自己隱藏事實，不願接受令人不快的事實，或放任自己用不公的方式對待他人，目的只是為了讓自己對某件事覺得好過些。這種方式一般稱之為**合理化**。

我並不是說合理化**一定**是壞事。有時候你可以為了讓自己好過些而小小的自我欺騙一下——「喔，我還真不希望他約我出去呢。」然而，當自欺變成一種習慣，就會很危險，尤其是當它涉及傷害自己或其他人，或是當你能夠學到重要教訓時。

人類的歷史充斥著許多利用自欺的方式來壓榨他人的例子。事實上，大多數的壓迫者就是透過自我欺騙的方式來合理化他們的壓迫性行為。例如，奴隸的主人總是告訴自己，黑人不是人；家暴者告訴自己，他們的配偶三生有幸才能受到他們的照顧；壓榨窮人的人認為這種人窮苦是活該的等等。許多戰爭都是因為自大、傲慢和權力欲望而引發的，而不是因為仔細地評估打贏的勝算和戰爭帶來的實際利益。馬克思有一句名言「宗教是人民的鴉片」，意思是那些對宗教「狂熱」的人，會低估他們的物質需求，如飲食、衣物和房屋，並合理化自己的行為，讓他們很容易成為別人利用的對象。

為了自私自利的目的，而用自欺的方式漠視他人的真正利益，這的確會讓你更容易苛待他人。當你為了取悅他人，而用自欺的方式告訴自己你的利益不重要，如此一來要放棄自己的幸福就簡單多了。例如，我就看過許多父母為了不知感恩圖報的兒女犧牲自己的幸福，卻不斷地告訴自己，他們的幸福不重要。

羅素就強調**真誠**對克服自欺的重要性。他說道：

> 真誠，我認為它的重要性僅次於仁慈，它代表相信證據，而不是因為你覺得比較自在或快樂而接受某種想法。失去了真誠，仁慈免不了要被自欺打敗。

相信證據而非讓你覺得比較舒服的事，你才能為自己，以及那些和你共同生活或工作的人創造更大的幸福。真誠意謂著，首先你要能堅定地捫心自問，你對自己夠坦誠嗎？或只是為自己的行為尋找合理化的藉口？這代表你在行動之前，必須強迫自己找到支持你立場的證據（註十二）。

縱容配偶酗酒的夫妻、為問題子女而自責的父母、用「這是為了他們好」而輕視、貶低他人的人、低估自己能力而死守著沒前途的工作、不求上進的人，他們寧可欺騙自己，也不願好好地用客觀的方法來看待證據。

我這裡所說的「證據」，並不是指百分之百確定的「證明」。如果我們在滿足於合理化的藉口之前，能夠採取這種完美主義的要求，這類自我欺騙的念頭根本沒機會在我們心中浮現。例如，你不用百分之百證明你有進步的能力，做父母的也不用百分之百的保證問題子女不是他們的責任。重點在於**合理的**相信，而不是百分之百的確定。後者只會讓你在原地打轉，自欺欺人。解放別人，也解放你自己。保持真誠，拜託！

第七帖解藥：只承認自己擁有的東西，不多也不少

在自我評量時，避免極端的自誇，也不要假謙虛；相反的，要爽快地展現真正的你。（亞里斯多德）

在評量自己時，要避免兩個常見的極端。第一是高估自己的成就——「自誇」，另一個則是低估自己的成就——「假謙虛」。亞里斯多德提到，愛吹噓的人會：

宣稱他擁有那些他不曾擁有的光榮事蹟，或聲稱自己擁有的比實際上的多；而假謙虛的人則

會聲稱他所擁有的沒有那麼多或小看它們；而了解中庸之道的人對事情會據實陳述，不管是生活或言談都誠實無欺，他只承認自己擁有的東西，不多也不少。

這兩種極端都是吹噓胡扯，因為都是欺騙的行為，雖然走的是完全相反的方向。但就像亞里斯多德所描述的，這兩種極端有許多不同的類型，端看目的而定。為了自誇而自誇——純粹因為喜歡造假而造假——根據亞里斯多德的說法，是徒勞無功的；反之，為了榮譽、名聲或報酬則更糟。他認為，為了榮譽和名聲而自誇，相對而言，不像金錢或其他可以帶來財富的事情那麼糟。例如，沒有醫師執照而執業的醫生，便冒了可能對他人造成嚴重傷害的危險。

而低估自己耀眼能力的假謙虛——「假惺惺」，亞里斯多德認為比低估其他比較不明顯的事情糟。一個打扮入時的人之所以貶低自己的穿著，可能是另一種自誇的方法。這種假惺惺之所以是一種欺騙，因為它刻意對某事作錯誤的宣稱來達到相反的效果。

這兩種極端不管是從操縱或欺騙的角度來看，都是浮誇不實的，我們應該努力避免。在亞里斯多德看來，對待真理的正確態度應該是愛它本身「高貴和值得讚許」的特質，而不是因為能透過它來達成其他不可告人的目的，我們要避免虛假，因為它是「惡劣且應受譴責的」。這種真理觀**並不會**和實證論重視真理的實用概念相抵觸。畢竟，重視真理本身的價值，**同時**重視它的實用價值並不會互相矛盾。

註十二　本書第十一章會針對「相信證據而非你的信念」做更進一步的討論。

【第八章】與他人接觸：對治「世界以我為中心」的想法

我在前一章曾談到真理符應說，這是一種相當普遍且廣為流行的真理定義，根據這派學說的看法，信念和現實（事實）相符即為真。另外還有一種完全相反的真理觀，也是許多人與他人相處時所採用的觀點。這種觀點將真理符應說的定義完全顛倒過來，如果某件事是真的——是事實或是正確的——則它必須符合你的信念。根據這種觀點，不是你的信念要和現實相符才為真，相反的，是現實必須符合你的信念才算數。

如果你相信某件事是真的、假的、對的、錯的、好的、壞的，或不好不壞，那麼事實就是這樣，你是事實的決定者。不是你向事實低頭，而是事實向你俯首。如果你相信晚餐要吃牛肉，那麼晚餐就應該吃牛肉——不只對你如此，對全世界的人都一樣。你的品味是所有人的準則。如果你認為二手煙根本無害，那麼你就可以在任何地方抽煙，在你的車裡、家裡、辦公室裡，即使有人不喜歡，也只能在你的現實世界裡被你的二手煙污染——因為這是唯一為真的事實。如果你喜歡驚悚動作片，討厭浪漫喜劇片，那麼只有驚悚動作片才夠酷，浪漫喜劇片遜斃了，而且其他人一定要附和你的看法，假使他還有點常識，知道什麼是價值的話。如果你認為男同志都是荒淫的戀童色情狂（或是他們比異性戀的男性溫柔），如果你認為豪宅和拉風的跑車（或是擁有專業技能的工作、接受大學教育等等）代表成功，如果你認為基督教（或回教、猶太教、佛教、印度教等等）才是唯一正統的宗教，而且只有你才是對的，其他人都是錯的。在這種觀點裡，事實是沒得商量的，你說了算。當然，如果別人同意你的看法，或你能透過「理性」的論證讓別人接受你的思考方式，那就沒什麼好說的。

這種宣告真理的規則是這麼訂的：

世界以我為中心：如果你相信（或不相信）某件事，則你所相信的就是真的（或假的），而且它是唯一為真的事實。因此每個人都應該接受你的信念。

要找出這個規則的漏洞不難。你並不比別人更有資格斷定事實，世界卻要以你為中心。當你採用了這條規則，你忽略了證明外在世界的信念是要有真憑實據的，你片面認定自己具有某種特殊的權威，從而將個人的偏好和價值判斷投射到客觀的外在世界，要求別人跟著遵守。

反駁：你對外在世界的個人偏好、品味和信念，包括你的世界觀和價值判斷，不能因為他們是你的信念，便能證明為真。例如，有什麼可以證明你偏好的驚悚動作片比別人喜歡的浪漫文藝片好？你喜歡抽煙並不代表別人吸你的二手煙有益健康。這是以經驗為依據的事情，不是單憑你宣稱何者為真就算數。這個觀點同時也顯示了一種雙重標準，對你自己一套，對待別人又是另一套。你可以不同意別人的看法，但卻希望別人接受你的觀點。這和其他如種族歧視這類非理性的偏見，在原則上並無不同。在種族歧視中，人為的區別——即是否為同一種族——是差別待遇的唯一標準。

化解「世界以我為中心」的解藥

第一帖解藥：尋找人的相似性

和他人相處時，透過追求全體人類的共同利益和目標，來超越自我本位的想法。（路易士〔C.I. Lewis〕）

人類的感覺有很大一部分是自我中心的。我覺得門前草坪上的橡膠樹枝葉茂盛，這是我對這棵樹的獨特感受。這種感受無疑是透過一組共通的概念而來，否則別人就無法同意我感受到的對象是一棵樹。但我的主觀感受可能和你的有所出入。例如，吸引我注意的是它茂盛的枝葉越過了鄰居的院子，這點是受我個人特定的價值和利益影響的結果，未必和你的感受全然相同，因為那是我的樹，不是你的。我可能會用應該修剪它的觀點來看待這棵樹，而你可能一點也不在意它是否侵犯了我鄰居的土地。

我們難免會陷入自我主義的侷限中，這也是為什麼我們會傾向用自己的目的和價值來詮釋外在世界。但過度強調彼此的差異是危險的。我是個哲學家，我對事情的感受源自於我所受的哲學訓練。但我畢竟只是一個人，我對事物的基本關注和你是一樣的。哲學家路易士就曾指出：

我們對事情的看法可能因人而異，在某個程度上事實證明的確也是如此，但即使是這樣，你能分辨基本的差異，別人也同樣可以，尤其是當這些差異和關係和我們的主要目的息息相關時，因為當我們根據外在環境來調整我們的行為時，分辨這些差異實際上可以說是最重要的，所以即使不同的人，做出的反應也是類似的。

所以，雖然我們前草坪上的樹不是你的，但你還是知道干擾別人是要負責的。

生存無疑是人類最根本的目的。當它受到威脅時，我們都有察覺危險的能力和類似的自衛模式。人會餓，餓了就要吃。我們都知道飢餓的感覺。當我們的腸子滿了，膀胱漲了，就會想上廁所。我們都知道大小便的感覺，是的，還有那種終於解放後鬆了一口氣的感覺。我們都知道太熱、太冷、生病、昏昏欲睡是什麼感覺，面對這些人類共同的狀況，我們的行為反應都很類似。一般人都喜歡友誼、學習和靈性的邂逅，雖然我們滿足這些欲望的方式可能有所不同，但目的並沒有太大的差別，當我們在實踐的過程中遇到困難時，我們的反應也很類似。

雖然我們並不相同，但在許多重要的地方卻很相似。尋找相似性可以幫助你克服只用自己的觀點來詮釋現實的傾向，才不致忽略他人的利益、希望和價值。告訴一個不喜歡壽司的人他沒品味，跟他告訴你喜歡壽司才是沒品味一樣，兩者沒什麼不同。重點在於，我們都喜歡吃我們覺得好吃的東西。我們喜歡的食物可能不同，但我們都喜歡自己喜愛的東西，這種傾向是一樣的。

第二帖解藥：道德生活的本質，是一種成全他人的滿足

善用你的關懷和同理心，讓你人際關係中的善行、友誼和感恩等人類德行提升到更高的道德層次。（休姆）

因為我們都是人，有相同的利益和目的，所以當他人的利益和目的受挫時，我們也能對這些困境產生同理心。事實上，對哲學家休姆而言，道德就是源自人類這種普遍的情感：

沒有任何特質比善行、人道、友誼、感恩、親情、公益精神，以及對他人的同情和對全體人類的慷慨關懷，更稱得上是人類最普遍的善的意志，而值得嘉許。

在休姆看來，正是這種對人類同胞的關愛創造了友誼，讓我們能在他人需要時伸出援手；讓我們能對他人的善意心存感激；賦予我們愛的能力；讓我們拋棄狹隘和自私，追求公共利益以及各種德行生活。

人類因為有共同的目的聯繫，所以我們不但能感受別人的悲傷、挫折、失望，也能體會他們克服重大困難時的快樂和喜悅。這也是為什麼敘述人類不幸的電影和新聞總會叫人傷心落淚，而描寫克服重大困難的作品則會讓我們心情振奮。你不一定要窮途潦倒，才能了解失去家庭、工作，流落街頭的感覺。你是人，所以你知道如果這種情況發生在自己身上，會作何感受。

拒絕關心別人不難，你總是可以找到藉口：「我們為什麼要為無家可歸的人感到難過？那是他們的錯。」當你用這種方式把自己和別人的苦難隔離開來，就會很容易忽略自己的人性弱點。曾經潦倒的經驗能幫你產生共鳴，這是肯定的。我曾在很潦倒時，湊銅板只為了買幾加侖的油繼續上路，我也知道排隊買麵包的感受。但有很多事是我不曾親身經歷過的。我不曾被賣去當奴隸，但我懂得珍惜我的自由，而且完全可以想像當我的自主權被剝奪時是怎麼回事。我不曾體驗過身為伊拉克人飽受戰火蹂躪是什麼感受，但我珍惜我和家人的生命，而且我能想像，生活在那種苦難的環境中是什麼感覺（雖然我承認，我的想像不可能像親身經歷那般生動）。

先師哈特曾強調，在追求個人幸福的過程中，自己的利益和願望必須要能和他人的和諧共存：

> 道德生活的本質，是一種成全他人的滿足。不顧他人感受、犧牲別人的願望來滿足自己的需求、將自己的快樂建築在別人的痛苦上、讓自己的特權變成他人的負擔，這些顯然都是不道德的行為……共同生活最迫切的原則就是化解相互衝突的希望和利益。

哈特這段話，明白指出個人和他人利益必須和諧共存的重要性。在我們生活的世界裡，你要能顧及別人的利益，別人才會顧及你的。這種互惠原則是人類賴以獲得幸福——你的以及他人的幸福——的實質條件。

我曾在別處談到道德的敏銳性，意思是關心他人的福祉（welfare）、利益（interests）和需要（needs）——我自創了一個詞，叫WIN標準。你當然可以一輩子只關心自己的福祉、利益和需要，但除非你能用心關懷他人的福祉、利益和需要，否則你就缺乏休姆慷慨指出的道德存有之要件，你的人生將沒有友誼、博愛、關懷、感恩、公益精神及其他各種德性。我知道我不會選擇這樣的人生，否則我不過是徒具人類軀殼而已。我知道你也一樣。我知道，因為你和我非常相像，我們都是人。

第三帖解藥：努力感受世界，但不要迷失自己

與人相處時，要有勇氣探究他人言談中的真理。（瑪莉．貝蘭基〔Mary Belenky〕、布林絲．克林奇〔Blythe Clinchy〕、布伯、羅傑斯）

貝蘭基和克林奇等女性主義思想家，區分了兩種對他人的苦難產生共鳴的方法。這兩種方法分別是「個別的」（separate）認識和「關聯的」（connected）認識。

個別的認識事實上就是哲學家所採用的傳統認識法。這種尋求真理的方法論採取的是批判和謹慎的邏輯分析，每一步驟都要求實證。這也是蘇格拉底追求真理的方法，即提出批判性的問題，加以反省，並利用反例嘗試找出錯誤。這是一種以**懷疑**為策略來發掘真理的方法。本章稍後，我將會談到笛卡兒如何運用懷疑做為尋找真理的方法。他獲取知識的方法就是從這個傳統承襲而來。本書所介紹的邏輯治療法也使用個別的認識。不過，如你所見，邏輯治療法同樣也使用關聯的認識。

和個別的認識相反，關聯的認識重點不在區分事情，加以分析，再指出別人言談中的錯誤；而是嘗試相信別人所說的話，發掘別人言談中的真理並了解它。

關聯的認識並非單純地要你相信你最容易相信的事，亦即那些你早已堅信不移的事。相反的，它要你克服懷疑別人言談可信度的傾向。它要求你控制你的意志，認同別人所說的話而不是去測試它。

關聯的認識對共鳴的產生是不可或缺的。你和別人相處時如果總是帶著懷疑和不信任的態度，你的主觀世界自然就會和別人產生隔閡。要產生同理心，你就必須站在別人的主觀立場思考，產生依附之情，而不是疏離之感。懷疑會讓你和對方**疏離**；反之，信任則會讓你和別人**接近**。這並不是要你採取和「世界以我為中心」完全相反的另一個極端，在別人身上迷失自己。正因為擔心這種過度的依附，布伯反對用「共鳴」這個詞，因為對他而言，這個字隱含了「在體會他人的過程中迷失自己」。相反的，布伯強調在體會他人的過程中，「不因感受的世界而失去自己的世界」。儘管如此，還是有許多思想家能夠有意義地討論共鳴，並謹記布伯的告誡。例如對羅傑斯而言，共鳴的意思就是把對方的世界當成自己的世界來感受，但卻能保有「宛如」的特質。這意謂著盡可能地接近對方的主體性，但卻不因此而迷失自己。相反的，你也可能因為過於自我沉溺而失去和他人的聯繫。

第四帖解藥：運用你的意志力，保持中庸

在嘗試和他人相處時，避免兩種極端：距離太近，過度投入感情而和自己的實際利益產生衝

突，以及距離太遠，造成感情上的疏離。（布洛〔Edward Bullough〕、亞里斯多德）

一個哲學家在某個領域的著作經常可以用來處理另一個不同領域的問題。在這裡，我採用了布洛探討藝術哲學的論點來闡述關聯認識。在一部討論藝術作品之關聯的重要著作中，這位哲學家提出了保持「心理距離」的概念。他指出，這種關係：

並不是那種不帶個人感情、純粹知性的關係。相反的，它描述的是一種人際關係，經常帶有高度的感情色彩，但卻保有一種獨特的性質。這種獨特性之所以存在，是因為關係中的個人特色被過濾掉了。

布洛這裡所說的過濾是一種實際的篩選功能，它能在你嘗試和他人相處時，將你自己的實際利益阻擋下來。布洛舉了一個例子：

假設有個人，他自認為有充分的理由懷疑妻子不忠，當他在觀看「奧賽羅」的演出時，他的經驗和感受和奧賽羅越相似，他就越能體會劇中主角的處境、行為和個性——根據一致性原則〔註一〕，他至少應該會有類似的體會。就事實的角度來看，他可能一點也不喜歡這齣戲。事實上，一致性只會讓他更加強烈地意識到自己的猜疑。突如其來的知覺反轉，讓他看到的不再是奧賽羅被黛絲德蒙娜背叛，而是自己和妻子的類似情況。觀點逆轉正是距離消失的結果。

同樣的，當你用自己的感覺、經驗和別人接觸時，你必須小心，不要到頭來反而讓自己陷入和同情的對象相同的處境，否則，你將失去和他接觸的機會，因為你的焦點將從對方轉移到自己身上。當你和對方的距離消失了，你也無法再去了解他所說的話。

布洛對知覺反轉所提供的這帖解藥，讓我們避免了距離太近和太遠這兩種極端。因為距離太近，你只看到自己，看不到別人。相反的，距離太遠則讓你無法在感情上接近到足以了解對方的地步。這無非是用純粹的、知性的、不帶感情的方式來觀賞奧賽羅。

事實上，距離有不同的等級，關鍵在於盡可能在感情上接近對方的處境。這是另一個亞里斯多德「中庸之道」的好例子，也就是自己去找出介於過度接近和過度疏離的方式。避免極端沒什麼標準方法，大致上要靠你保持距離的能力。如我之前提到的，這必須運用你的意志力，鼓起勇氣去克服你的懷疑傾向，從而避免自己過度疏離。但在此同時，你必須在相當大的程度上，拋開那些會刺激你將焦點從別人身上，轉移到自己身上的個人欲望和利益。

這並不是說，設身處地去體會別人的處境全靠直覺。有人認為共鳴純粹是情緒而必須排除認知，這種觀點其實是一種迷思。例如，當你知道某個人的妻子因不敵癌症的無情折磨而過世，這

註一　一致性原則（principle of concordance）是指，當角色的感情和經驗與你的個人感情經驗越接近，你受感染的程度就會越高。

個人一直陪在太太身邊照顧她，直到她嚥下最後一口氣，你知道這對夫妻自十幾歲認識後便形影不離，他們還有三個小孩。了解這些事實以及此人的往事和處境，會讓你跟他產生聯繫和共鳴。反之，只是跟著他哀泣，並無法幫助你和此人產生聯繫，因為這不是移情的**體會**，而只是情緒上的**知曉**。

這也不是說，為了保持適當的距離，你不該在產生共鳴的同時帶入自己的經驗和感情。它只是強調，你不該被自己的經驗和感情牽著鼻子走，而有損你將焦點集中在對方而非自己身上的能力。我說過，這裡頭沒什麼數學公式，你必須了解，過度沉溺在自己的情緒會破壞你和別人相處的能力，這是最重要的。

我雖然強調以關聯的認識做為化解「世界以我為中心」的謬見，但我並未因此貶低個別的認識在邏輯治療裡的重要性。和關聯的認識一樣，個別的認識並不只是自掃門前雪。以邏輯為基礎的治療是透過非佔有的努力，同心協力找出事實。個別的認識在以邏輯為基礎的治療方法中，是透過邏輯分析來運用個別的知識，揭露並駁斥那些「推論出自我毀滅的情緒和行為」的不合理前提。

當哲學家在一起討論哲學時，他們基本上並不是為了跟同僚廝殺，像獵人為了獸皮而打獵一般，而比較像是「我們都是為了真理而來，我們都是真理的追求者」。但即使如此，哲學家畢竟還是人，有些哲學家似乎比較熱衷攻擊對手的漏洞，讓他們流血致死，而不是把漏洞補好。這些哲學家對付才智上的對手，就像一群食人魚面對一塊肉。他們通常都是很有天賦的知性殺手，能用打帶跑的方式發動攻擊。以邏輯為基礎的治療並不是打帶跑的哲學；相反的，它深受治學嚴謹的古代哲人如柏拉圖、亞里斯多德、康德，以及許多本書提到的哲學家的啟發。這些哲學家並不只滿足於提出問題——何謂知識？何謂真理？身體與心理的關係為何？什麼是正直的行為？他們更運用每分聰明才智為這些問題提供解答。

重點是，當你採用以邏輯為基礎的治療時，你有時會同時使用到個別的認識和關聯的認識這兩種方法，並來回交叉運用。在處理生活問題的過程中區分這些程序，某種程度上是刻意的。有時你必須透過懷疑的方式將自己分離出來，有時則須利用信賴的態度和別人相處。兩者都需要意志力的協助，兩者也都會帶來正面的效果。要克服世界以你為中心的傾向，你必須勉強自己和別人接觸。但這並不表示，和別人產生共鳴就能解決你的問題。你還必須運用你在共鳴過程中的領悟，尋求合理、公正的解決方法。而這基本上必須借助邏輯的分析，也就是個別的認識。

第五帖解藥：承認別人的存在，認真看待他們

你若真的不想偈限在自我的主觀中，那麼你就必須承認別人的存在：認真看待他們的欲望、價值、喜好和信念。（笛卡兒）

我在前面提到，十七世紀的哲學家笛卡兒是個別認識的典範。他的艱鉅任務是利用數學家「透過公理證明定理的方法」來證明外在世界。他相信，如果他能從懷疑任何有理由懷疑的事情開始，最後能夠找到無可懷疑的東西，那麼他就能將之視為公理（起點），並用它來證明世界上的其他東西。

為了協助自己找到這個無可懷疑的東西，他假設了一個法力無邊的惡魔欺騙他，讓他相信一般人對外在世界堅信不移的東西。〔註二〕笛卡兒從這裡出發，尋找一個即使是這邪惡的魔鬼也無法欺騙他的東西，他如是說到：

> 我剛說服自己相信這個世界什麼都不存在，沒有天空，沒有大地，沒有心靈，沒有身體；那麼我是否能藉此說服我自己我並不存在？一點也不……隨便他（那個惡魔）怎麼欺騙我，他永遠不能讓我消失，因為只要我思考，我就存在……我最後一定會得到這個定理：**我是，我存在（I am, I exist）**，每當我如是聲稱，或在我心中如是想時，它就必然為真。

透過此一洞察力，笛卡兒將自己從**絕對的**懷疑主義中解放出來。身為哲學家，只要他認為自己存在，他就能確定他存在。他的存在宛如一道明光，透過思考向他顯現。在思考自己存在的同時，他也賦予了自己存在。只要他思考，他存在的這個定理便是明確而不容置疑的。

想知道笛卡兒到底在說些什麼？試試這個小小的思考實驗即可。試著懷疑自己的存在，不斷告訴自己你不存在，連說五次「我不存在」。當你這麼說，同時要努力相信它。結果如何？你越是告訴自己你不存在，你的存在越是顯而易見。

反之，試著懷疑我（本書作者）的存在。不難，對吧？沒錯，你可以懷疑**我**的存在，但卻無法懷疑你自己的存在。畢竟，你的存在會透過你的思考向你顯現，但我的（或任何其他人的）存在卻不會。結論是，在你的世界裡，你的存在比我的存在佔據了更中心的位置。畢竟透過你的思考向你展現的是你自己的存在，而不是任何其他人的。你的世界中心是你，而不是我或任何其他人。因此，從你的主觀觀點要比從我的觀點更容易讓你認為**自己的**信念比較真實、比較重要，也容易讓你因為自己而忽略別人，將自己放在第一順位，並自認為自己是世界的中心。

是的，當笛卡兒證明了自己的存在之後，他接著嘗試證明世界其他事物的存在。首先，他試著從他的存在推論出上帝的存在，然後再利用上帝的至善做為所有受造物存在的保證。因為上帝是善的存有，如果外在世界並不存在，上帝不會欺騙我們，讓我們相信外在世界是存在的。〔註三〕

笛卡兒顯然不想被困在一個只有他自己存在的假設世界裡。對笛卡兒而言，擺脫這種世界不只是哲學上的挑戰，還有很實際的理由。只要想想活在這種世界的感覺你就會明白。你將是自我心靈的囚犯，無法聽信別人的判斷，也無法相信任何有關外在世界的判斷。這將是一個孤立而貧乏的世界，沒有其他合理的、不一樣的觀點。這個世界將會完全以你為中心而旋轉。你希望生活在這種以自我為中心的世界裡嗎？如果你和我一樣，你會寧可死了算了。

我並不是說，世界以我為中心的想法一定要走到這麼極端。其實你不必真的否認其他的人、事、物，也能產生這種想法。事實上這只是程度的不同而已，並無種類上的差別。只要你認定你

註二　我要特別聲明，笛卡兒並不是偏執妄想狂。他並不是真的相信有一個法力無邊的惡魔在欺騙他。這只是他用來建構其懷疑方法的工具。

註三　遺憾的是，大多數哲學家都不認為笛卡兒的任務是成功的。因為他顯然需要以上帝的存在做基礎，來證明其他的事情，包括證明上帝存在。但這會變成一種循環論證。

是世界的中心——我們每個人多少都有這樣的想法——你就不會全盤接受外在事實。如果你不想活在這樣的世界裡，就要多加關心別人的主觀世界才行。不要以是否合乎你的想法和希望來認定外在事實，相反的，你要讓外在事實獨立存在。如此才能為這個世界增添繽紛色彩，否則它只不過是個不適合人類居住的貧乏世界。

第六帖解藥：不要再做夢了，去感受真實世界吧

如果你相信外在世界真的存在，人生不只是一場夢而已，那麼你就要尋找超越自我主觀的真理，否則你只是在做夢而已。（柏克萊、休姆）

笛卡兒不是唯一希望確認外在世界的存在，擺脫世界以我為中心這種謬見的人，即使是最會懷疑的哲學家休姆也不得不承認，實際上相信外在事實有其必要性。

柏克萊主教雖然將外在世界化約為觀念的集合，但他還是找到了一個方法，用來區別反映外在世界的真實觀念和非反映外在世界的觀念。如果外在世界的存在與否完全仰賴你對它們的感知，那麼只要你一閉上眼睛，它們就不復存在。柏克萊主教並不想活在這種人類不宜的世界裡，所以他做了一件只要是值得世人尊敬的主教都會做的事：向上帝求助。客觀的事實不會因人類停止對它的感知而消失，因為上帝是無所不在的、是最偉大的感知者，這部神聖的攝影機會讓事實的影片不斷播放下去。所以你放進冰箱裡的牛奶不會因為你關上冰箱而消失。為什麼？因為上帝仍然感知到它的存在。〔註四〕你能分辨夢境和真實感受的不同。為什麼？因為上帝感知到你的真

實感受，而你的夢只是存在你自己的心中而已。我們再次因上帝而得救。〔註五〕

對洛克而言，外在世界的存在雖不確定，但它絕對「不只是或然性」而已。洛克說道：「下列證據讓我們免於懷疑：當我問某人，他白天看到太陽和晚上想著太陽，當他實際嚐到苦艾或聞到玫瑰，跟只是想像它們的味道和香氣，他怎會不明瞭這兩種感受的不同？」對於他的批評者聲稱，「我們認為是真的事情，可能只是在做夢而已。」洛克反駁道：「我是否能消除他的疑慮一點也不重要：如果萬事只是一場夢，推理和論證就毫無用處，真理和知識也不重要。」因為正如這位哲學家所說的，夢裡根本不需要理性論證、真理和知識。你相信理性論證、真理和知識嗎？

註四 柏克萊的立場可以用下面的這首打油詩來呈現，一位年輕人說：

「上帝一定會覺得很奇怪
因為他要讓這棵樹
一直在這裡存在
即使院子裡一個人也沒有。」
回答：
「親愛的先生：你的驚訝才奇怪
我一直都在院子裡。
這就是為什麼這棵樹
一直在這裡，
因為它是由你敬愛的上帝持續感知的。」

註五 記得嗎？笛卡兒也曾把上帝請出來解救外在世界。

如果是，那就從你的睡夢中醒來，展開雙手迎接外在世界吧。

第七帖解藥：不要只滿足於井底之蛙的世界

不要把你自以為是的價值、喜好和欲望，和它們實際就是真理給混淆。（齊桑姆〔Roderic M. Chisholm〕、笛卡兒）

正如我在前面提到的，在笛卡兒嘗試以懷疑（個別的認識）的方式獲得知識的過程中，他的存在向他顯現。他無法懷疑自己的存在，也無法懷疑自己的懷疑。當你越是懷疑自己的懷疑，你擁有懷疑的能力就越明顯。情況開始變得複雜起來。如果你相信某事，「你相信某事」這件事怎麼可能會錯？這裡必須注意你所相信的**某事**和**你相信某事**兩者的差別。如果你相信今天是星期一，你所**相信的事**有可能是錯的，因為今天可能不是星期一。但你**相信**今天是星期一怎麼可能會錯？所以必定有些事是除了你之外，沒有任何其他人有辦法知道的，那就是**你的**思想。至少對這些思想而言，世界顯然是以你為中心的。

我已過世的指導教授齊桑姆曾將一個人的所思、所信稱之為「直接明顯的」，根據齊桑姆的觀點，只要符合下列定義即是直接明顯的：

> 我認為a是F是明顯的，我的證據就是a是F這個事實。〔註六〕

例如，我**相信**伊拉克目前有戰事，這對我而言是直接明顯的。因為我相信此事的證據就是我**相信它**這個事實。反之，伊拉克**真的有**戰爭，這對我並不是立即明顯的，因為這個陳述和我的思想無關，而是跟外在世界有關，所以我必須要有進一步的證據才能證明它，例如我聽到許多政治人物和記者對這場戰爭的報導。同樣的，如果你相信你覺得冷，你就是真的覺得冷；如果你覺得頭暈，你就是真的頭暈。以此類推，你可以知道自己的欲望和喜好，但若因此聲稱你的欲望和喜好優於別人的，這就差遠了。你有權決定你相信它們比較好，但它們實際上是否真的比較好，對你並不是立即明顯的。所以對你是立即明顯的事是很有限的——事實上，它只限於你自己的存在和思想，而不包含任何其他人的。

至少笛卡兒是這麼認為。笛卡兒的結論如下：如果你要求世界以你為中心，你就只能滿足於一己的情緒、感受、欲望、信念、喜好，以及其他你內在世界裡的心理事件。別把它們和外在世界搞混了。對於後者，你並不比別人更接近它。

第八帖解藥：戴上道德的眼鏡，人就能分辨是非對錯

既然世界以我為中心無法成為放諸四海皆準的普遍律則，那就放棄它吧！（康德）

註六　相反的，如果你相信「你真的很生氣」，這又是另一回事。因為「生氣」包含了你身體上的行為變化和心理變化，而這些變化對你而言並不是立即明顯的。當然，如果你認為你真的很生氣，那麼至少你是真的這麼「認為」。

事實上，人類的心靈對於外在世界似乎與生俱來就有一種相同的標準感知能力。在康德看來，人的心靈有一種能將感官的原始資料轉化成知識概念的能力：例如，人類透過時間和空間來辨別事物，所以你對那邊那張桌子的感覺是存在於特定時空中的。這就好像你戴了一付能將你經驗到的資料轉化為外在事物的眼鏡。因此，外在世界是由兩個部分構成的：感官的原始資料和心靈的先天概念。對康德而言，沒有感官經驗的概念是「空洞的」，沒有概念的經驗則是「盲目的」。我們感官經驗的內容經由概念轉化成外在世界的形式。沒有內容的形式是空洞的，沒有形式的內容是盲目的。

康德同時也認為，人類是透過道德概念這個標準配備來感知實際事物。我在第七章曾經提到，康德認為人類的理智會命令我們以「所有人都能奉行不悖的方式」來行動。回想一下，他用命令的方式要求我們，「運用你的意志，將你據以行動的法則當作像普遍的道德律則一般來奉行」。所以只要戴上道德的眼鏡：人就能分辨是非對錯，只要看看他行為規則的法則是否能轉變成「普遍律則」，即是否能讓每個人據以行動而不互相矛盾即可。

最重要的是，如果世界以你為中心，那麼你的法則便是別人碰不得的。事實上這也正是世界以你為中心的意思：你只允許自己是例外。舉個例子來說，如果世界以你為中心，當你相信人類不用為全球暖化負責，你就是對的，而其他所有和你看法相左的人都是錯的。你期望他人的信念和你一樣，但你卻未必接受別人的信念。換言之，世界以我為中心的律則是無法像普遍法則一般被實踐而不產生矛盾的。所以對康德而言，如果你接受這種行動法則，那麼你的道德知識就是有瑕疵的。

康德是對的，當別人不得不屈從於你的規則時，你可以想像他們會多不滿。他們可能會用一些不太好聽的字眼形容你：虛偽、心胸狹隘、自私自利。你希望自己的信念——喜好、價值、欲望——被那些自以為是的人不屑一顧嗎？我懷疑！

第九帖解藥：避免固執及容忍的兩個極端

盡可能以理性的包容態度化解彼此的歧見。（露絲．潘乃德〔Ruth Benedict〕、梅爾維爾．賀斯科維茲〔Melville Herskovits〕、蘇格拉底、亞里斯多德、阿奎納、克萊德．克魯洪〔Clyde Kluckhohn〕）

放任自己的欲望，忽略別人的喜好和價值是一種很嚴重的道德瑕疵。它會讓我們無法尊重並包容彼此的差異。不同的文化對許多事情的是非對錯顯然是有分歧的。例如，在荷蘭，多數人都接受安樂死，而且它是合法的。但在美國，安樂死是非法的，且無法為大眾所接受。即使在特定的文化裡，人與人之間還是存在許多歧見。例如，美國人很強調上帝和宗教，但不虔誠的人仍所在多有，有些人則根本不信上帝。然而我們不能因為這些歧見就否定我們仍有意見一致的時候。例如，我們大多數人，不管是有神論者或無神論者，都會同意殺人或傷害他人是錯的，除非對方直接威脅到我們或親人的生命。人類學家潘乃德說過：

> 承認文化的相對性本身就有其價值……（承認它）我們將能獲得一個比較務實的社會信念，

用它做為希望的基石，以及包容不同生活方式與和平共存的新基礎，因為不同的生活方式是人類利用生存的素材為自己打造的。

不同背景的人對這些「生存的素材」可能會有不同的詮釋。根據賀斯科維茲的解釋：「經驗是判斷的基礎，而每個人會用他所處的文化來詮釋自己的經驗」。你一旦認為自己所處的文化優於他人，你就可能開始忽視他人的價值和喜好。

不過，潘乃德和賀斯科維茲這些人類學家對「凡事皆是相對的」這個古老的哲學傳統卻不表贊同。事實上，蘇格拉底更是窮其一生致力反駁他那個時代的詭辯學家，這些人全都是些頑固的相對論者。根據深具影響力的詭辯學家普羅達哥拉斯的看法，「人是萬物的尺度」。蘇格拉底的看法和這種論點相反，他認為真理是獨立於人類的文化信念。例如，就他來看，我們不能因為政府或整個文化認可虐待戰俘，就認為這種行為是公正的。蘇格拉底肯定會譴責美國對待阿布葛瑞戰俘的方式是不公的。

固執愚昧以及凡事容忍是我們必須避免的兩個極端。亞里斯多德肯定會提醒你，在實際做決定時，真理通常存在於兩個極端之間，某些事到底該不該容忍，是有合理的限度的。

不幸的是，當世界以你為中心時，這種合理的界限便消失了，即使界限存在，你把它套用到自己身上你也會受不了。如果你偏好浪漫喜劇片，而你的另一半喜歡動作驚悚片，兩者之間並無任何理性的標準可以有效證明你的偏好比較優。另一方面，如果你的另一半想不買票而溜進電影院，而你卻不願意，在這種情況下，你是有理性標準可以支持你的拒絕的。不幸的是，如果你對待第一個例子的方式和第二個一樣，你將無法尊重合理的容忍界限。

這種容忍不一定都是好事。例如，容忍希特勒一己的偏好就不是件好事。和所有其他原則一樣，容忍並不是絕對的，它有其合理的限制。合理的容忍是在理性標準的限制內，包容他人的觀點，這些標準必須是身為理性動物的你，也願意套用在自己身上的。〔註七〕容我再次重申，合理的容忍表示你願意尊重你的另一半偏好動作片的權利，但它並不賦予你偷偷溜進電影院看免費電影的權利。

在討論道德如何為立法提供**合理的容忍**時，阿奎納詳細地闡述了支持合理容忍背後的主要觀念。在他著名的《法論》中，阿奎納區分了「自然法的裁定」(determinations of natural law) 和自然法的「推論」(deductions)。這裡所謂的「自然法」，是指超越文化的普遍道德原則，也是人為法的根據。例如，根據自然法，傷害他人是不對的，從這裡你可以推論出殺人行為是錯的。〔註八〕此外，他還提到另一條自然律，作惡之人應受懲罰，雖然這條律則並未陳述應**如何**懲罰壞人。根據阿奎納的說法，這是自然律的「裁定」。換言之，它是可以有不同詮釋的。例如，立法者可以辯論超速應罰多少錢，但這並不表示將違規超速者處死以做為懲罰是被允許的。合理的方法不只一個，但可以肯定的是，這其間是有理性限制的。

註七　我在這裡是採用康德的概念來定義理性原則。這裡的理性原則是指可以變成「普遍律則」的原則。參見第四帖解藥。

註八　阿奎納的預設是，殺害某人一定會傷害某人，但有人對這種看法提出質疑。例如布蘭德（Richard Brandt）認為，一個受重傷的人，例如腦死的人，是「無法被傷害」的。

人類學家克魯洪對文化相對性的限制也提出了類似的觀點：

人類的行為有很多表面的東西，但當你把文化的象徵符號拿掉，它們的道德標準其實都是類似的……可以肯定的是，特別的道德法則一定要有容忍相對性的空間……然而，即使如此，在同一文化和不同文化中，道德行為，不論是在特別情況下或就其行為細節本身而言，都必須在廣泛的情境中運用非相對的原理加以判斷。

重點在於，容許用不同的觀點看待問題並不表示它沒有客觀的限制。當你的價值、喜好和別人的相抵觸時，只有在合理的容忍範圍內，你才有調整的空間。

在發生衝突的情況裡，有件事是你能做的，那就是妥協。例如，這次你可以硬著頭皮先看動作驚悚片，下次換你的另一半讓步看你喜歡的片子。另一個選擇是從事其他不會引發衝突的活動。在沒有任何方法解決衝突的情況下，理智的人都能同意，要尊重不同的意見。

第十帖解藥：男女平等，請尊重雙方的特質

向自私自利／自我貶抑這種雙重標準的性別角色說不。（西蒙波娃〔Simone de Beauvoir〕）

「一切聽我的，否則免談」這種沒得商量的態度，正是「世界以為我中心」的訊號。妥協的

效力（就道德上來說），跟合約一樣，是建立在彼此的同意上。即使你沒有這種世界以我為中心的態度，但若碰巧你的同居人是這種人，那麼你會發現自己必須不斷調整以迎合對方。但問題是，你越是讓步，越會強化對方這種毫無彈性可言的要求。

讓我以山姆和蘇的例子說明。這對夫妻結婚十年後以離婚收場。這段關係之所以難以維持，主要是因為雙方各自固守一套傳統的價值觀念。蘇從小就被教育男人是一家之主，凡事由他決定。山姆則被教導成相信妻子要服從丈夫。剛開始，為了讓山姆完成大學和法學院的學業，蘇放棄了原本想當老師的心願而去工作。當他們有了小孩後，蘇便成了全職的家庭主婦，而山姆則在一家不錯的律師事務所工作。山姆開寶馬，週末和同事打高爾夫球，他經常出差，留蘇一個人在家裡帶小孩。蘇要做家事、照顧孩子、為山姆準備晚飯。

最後，蘇從朋友那裡得知山姆有了外遇，這時她終於忍無可忍。令人遺憾的是，蘇的刻苦耐勞和山姆對待女人自私自利的態度是社會灌輸給他們的。

我不是說，人完全無法掌控他們的生活方向；相反的，套句彌爾的名言，他們都是「唯命是從的人」。〔註九〕

我們無法否認，男人認為婚姻以他們為中心，女人應該全力配合的這種傾向完全未受社會影響。女性主義哲學家西蒙波娃曾在一九五〇年代寫出男女對愛情觀的差異，她是這麼說的：

註九　參見第七章，頁二二〇～二二一。

（男人）即使在渾然忘我的時候，也不會完全退讓；即使當他們向情婦下跪，心裡想的仍是佔有她。在生活中最激情的時刻，他們仍能保有獨立的自主性，他重視的東西很多，他所鍾愛的女人只是其中之一。他希望能將她融入自己的生命，但卻不願將自己的全部浪費在她身上。相反的，對女人而言，愛就是為情人拋棄一切……一個沒有情人的女人什麼也不是。沒有男人，她只是凋零的落花。

「哎呀，但那是五十年代的事了，」你會這麼說。「時代已經進步了，寶貝！」對吧？但正是「寶貝」這個故作親切的字眼掩蓋了事實，因為很不幸的是，這個古老的觀點仍然延續到二十一世紀。你若不信，可以問問任何一個資深社工人員，他們知道許多家庭背後的故事，不論貧富，不分種族。〔註十〕

美國目前有個趨勢，就是接受基本教義派的宗教價值觀，支持男人是一家之主，女人要「唯命是從」這種傳統的性別角色。這個趨勢對同性戀同樣採取敵對的態度，因為同性戀是變態而且「違反自然」的。當社會的鐘擺往這個方向擺動，受困在這種男女不平等的關係中的女人只會越來越多，不會越少；而且將有更多的男人會用世界以我為中心的觀點來看待他和異性之間的關係。在這種社會背景下，將「世界以我為中心」這個與生俱來的問題謹記在心益顯重要，尤其是那些採取這種錯誤的生活規則的人，以及和他們共同生活的伴侶。

那接下來該怎麼辦呢？如果你置身在不平等的關係中，第一件事就是了解它。除非你承認問題的存在，否則你將無法解決它。我們之前討論過，合理化自己的行為只會助長這種關係，因為這種自我欺騙的方式會讓你對自己剝削他人的行為感到釋懷。「那是女人的工作！」就是一個好例子，這正是那些大男人用來逃避煮飯掃地的藉口。「女人比較感情用事，不像男人這樣理性」則是另一個例子，它讓傳統女性光著腳丫、挺著大肚子、沒有知識，擔任專業職務者不成比例，而且受到不平等的待遇。為了你的幸福，把這種自我挫敗的觀念和陳腔濫調通通燒了吧。一個巴掌拍不響：剝削者需要被剝削的對象，而被剝削的人則需要剝削者。向這種自私自利、自我貶抑的關係說不，讓這種大量耗費人類潛能的事情落幕吧。

我在第七章提到，認為一定要有一個「主子」這種想法是錯的。沒錯，要有主人才有奴隸，反之亦然；獨裁者需要被統治者，反之亦然。但這並不表示不平等的關係是你的唯一選擇。我一直強調，伴侶關係是比較好的選擇，在這種關係裡，沒有任何人是世界的中心，每一位伴侶都有自己的自主性，能用民主而非強迫的方式分配的勞務，共同分享利益和承擔責任。向尼安德塔人說再見吧。

註十　例如，女性遭受性虐待的統計數字很驚人。參見Melanie Randall and Lori Haskell, "Sexual Violence in Women's Lives: Findings from the Women's Safety Project, A community Based Survey," *Violence Against Women*1 (1,1995):6-31

第二部

如何獲得實踐的智慧

不要用非黑即白，全贏或皆輸的方式看待生命；相反的，把它當成一件等待你去完成的藝術品，用無限的可能和機會讓自己更富創意。

【第九章】發揮正確的判斷力：對治過度簡化事實

到目前為止，我們已經討論過一些推論出負面行為和情緒的**規則**。現在就讓我們進一步討論，你歸類在這些規則下的**事件報導**。即使你處世待人的規則很理性，但如果你歸類在這些規則下的事件報導本身並不合理，你還是有可能會得出很不理性的結論。

舉個例來說，當別人想傷害你時，你可以自我防衛，這是很合理的規則。但如果你貿然斷定別人有傷害你的意圖，從而魯莽行事呢？事實上，把開玩笑的人，甚至是家人和朋友，當成闖空門的人而誤傷，甚至失手殺人的事情時有所聞。不合理的並不是自我防衛，而是在證據不足的情況下對迫切的危險遽下結論。

一般的行為和情緒的規則基本上都會告訴你，如果發生某種情況，你應該如何反應或行動。換言之，這類規則不會告訴你是否採取行動，除非你先判斷事情的發生。例如，根據下面這條規則：

你若過重，則應節食。

除非你承認自己過重，否則這條規則不會要你節食。但節食究竟好不好，要看你認定的情況是否符合實情才能決定。如果你有充分的證據證明自己的確過重，那麼節食的結論就是很有用的。反之，如果你並未過重——例如，你患有厭食症——那麼你的結論可能就會危害你的健康。

如果你的判斷符合實情，並根據它訂立建設性的目標，根據亞里斯多德的看法，你便具備了**實踐的智慧**或謹慎的德行。只有當你把理性判斷歸入理性的行為及情緒規則下，你才能推出具有建設性的行為和情緒。

如同亞里斯多德所說的：

> 只有具備實踐的智慧，一個人才能有所成就……因為德行會讓我們鎖定正確的目標，而實踐的智慧則讓我們採取正確的方法。

一個睿智或謹慎的人會用理性的行為規則及情緒規則，來規範他的理性判斷。本書第一部的哲學解藥提供了許多這類合乎理性的行為及情緒規則。這些「德行」或說「正確的規則」可以幫你「鎖定正確的目標」，而本書第二部所提供的解藥，則能協助你「採取正確的方法」。這兩種解藥同服並用，將有助於你獲得無上的幸福。

一個擁有實踐智慧的人，他的**心靈是開放**的。這也就說，在面對實際的問題時，他能夠客觀且公正地尋找並選擇不同的解決方法。而這需要一種敏銳的眼光，能夠分辨解決問題的創意方法。亞里斯多德將這種洞察力稱之為「良好的判斷力」，並將之區分為兩類：**同情的判斷**及**正確**

的判斷。他認為，前者能「分辨什麼是公平的，並正確地執行」，而後者則是為了行動而「判斷什麼是真的」。對亞里斯多德而言，正確的判斷是指對具有實際重要性的事情做判斷，例如，判斷一座橋樑是否夠堅固，足以承受你通過時的重量。

過度簡化事實的危險

對於**過度簡化事實**的這種人類最危險，同時也是最具自我毀滅性的傾向，發揮正確的（務實的）判斷無疑是一帖強效藥。一般人最常因為**主觀分類**和**刻板印象**這兩種判斷方式而過度簡化事實。這兩種判斷方式之所以會過度簡化事實，是因為它們無法清楚地分辨事情的重要面向。這類判斷的背後都有許多阻礙人類進步的性格和特質在作祟，如心胸狹隘、不容異己、沒有彈性、偏見、固執，以及缺乏創造力。

主觀分類讓人過度簡化選擇範圍。主觀分類的方式有兩種：用孤注一擲的方式思考事情，或是以黑白分明，毫無中間灰色地帶的眼光看待事情。例如試著做做下面的填空題：

1. 如果你不快樂，那麼你就是＿＿＿＿＿。
2. 如果你不聰明，那麼你就是＿＿＿＿＿。
3. 如果你不高大，那麼你就是＿＿＿＿＿。
4. 如果你沒贏，那麼你就是＿＿＿＿＿。

5. 如果一件事不好，那麼它就是＿＿＿＿。

你的答案是不是跟下面一樣？

1. 悲傷
2. 愚笨
3. 嬌小
4. 輸
5. 很壞

要小心囉。如果你也是這麼回答問題，那麼亞里斯多德會告訴你，你混淆了兩種不同的陳述：相反陳述和矛盾陳述。相反陳述容許其他各種可能性的反面陳述。例如：「我很悲傷」是「我很快樂」的**相反陳述**，因為你可能既不高興也不悲傷，只是普普通通。（註一）反之，**矛盾陳述**則是「一種對立的陳述，不可能有任何中間地帶」。例如，「我不悲傷」這個陳述和「我很悲傷」是相矛盾的。因為你或者悲傷，或者不悲傷。它和相反的陳述不同，兩者之間不可能存在任何灰色地帶。兩個相互矛盾的陳述一個為真，則另一個必然為假。沒什麼其他

註一　當然，你無法既快樂又悲傷，至少不可能同時。這就是為什麼這兩項陳述是相反陳述的原因。

好說的。

所以，如果你把相反陳述當成矛盾陳述，你就會忽略中間的可能選項。例如，你不聰明未必代表你很笨，你可以只是中人之資。你並不高大也不表示你一定很嬌小，你可能是中等身材。

所以，當你面對狀況時，主觀分類會窄化你的理性反應，而這正是這種態度的危險之處。最近，一位倫理學的學生因為課業問題來找我，她坦承自己就是那種「黑白分明」的人，所以她認為這堂課的「觀點很偏頗」。這位學生要我對幾個最具爭議性的社會問題提供正確的答案。安樂死合法化對社會是否有好處？複製人是否違反個人獨特性的權利？在「反恐戰爭」裡，如果人民有犧牲自由的必要，犧牲的程度為何？

遺憾的是，人生的問題，尤其是涉及生命倫理的問題，通常是沒有斬釘截鐵的答案。這位學生對人生議題的模糊感到焦慮。她要的是真理，但她能找到的卻只有看法。她無法明白「真」、「假」、「是」、「非」是相反而非矛盾的，不是一定非得二者擇其一不可。相反的，在「中間地帶」還有許多合理的觀點，並不是每一位明理的人都能看法一致。

無法容忍生死議題的模糊不確定性是件很危險的事。舉個例子，當布希總統談到「對抗恐怖活動時」，他曾說過，其他國家若不和我們並肩，就是與我們為敵。在「並肩」和「為敵」之間沒有其他可能。法國和其他幾個國家於是變成了「敵人」，因為他們無法接受美國把出兵伊拉克視為「對恐怖主義宣戰」。當布希硬把事實塞進這個非黑即白的僵硬框架裡，他顯然忽略了真正與我們為敵的恐怖組織（如阿富汗的蓋達組織和神學士政權）與法國是明顯不同的。混淆兩者的結果只是疏離了堅持道德原則的盟國。這就像把炸薯條改叫炸洋芋一樣，是沒有意義的。

我的反駁如下：

當你用狹隘的觀點來看待世界，把相反的陳述當成矛盾的陳述，你便犯了邏輯上的錯誤。這麼做會讓你排除其他的可能選擇，而這些選擇對於幫助你做出更合理的決定可能是很重要的。例如，如果你把人分成兩類，不是聖人就是罪人，那麼你不是把人過度理想化就是把他們醜化，而不是接受事實：大多數人既非聖賢亦非罪人，他們只是難免會犯錯的普通人，可以為善，也可以作惡。

刻板印象是一種文化的盲從

用狹隘的觀點看事情，指的是將事情塞入狹小的範疇裡，這會導致過度簡化事實。刻板印象則是粗糙地把人做普通分類，這樣做很容易忽略了個人的差異性。「金髮女人都沒大腦」、「義大利人都是黑手黨」、「男同性戀都是戀童癖」、「黑人都很有節奏感」、「猶太人都很有錢」、「老人都很虛弱」、「美國南方人都是種族主義者」、「窮人都是無知的」，諸如此類。「沒大腦」、「黑手黨」、「戀童癖」、「很有節奏感」、「有錢」、「虛弱」、「種族主義」、「無知」這些用語引發的情緒感受不是正面的，就是負面的。說人「沒大腦」是一種侮辱，但「很有節奏感」一般而言則是好事。姑且不論這種感受是正面或負面的，刻板印象都貶低了個人特質，就這點而言，它是不足取的。刻板印象漠視個人獨一無二的特質，從而無法公平地對待他人。

這種過度簡化的觀點，的確是我們對付這個難以掌控的複雜世界的一種方法。一個陌生面孔的出現可能對你的安全造成威脅。對於不熟悉的事情預先找出一些普遍的觀點，可以幫你快速評估你該如何反應。刻板的印象會將你導引到某個特定的方向：「他是基督徒，所以他一定很可靠」或「他是阿拉伯人，所以他一定是恐怖份子」。前者讓你放鬆戒心，後者讓你提高警覺。

媒體評論人立普曼（Walter Lippmann）是第一位使用「刻板印象」一詞來描述過度簡化人類分類的人。在他的經典著作《大眾觀點》（*Public Opinion*）一書中，他簡要地描述了刻板印象在我們知覺裡的運作方式：

> 對大部分的事情，我們並不是先親眼看到，然後再加以定義；相反的，我們是先有了定義之後再親眼見到。在這個紛亂擾攘的世界裡，我們接受了文化提供給我們的既有定義，而且比較容易發現那些透過文化在我們身上形成刻板印象的事物。

人類之所以很容易形成刻板印象，可能是在演化的過程中產生的一種自我保護機制，讓我們能夠面對這「紛亂擾攘的世界」。所以不同的文化都有某些刻板印象，這絕非偶然。在生活的叢林中，人類企圖利用它來拓展一條比較平穩、可靠的道路。

然而，在努力對抗未知世界的過程中，我們卻也貶抑了許多豐富人際關係的重要元素，特別是人類與生俱來的價值和尊嚴，反而把我們的文化帶向歧視和偏見的道路上。這就是刻板印象不合理的地方。它不是看證據說話，而是利用人的不安全感，在沒有任何證據的情況下預做判斷。

只要是人，或多或少都會有些刻板印象，這點無可厚非。但問題不在有或沒有，而是程度的多寡。因為這種預設的判斷是透過文化代代相傳的無知，所以除非你能找回自我尊嚴和個人特質，否則你很難懂得尊重他人的特質和尊嚴。我在前面已經談過盲從的危險。正如立普曼所指出的，刻板印象正是一種文化的盲從。人類與生俱來就有這種喜歡人云亦云的非理性傾向，明瞭這點是你對抗刻板印象的第一步。

盲目遵守對人類的嚴格分類，必然衍生出刻板印象的思考模式。這種思考模式一旦形成，即使反面證據擺在眼前，你也會無動於衷。當違反你刻板印象的反例出現時，你只是單純地接受它。你會說：「好吧，他是例外。其他大部分的人……」你不會因為反面證據而放棄你的刻板印象；相反的，你只是調整它的普遍程度，好讓自己能繼續保持這種印象。這正是刻板印象之所以難以根除的原因。它就像黴菌一樣，在人類幽暗、無知的心靈角落迅速繁殖，不容證據之光照射進來。

現在，當我們把它攤在陽光下，反對刻板印象的理由就顯而易見：

> 刻板印象的成因是恐懼，在拒絕接受反證的心靈中繼續存活。偏見是它的產物——拒絕根據他人的優點公正地評價他人。從種族、性別、性欲、宗教、階級，到其他各式各樣的文化壓迫，都是為了維持穩定狀態而利用這種方式來處理紛擾的外在世界，但事實證明這只會造成自我挫敗。因為它不但不能改善人類的生活，反而變成了製造仇恨、懷疑、憤怒、分裂、以及其他種種

人類紛爭的溫床。

化解刻板印象的解藥可以幫助你培養「富同情心的判斷」（sympathetic judgment）——即公允地判斷他人，從而協助你擺脫這種壓迫式的、自我毀滅式的待人接物之道。此外，治療主觀分類的解藥還能讓你擺脫狹隘、僵化的心態，幫你培養「正確的」判斷能力——用實際的、建設性的、創造性的方式來了解實際的問題。

化解主觀分類的解藥

第一帖解藥：人生是一場令人驚嘆的創意之旅

不要用非黑即白，全贏或皆輸的方式看待生命；相反的，把它當成一件等待你去完成的藝術品，用無限的可能和機會讓自己更富創意。（文森．多瑪士〔Vincent Tomas〕）

用主觀分類的方式來認識事物，你的認知領域會受到侷限。這種認知的侷限性無疑會讓你忽略許多事實。就像刻板印象一樣，主觀分類是一種讓世事變得條理分明的方法，因為你不用面對模糊的灰色地帶。事情不是黑就是白，不是真就是假，不是對就是錯。但遺憾的是，世事並非總是如此清楚明白。如果你不打算面對生活的灰色地帶，那麼你將無可避免地會犯下令人遺憾的錯誤。

主觀分類是反創意的。你的創造力和你對事情進行主觀分類的程度成反比。你對事情分類的主觀程度越強，創造力就越低。你知道狂牛症並不是細菌、病毒或黴菌造成的，而是某種蛋白引起的嗎？如果生物學家沒有突破傳統觀念，一味認定只有有機物才會造成感染，那麼他們就絕不可能發現，狂牛症的元凶其實是一種叫普里昂（prion）的蛋白質。如果愛因斯坦堅持將世界區分成物質和能量兩大類，他就不會發現$E=MC^2$。如果人類認定只有鳥才能飛，那麼航太工程根本就不可能出現。

且讓我們聽聽哲學家文森．多瑪士對藝術原創力的說明：

> 當我們推崇某位藝術家或作家具有原創力……並不是因為他能夠遵守眾所周知的規則來作畫、創作小說或寫詩，成就前人已經做過的事。我們之所以推崇他，是因為他在色彩和文字中所呈現的東西是之前從來沒有過的，同時也是因為他是自成一派的繪畫或寫作風格的原創者。

文森．多瑪士認為，和原創性的藝術家相反的是學院派的藝術家或作家，後者只是遵守原創者所奠定的規則，並努力達到類似的成就。兩者的差異在於，前者是規則的原創者，後者則不是。畢卡索（Picasso）的模仿者可以掌握立體派的風格，但卻不是立體派的原創者。畢卡索若窮其一生只是模仿大自然，而不是嘗試將之抽象化，那麼他就不特別了。巴赫（Bach）原本可以選擇墨守當時的音樂傳統，而不必用多重旋律組成多聲部音樂，但他在音樂的創作上選擇了創新的規則。

根據文森・多瑪士的看法，原創性的藝術家和神槍手也不同，後者可以精確地瞄準目標，但前者卻未必知道他的標靶是什麼，雖然他知道他有一個目標。所以，原創性的藝術家能在某個程度上控制他的創作活動。他知道某些調子與和弦是「對的」，有些則否；有些筆觸和色彩很「搭配」，有些則不行。當他命中目標時，他就知道成功了。

在我看來，這種創作的過程也可以運用在人生這塊畫布上。你不必擁有像畢卡索或巴赫的原創天分也可以過創意的生活。「依樣畫葫蘆」和創意的生活方式是完全不同的。在人生的這塊畫布上，沒有人會為你在上面畫好輪廓，只要根據指示在框框裡塗滿顏色就行。相反的，在自然律的限制和社會的規範下，生命仍有許多的活動空間，可以擁有無限的排列組合。即使是社會和文化的限制也是可以用創意的方式加以挑戰，從而改變現狀。這也是人生之所以充滿樂趣的原因。若刻意將生命的繽紛色彩看成非黑即白，你出色的創造潛能就無法發揮。人生應該是一場令人驚嘆的創意之旅。

這正是為什麼我能決定我「長大」後要做什麼，而且至今仍然好奇地嘗試尋找答案。我在前面曾經提到，我是如何變成應用哲學家的。我必須跨越的障礙之一，就是學院派對我所受的專業訓練的刻板看法。你要做就做「純」哲學，不然就不要叫哲學。你想做研究就要研究英美分析哲學（如英國的經驗論或是美國的實用主義），不然就研究歐陸哲學（如存在主義）。如果你研究的是哲學，就不可能同時研究心理學。這是我必須面對的選擇，畢竟我是學有專長的人，但這些選擇都很制式化，就像麥當勞的外帶套餐。

結果，我選擇了應用哲學，融合英美分析哲學和歐陸哲學，同時研究哲學和心理學。這項選擇的創意產物就是以邏輯為基礎的療法。它是純哲學的混血兒，是哲學和心理學跨學派的混合體。它是哲學傳統上相互對立的兩大派系：分析的、語言的哲學傳統和現象學方法交配的後代。〔註二〕

刻板印象如何壓抑創造性，父母的管教方式就是一個很好的例子。對小孩的管教有兩種極端，不管是哪一種最後都會造成問題。第一種極端是認為小孩擁有和父母一樣的權利，另一種則是認為小孩沒有任何權利（當然，父母有善盡養育和保護的義務，這點除外）。第一種方式會讓小孩變得頑皮，難以管教，引發家庭生活問題和教育問題。第二種方式則是壓迫的，這種方式會讓小孩在成長過程中，蛻變成獨立自主、具有責任感的潛能受到壓抑。

該如何避免這兩種極端，雖然沒有明確的方法，但讓孩子了解權利和義務的相互關係，讓他們在進入成人世界前做好準備，是比較有效的教育方式，這點顯然再清楚不過。很遺憾的是，我認識許多父母，他們的教育方式正是上面提到的這兩種極端。有些「自由派」的父母把孩子當成小大人，認為他們同樣有權利做決定，並依照自己的決定行事。另一種父母則是權威派，他們強調父母的權威，孩子的思想和行為由父母決定。

你不一定要訴諸嚴格的權威，或是成為自由主義者，也能為孩子的成長提供穩定的架構。孩

註二　現象學的取向不同於語言學的取向，它用「內省」——即對自己的意識的檢視——做為發現外在世界的方式。

子需要紀律，也需要自由。認為小孩子有權擔任全職工作的論點是站不住腳的；同樣地，用「大人講話，小孩別插嘴」的態度對待孩子同樣值得商榷。康德可能會這麼建議我們：父母有義務提供促進孩子發展理性、自主人格的環境。父母必須要能扮演理性的模範角色，傾聽孩子的心聲，並理性地和他們對話，這樣才能建構良好的成長環境。相反的，「反正照我的話去做就對了」這種典型訴諸權威的父母，只會讓孩子變成盲目服從，而且抑制他們的自主性。

正如文森・多瑪士在分析創造性時所指出的，你未必清楚做為一個好父母要達成的目標是什麼。但身為過來人，當我搞砸的時候，我通常都有自知之明；但當我做對的時候，我也會知道。我也發現，對某個孩子行得通的方法，對另外一個不見得管用。例如，同樣是某個年紀的小孩，有些孩子會比其他孩子更有責任感。父母的管教與其說是一門科學，不如說是一種原創性的藝術。小孩子的教育方式絕不是簡單的公式，只要這樣做，那樣做，然後一個身心均衡的快樂小孩就會蹦出來。

父母在面對挑戰時，能夠採取彈性、開放的態度尋找不同的處理方法，成功的機率會比孤注一擲的方式來得高。在發揮創意的過程中，你對何謂好父母可能只有一個粗略、模糊的概念。但這樣的概念仍然可以指引你追求並獲得成功。任何一種極端形式的主觀分類都不是好的管教之道──除非你希望養出來的孩子是個呆子。

刻板印象也不是良好的夫妻相處之道。我之前曾提過「在婚姻中預期有一個主子」這樣的想法是不合邏輯的。比較好的伴侶關係是兩人平均分攤勞務。一個家庭是否能做到這種平等的關係，對孩子的幸福是攸關重要的。

父母權力分配不均——例如，男人是一家之主，而女人是他的附屬品——會造成家庭功能失調。事實上，家暴都是發生在這類的家庭裡。當孩子看到爸爸毆打媽媽，長大後常會變成施暴者或是被施暴的對象。相反的，如果孩子看到父母像地位平等的伴侶般分工合作，相互尊重，那他們就會有模仿的對象，這對孩子未來的幸福是很有感染力的。

伴侶要如何分工——誰煮飯、打掃、照顧小孩，誰理家、誰外出工作等等——是可以透過創意的方法來安排調整的。當經濟的壓力迫使夫妻兩人都必須投入職場時，傳統的角色模式和分工方式顯然是行不通的。用刻板印象來界定父母各自的角色，你勢必會錯失許多創新的可能性。而這可能正是一個家庭正常運作，另一個則是家庭失和，吵吵鬧鬧的原因所在。

第二帖解藥：放棄非黑即白的觀點，承認有灰色地帶

你的問題解答可能就在正命題和反命題的綜合之中。（黑格爾〔Hegel〕）

亞里斯多德認為兩個極端之間存在一個中間地帶，這樣的觀點在黑格爾的哲學中得到進一步的強化。黑格爾認為，事實會在一種變動的邏輯過程中展開，他稱這種過程為辯證法。黑格爾認為，所有人類的歷史都是不同的觀念思想在對立與和解這種過程的具體表現。一開始先有正命題，然後出現與之對立的反命題，然後是兩者的綜合。

我常在人類歷史的演進過程中觀察到黑格爾的辯證法。例如，讓我們回想一下一九五〇年代的生活。在公共場合談論和性愛有關的話題是一種禁忌，甚至連電視上出現馬桶也是；女人應該

當家庭主婦，而男人則要負擔家計；白人和黑人是隔離的，而同性戀者只能躲在他們的衣櫃裡。

接著是一九六〇年代開始的性革命，它代表了對傳統性價值觀的反動。自由鬥士在美國南方反抗種族壓迫，馬丁・路德・金恩（Martin Luther King Jr.）對種族主義提出和平、非暴力的抗爭。嗑藥文化開始萌芽，反戰風潮和學生運動傳遍各大專院校，社會意識取代了一九五〇年代的放任主義，同性戀的人權運動開始展開。社會的大鐘擺已經擺向了另一個極端。

然後是一九七〇年代末期到一九九〇年代這段期間，它似乎可以說是一九五〇年代和一九六〇年代興起的反傳統文化運動的綜合。女人不再焚燒胸罩，種族的騷動也慢慢平息，而協助更多婦女及少數民族就業的平權措施計畫也開始受到重視。毒品和性的議題仍然存在，但強調的是性教育和毒品的預防和戒治。由於主流社會裡有許多明星、政治人物及其他名人紛紛出櫃，同性戀也開始慢慢被社會所接受。

在我看來，社會的大鐘擺現在又再次擺向了另一個極端。一股強大的政治保守勢力正慢慢變成之前綜合的反命題。如果黑格爾是對的，最後又將會有另一個新的綜合出現。這個過程會一直持續下去，帶領我們不斷接近更高層次的事實。

讓我們把鏡頭停在「接近更高層次的事實」這句話上。對黑格爾而言，只有在綜合裡才有所謂的進步。在綜合裡，對立被化解，朝向更大的人類自由和幸福前進。這點非常重要，更高層次的真理不在相反的事物裡，它不在非黑即白的對立裡，而是在形成綜合的妥協中。

儘管如此，我還是有必要做些澄清。並不是每一個接踵而來的綜合絕對都是好事。例如，當馬克思將黑格爾的辯證法運用在經濟學時，他認為封建制度是原始共產主義制度（正命題）和奴隸制度（反命題）的綜合命題，但他卻不認為封建制度本身是好的。雖然它解決了生產和生存的問題，但卻有許多其他問題有待未來的綜合來解決。對馬克思而言，封建制度的反命題就是資本主義，而最後的綜合則是一個沒有階級的社會。馬克思認為，最後這個綜合本身才是好的。但這只是馬克思個人的偏好。如果這個綜合會發生——這是一個很大的「如果」——許多像我們這種重視自由市場的人，將依然會期待下一輪古老而美好的黑格爾辯證過程。

雖然我在前面曾經說過，就解決前一個反命題所提出的問題而言，一個更高層次的綜合至少是比較好的。但這並不表示，這樣的綜合能解決所有問題——因為如果是這樣，那麼未來的其他解決方案就沒有發揮空間了。事實上，和馬克思的觀點相反，黑格爾相信，辯證的過程會一直不斷地進行下去，沒有終點。

綜合通常都是努力的結果，我不否認這是事實。例如，我們需要一群焚燒胸罩，甚至對猛男深惡欲絕的激進女人，女權才得以奠立。如果不是這樣，我們的抗議早就被當成耳邊風，正面的改變也不可能發生。各式各樣的激進主義一直是引發社會關注的焦點，因為社會對改變總是頑固抗拒，所以只有這種激烈的對抗才能帶來好的綜合。

但這並不表示你必須用刻板的印象看世界。事實上，用孤注一擲的方式思考的人，是不可能創造出真正有用的激進立場。極端之外還有更極端的。金恩所宣揚的非暴力抗爭，它的基礎正是對所有人無私的愛，即使對方是你的敵人。他的立場和其他的抗爭方式是截然不同的。因為他知道，暴力和仇恨只會衍生出更多的暴力和仇恨，所以他發揮了創意，尋找新的方法來引導社會改革。無庸置疑，這是一種極端的方法，但在實踐的環境裡，它的確是受壓迫的美國黑人的一種理性反應。所以，它的確是極端的——「激進的」，它卻不是「極端的極端」，並沒有激進到行不通的地步。事實上，它是很有獨創性的。

那些總是習慣以孤注一擲的方式看世界的人，不妨試試這帖黑格爾所提供的解藥。為對立尋找綜合。思考一下這個可能性：比較好的解決方法，可能存在於對立之間，而不是存在於對立本身。讓我們以主人和奴隸**之間**的關係為例，根據黑格爾的看法，主人和奴隸都是不自由的，因為主人依賴奴隸，奴隸依賴主人。黑格爾所提供的解決方法（綜合），就是認清在支配統治的關係中可能存在著自由關係。這表示，只有當你避免這種不平等的權力關係，你才可能因為擁有更多的自由而過得更好。這也就是為何伴侶關係應該是不平等關係的綜合。伴侶關係的重點是對彼此自主性的相互尊重。所以在黑格爾看來，這正是民主政治優於集權和獨裁政體的原因。

第三帖解藥：放棄二分法，加點彈性吧

陰中有陽，陽中有陰。（道家）

哲學理論如此之多，難道找不到某一派哲學為主觀分類的世界觀辯護嗎？我想到了道家著名的陰與陽觀點。道家哲學所主張的不正是這種對立的思考方式嗎？

根據中國哲學著名的道家思想，世界萬物都可以用「陰」與「陽」這兩種對立的性質做分類。「陽」代表「陽光」，「陰」代表「陰影」。陽是主動的、陽剛的；陰是被動的、陰柔的。

如果你認為這樣的分類會讓事情單純化，那你就誤會道家的學說了。首先，根據道家的觀

點，對立是相對且短暫的。陽之中存在著陰的種子，同樣的陰裡面也有陽的種子。例如，熱會變冷，冷可以變熱。陰和陽還可以細分，每種陰的內容裡還存有陰陽；反之，每種陽的內容裡亦存有陰陽。例如，熱的種類裡面可以是溫、暖或燙，冷的種類裡面也可以有涼、冰或凍。

此外，陰與陽還包含了許多不同的事物。例如，陽包括了左、單、明、日、夏、晝、天、南。與之相對的陰則包含了右、雙、暗、月、冬、夜、地、北。所以陰陽的理論並不像表面字義上的那般簡單。

重點是，運用這樣的對立理論時，你必須格外謹慎，不要主觀地判定哪些東西是陰，哪些是陽。差別可以很小，也可以很大。對的可能變成錯的，錯的也可能變成對的。布希的敵人——那些反對他的人——有可能變成他的朋友或盟友；而他的朋友——那些贊成他的人——也有可能變成他的敵人。對立是相對的、暫時的，它並不是世界最終、永恆不變的特徵。

請注視上圖的圖案。你能看出鴨子變成兔子嗎？

它究竟是鴨子還是兔子？

這張圖是維根斯坦畫的，他將這個圖案稱之為「鴨—兔」。鴨子變成兔子，兔子變成鴨子；這正是對立的意思。表面上它可能就是這樣，但過了一下子，它又變了。

我在前面曾經提到過，陽剛之中有陰柔的種子，反之亦然。我這裡指的不是變性手術或男扮女裝。我要討論的是人類的特質。人類，至少就一般正常人而言，並不是純然的陽剛或陰柔，通常是剛柔兼備。這兩種特質可以是互補的。一個敏感且富有同情心的男人還是男人，而一個女人也不會因為不動感情而失去女性的特質。認為男人就是男人、女人就是女人，這種非黑即白的簡單二分法，忽略了人之為人最珍貴的特質。如果你堅信這種明確、嚴格的二分法，當面對問題時，你將會很難應變。在人生這條高速公路上，偶爾高速奔馳沒什麼關係，但你遲早會遇到車潮。這時，你就必須放慢速度，小心前進。

化解刻板印象的解藥

如果你傾向用主觀分類的方式看待世界，那麼你也很可能會用刻板印象來看待別人。主觀分類不只是偶發的事件。事實上，從我們使用語言的方式就可以看出端倪。例如，「所有男人都追求一樣東西」等於「你或者追求性，或者你不是男人」。前者是刻板印象，後者是主觀分類，前者使用「所有」這個詞和後者使用「或者」所陳述的事情是一樣的。但和主觀分類一樣，你一旦用刻板印象來看待他人，無可避免地會忽略人類世界裡許多重要的面向。

第一帖解藥：把對方當成獨特的自我，為他著想

與其用本質先於存在的方式來看待他人，不如把他們當成單獨的個體來認識他們。（沙特）

刻板印象剝奪了人性，把人當成工業製品看待。想確定某件產品是否銷售成功，只要查一下產品編號即可。產品之間的個別差異一般而言並不重要。例如，當某項乳製品被回收時，所有同一生產批號的產品都要回收。基本上製造商是不會逐項篩檢每樣產品，看它和其他產品是否有所不同。

刻板印象會讓你把人加以分類，好像他們屬於某種產品類型，把他們當物品般來對待。你不是依據每個人特有的優點去判斷他們，而是根據他們所屬的類型。黑人多半是罪犯，所以你會懷疑他們犯罪，他們一旦被起訴，你就認定他們有罪。因為猶太人聰明、富有、有成就，而且很老實，所以你鼓勵女兒嫁給猶太人。阿拉伯人都是恐怖份子，所以你不想跟阿拉伯人一起搭飛機。用刻板的印象看待他人，你忽略了每個人都是單獨的個體，都是一個擁有自我特質的人。相反的，你把他們當成生產線製造出來的產品。

我的諮商個案裡就有許多面臨類似問題的夫妻。讓我舉個例子，我姑且稱他們為鮑伯和卡萊。兩人結婚一年後，鮑伯在卡萊的督促下一起來找我。他們的主要問題是「溝通」。雖然這組個案追根究柢還有其他的問題，但這對夫妻的確面臨了一個因文化和社會的刻板印象所引發的問題。

例如，卡萊出身新英格蘭，而鮑伯對新英格蘭人的刻板印象是輕率、健談、粗魯。所以，鮑

伯認為卡萊遺傳了「新英格蘭人的性格」。此外，他還認為她具有一種「工會性格」，意思是她很愛錢，不管做什麼事都要錢。結果造成鮑伯對卡萊的許多要求和抱怨都不太認真看待。畢竟，她不過是利用新英格蘭人的誇張手段來為自己找些好處。

在另一方面，卡萊受到文化的影響，認定男人就是一家之主，是當家的人。所以她認為鮑伯要掌管家務、做決定。當鮑伯無法符合她的期望時，她就覺得很沮喪。（註三）

為了輔導這對夫妻，我採用沙特的觀點（本書第五章已提過）：「存在先於本質」。對於習慣用僵化、嚴格的本質，或其他類似的刻板印象來看待對方的夫妻，這句簡單的話正是化解這種婚姻關係的良方。當卡萊說話時，鮑伯並沒有聽進她真正所要表達的意思。相反的，就像立普曼所說的，他先定義，其次才接收。所以鮑伯接收到的並不是卡萊所說的話，而是那些對新英格蘭人和工會成員僵化的典型概念。同樣的，卡萊希望鮑伯是一個擁有強壯臂膀，能帶領她的男人。她把他視為男子氣概的化身，而不是一個個別的男人。當鮑伯和這種男子氣概的典型（註四）不符時，卡萊便變得很喪氣。

為了鼓勵這對夫妻把對方當成單獨的個體來看待，我給了他們一項家庭作業，要他們列出清單，寫下喜歡及不喜歡對方的哪些特質。在下次的諮商中，他們兩個都交出了一長串的清單。卡萊雖然喜歡鮑伯的外表，但卻不喜歡他老是在院子裡忙完後，滿身大汗地坐在她心愛的傢俱上。至於鮑伯，他喜歡卡萊燒的菜，但卻非常討厭她抽煙。所以，接下來的是一段兩人開誠佈公的對話，對談的雙方不再是具有某種固定本質的人，而是兩個獨一無二的個體。

如果你和另一半也有「溝通的問題」，其中至少有部分原因是你用「本質」而非獨特的「存在」來看對方。本質無法將個人經驗跟彼此分享，他們無法和對方接觸、建立親密關係，彼此相伴。用刻板印象、否定對方人格特質的方式干擾對方，拒絕接受對方真正的自我，是不可能建立這類關係的，只有那些能夠把對方當成獨特的自我，並站在對方的立場為他人著想的人，才可能擁有。

第二帖解藥：不要變成一個壓迫他人的輸家

不要用種族、性別、少數民族或其他人類偶然的面向來評定一個人的價值、自由和尊嚴，不論是你自己或其他人；而要把全體人類視為一個具有先驗的目的社群。（大和葛羅莉亞（Gloria Yamato）、康德、馬克思）

刻板印象不只讓我們無法公平地對待他人，更讓那些被刻板印象醜化的人受到壓抑和控制。這些成為標靶的族群，例如，種族刻板印象裡的有色人種，會因為社會化的關係而相信這些刻板印象是真的。根據作家大和葛羅莉亞的說法，種族刻板印象的**內在化**，對個人自我概念的影響可

註三 嚴格來說，卡萊對於女人的概念用性別角色來稱呼，可能比用刻板印象來得恰當。刻板印象是指過度將人的類型普遍化，而性別角色指的是將人應扮演的角色標準化。不過，卡萊接受了性別角色所產生的結果和刻板印象是一樣的；也就是說，它妨礙了她把鮑伯當成一個單獨的個體來接受他。

註四 事實上，我們最後發現鮑伯是同性戀。有關這個個案的更多資訊請參見我的文章 "The Philosopher as Counselor" in *Philosophers as Work: Issues and Practice of Philosophy*, ed. Elliot D. Cohen (Fort Worth, Tex.: Harcout, 2000).

以是非常深遠的：

身為一個女黑人，內在化的種族主義一直是我無法克服的障礙。它影響我對自己的看法，它限制了我以及許多像我這樣的人對自我的期許。結果讓我對不平的對待總是逆來順受，它讓我相信，我沒有受到應有的基本尊重，至少就這層次而言，是可以預期的，因為我是黑人，因為我不是白種人。……你的膚色或許可以被拿來做為不當對待的藉口，但這種不當對待是沒有理由的、不合邏輯的。如果你真的覺得你的膚色是真正的原因，命中註定身為少數民族是你苦難的根源，那是因為一個貪婪的社會體系不斷刻意地打壓你，直到你吞下這些垃圾想法為止。這就是種族主義的內在化。

根據大和的看法，對抗這種種族主義的第一步——從迫害者和被迫害者的角度來看——就是承認它的存在。她認為，一般人對種族主義習以為常，甚至從未對它產生質疑。她勸告那些想要拋棄偏見的白種人以及其他人，拋棄偏見的目的不是為了受害者，而是為了歧視他人的加害者，即自己。

馬克思也同樣告誡過我們，那些利用大眾化的刻板印象（或「意識型態」）來壓迫他人的人，事實上才是輸家，因為他們變成了自己壓迫行為的奴隸。這對歧視者和被歧視者都是雙輸的局面。要掙脫壓迫者和被壓迫者的枷鎖，你首先必須了解你正是自己刻板印象的奴隸。自由的意義在於，你能自由地和他人相處而不會壓迫對方。這是你幸福的基礎。一個男人若只因為女人比不上男人，而把妻子當成次等公民看待，那麼一個以互敬互重為基礎的婚姻就會斷送在他手上。帶有種族偏見的人必然會讓自己置身於仇恨、對立以及紛爭之中，從而無法和他人建立有意義、有建設性的關係。

對於那些種族主義內在化的受害者，大和提供了一個明確的建議：

> 你務必謹記在心，你和其他跟你一樣的人都是值得尊敬的，都能完成你們下定決心想做的事……為自己喝采。為自己歡呼。為種族主義終將死亡而喝采。

你已經知道無條件接受自己的重要性了。對於化解內化的種族主義，以及其他各式各樣的刻板印象，還有惡意打擊個人自尊的社會壓迫，無條件接受自己也是一帖很有效的解藥。

即使是康德也會提醒你，**所有**的人，就身而為人——一個有理性、有自覺的存有而言，本身就具有無上的價值和尊嚴。這個價值和你所屬的種族、性別、民族或宗教無關。它超越了任何一種人類存在的偶然特性，不管你是富有或貧窮，年輕或年老都一樣。身為人類的超驗價值是無上的、不可剝奪的，不會因為任何外在因素而有所增減。作為一個「目的群體」（community of ends），我們所有人都是一體的：

> 因為所有的理性存有都必須遵守這條法則，即每個人都不應把自己和其他人當成手段來看待，而是不管在任何時候，面對什麼事情，都要把他人當目的看待。如此一來，人與人就會因為

共同的客觀律則而形成一個有系統的理性存有體。這個群體我們可以稱之為目的群體。

刻板印象不但有辱你身而為人的個人尊嚴和價值，也侮辱了所有其他的人。因為我們都是這個「目的群體」的一員，所以必須服從相同的律則：用有尊嚴和尊敬的方式對待他人。刻板印象違反了這條道德律則。讓我們遵守道德規範吧。

第三帖解藥：用同情心取代刻板印象

用你與生俱來的能力去體會人類同胞的感受，超越你個人經驗的限制。（麥克斯．席勒〔Max Scheler〕）

我撰寫此書時正值卡崔娜颶風災後，紐奧良飽受卡崔娜的摧殘，許多人流離失所，有賴政府救助。這些人大部分都是貧窮的黑人，其中有很多人根本沒有能力在颶風前撤離。前聯邦急難管理署署長布朗在颶風肆虐時，正在寫電子郵件討論流行服飾，為他的愛犬找褓姆。

當數以千計的紐奧良居民被集體安頓在休斯頓的太空巨蛋，衛生、飲水及醫療設施均不足，當時的第一夫人、上一任總統布希的夫人芭芭拉．布希說：

我的所聽所聞著實令人吃驚，因為所有的人都想留在德州。每一個人都被當地的殷勤招待所感動。住在體育館裡的人有很多人原本就都很貧窮，所以這裡對他們而言已經是夠好了。

無家可歸、身心受創、生計和個人財產全部泡湯，親人失散，在一個次等人的環境裡生活，芭芭拉擔心的是這些難民可能會滯留在德州尋求庇護。他們「反正都很貧窮」……「這對他們而言已經是夠好了」？對於這些苦難，芭芭拉布希不但未能感同身受，反而訴諸窮人和黑人的刻板印象，認定他們對髒亂、擁擠，沒有適當飲食的居住環境習以為常。

沒錯，芭芭拉．布希不需要爭取留在太空巨蛋裡，但她肯定知道失去的感覺。事實上，她早年曾痛失愛女，死因是白血病。那麼，為什麼她無法拋開她的刻板印象去了解這些人民的困境？根據席勒的看法，每個人都有能力超越個人的經驗，同情他人的處境。這種能力事實上是人類與生俱來的一種潛能，它是「一種人類的道德整體，超越其組成成員的實際接觸」，他說道：

> 就人類與生俱來的各種情緒特質，以及經由這些特質所累積的實際感受，每個人……**天生**都有一種能力，可以體會他人的感受，宛如自己真實完整的經驗一般，即使他本身從未經歷過這些感受（或其中部分感受）。

席勒在這裡所談的不是「感同身受」，就是把別人的苦難當成**你自己**的苦難一般來感受。他所說的其實是一種關心的方式，較適當的說法應該稱之為**同情**。在同情的情境裡，你能在情緒上理解他人的感受，卻不必**自己親身**經歷相同的情緒。在席勒看來，你一旦受到別人的情緒感染，把別人的情緒視為自己的，你的注意力就會從別人身上轉移到自己身上，專注於**自己**而非他人的感受。席勒認為，這會使它的道德價值降低，因為只有超越個人的利益而與他人合而為一，道德的價值才能提升。

你不必身為黑人、窮人或女人也能同情這些人，就如同你不是小鳥，也能感受到牠面對死亡的恐懼。在席勒看來，這種能力是人類與生俱來的。

刻板印象顯然會妨礙這種自我超越的能力。當你用刻板印象看待一個人時，你會把自己與對方的聯繫切斷，因為你已經抽掉對方具體的存在。他不再是你面前的一個單獨個體，而是**某一種人**。你無法對這種抽象的概念產生同情。同樣的，你也無法同情屬於某類刻板印象的人。當你把自己和別人的具體存在分離，你反而喪失了在情緒上用超越自我的層次去對待他人的能力。這正是芭芭拉·布希將自己和那些流離失所的紐奧良居民的真實存在分離開來的原因。對她而言，這些人是刻板的印象，而非像她一樣是真實的人。

要化解刻板印象，你**必須**拋開你的刻板印象，讓自己與他人**重新連結**。激發你身而為人的天生潛能去感受他人的處境。說得實際一點，「拋開」的意思就是找出讓你無法產生真正同情心的刻板印象，並加以反駁。要做到這點，你必須發揮你的意志力，拋開受某種文化影響而不自覺地將之內在化的刻板印象。「**你**是人，**我**是人，**我們**都是人」這才是人類一體的語言。「**我**是人，**你**骯髒、懶惰、無知」則是**分化**人類的語言。擁抱前者，否定後者。放棄阻隔你和其他人類同胞的刻板印象，朝人類一體的方向邁進。

第四帖解藥：保持懷疑，相信證據

對你所相信的事情提出質疑，不要輕信不充分的證據。（克利佛（W.K. Clifford））

證據之於刻板印象就像大蒜之於吸血鬼。若想徹底消滅你的刻板印象，那麼只要將它在證據前攤開即可。某些刻板印象的形成是從過去經驗倉促歸納而來的結果。你從新聞報導得知某位兒童性侵犯是男同性戀，所以你便歸納出所有或大多數的男同性戀者都是變童者。你曾被某個女駕駛從後面追撞，所以你便認定所有或大多數的女人開車技術都很差。你家被黑人闖過空門，所以你便得出結論，所有或大多數的黑人都是罪犯。

然而，在大多數的情況裡，產生刻板印象的邏輯比較像是以下的敘述。你心中早已存在男同性戀是變童者、女人開車技術差、黑人都是犯罪者這類的觀點。當你還小時，就從同伴和親友口中聽到這類事情，然後把它們內化。當符合你刻板印象的事情發生，你便會說：「看吧，這果然是真的。」

刻板印象的根源是建立在不當的證據上，而且，我之前曾提到過，我們通常都會拒絕接受與我們刻板印象不合的證據。這表示，只要你能改變面對證據的態度，就可以避免刻板印象。變成一個證據狂吧！在相信任何事實之前，一定要先有真憑實據。

克利佛在他的經典論文《信仰的道德》（The Ethics of Belief）中指出，我們有義務對我們所相信的事情提出質疑，克利佛如是說：

> 肩負人類重責大任的不只有領袖、政治家、哲學家或詩人。每一位在鄉村小酒館裡小酌一杯的村民，即使只是偶爾閒話家常，他所說的話有可能瓦解充斥在鄉民之間的致命迷信，也可能讓它繼續流傳下去。每一位勤儉持家的技工之妻可以教導孩子讓社會團結一致的信念，也可灌輸他

們讓社會四分五裂的想法。不管心智多單純，不論社會地位多卑微，對我們所相信的事情提出質疑是我們的義務，沒有人能免責。

克利佛認為，沒有任何人的信念是私人的事情。每個人的信念會交織成一個社會的信念網，它會變成傳家之寶，指引我們後代子孫的生活。他說道：「這是一個很大的特權，一個很重大的責任，因為我們要努力幫助我們的後代子孫創造一個美好的世界。」如果你輕信刻板印象，你便辜負了這個重大的責任，因為不只你自己接受了不當的行為基礎，下一代也會受到影響。因為刻板印象是代代相傳的社會產物，當你宣揚刻板印象的同時，你也成了破壞他人生活的幫凶——不只是你的孩子，還有其他活在這種被扭曲的世界裡的人。

克利佛強調**習慣**的養成，在相信你所聽到的事情之前，一定要先懷疑。即使事實最後證明，在證據不足的情況下你所相信的事情並沒有錯，它還是會削弱你未來判斷事情的能力。到頭來，這種輕信的惡習危害的不只是你，還包括社會本身。克利佛提到：「它對社會產生的危害，不只是它相信錯誤的事情，雖然這樣的危害已經夠大的了；它甚至還讓社會養成輕信的態度，不再有實驗、查證的精神；這種風氣一旦形成，社會就會退化到蠻荒未開的地步。」幫助我們的社會，不要讓它陷入輕易採信不充分證據的蠻荒境地。拋開你的刻板印象，只相信有真憑實據的事情。

【第十章】培養遠見：對治扭曲可能性

我在上一章要求你們只能相信真憑實據。但怎樣才算真憑實據？這是最難回答的問題。

如果你歸入行為及情緒規則下的事件報導是建立在薄弱的證據上，那麼你處理個人生活及人際關係的方式，很可能會讓你懊悔莫及。沒錯，進去的是垃圾，出來的一定是垃圾。你知道新聞記者在證據不足的情況下報導會有什麼後果？看看朱蒂絲．米勒（Judith Miller）的下場，當布希為了發動「先發制人」的戰爭，而聲稱伊拉克擁有大規模的殺傷性武器時，這位前紐約時報的記者為布希的說法背書。讀者相信米勒的報導，但結果是報社出面為這些不實的新聞道歉，並將朱蒂絲解雇——讓她「退休」。

不管你報導的是國家大事或是個人的生活隱私，在證據不足時便**跳**到結論，很可能導致危險的後果——受到危害的不只你，可能還有其他人，甚至整個國家。「跳」在這裡的意思雖然跟從橋上跳下來這種身體動作不同，但結果有時可能是一樣的。它在這裡指的是一種心理（認知）的活動：從一個或一組為真的陳述，推導出來的陳述是否為真？評估此陳述是否為真的可能性，這

就是哲學家所說的推論。〔註一〕

當你在進行推論時，你會預設某些**規則**。你已經知道用非理性的規則推論你的情緒和行為反應，最後只會為自己帶來情緒和行為上的困擾。你也可以從非理性的報導規則——即指導你如何對報導進行分類的規則——推出你的報導。

報導規則至少有下面這五條：

1. 對世界進行普遍化的**普遍化規則**
2. 預測未來的**預測規則**
3. 解釋事情的**解釋規則**
4. 決定事情起因的**因果規則**
5. 推測可能／將會／應該會發生的**假設規則**

第一條和第二條規則能讓你透過已發生的事情推論尚未發生的事情。普遍化規則所提供的方法能讓你從已知的某些事情推論出「所有」或「大多數」的事情。預測規則能讓你根據過去已知的事實推論「未來」會發生的事情。這兩種規則如果合理，你就能擁有先見之明。這是一種評估未來的能力，看它和過去一樣的機率有多高——你過去所觀察到的一致性是否有充分的理由，讓你認定它們會持續到未來。這些規則所處理的是人類最普遍，同時也無可避免的焦慮來源：面對未知的世界。

後面三條規則主要是幫你推論**為什麼**事情會發生的原因。解釋的規則和因果規則能協助你了解事情發生的理由和原因。這些規則如果都能發揮應有的功能，便能為你在這看似危險、混亂的世界帶來規範和秩序。假設規則主要是讓你明白，如果事情的進展和實際發生的情況不同，會有什麼不一樣的結果。這些規則能幫助你避免混亂和自我毀滅的臆測。

本章將先仔細地探討前面兩種報導規則——普遍化規則及預測規則。下一章則會處理後面三項規則。

普遍化規則

如果你貿然以偏概全，那麼你的推論可能毫無用處。例如，我們難免都曾經和某個男人或女人有過不愉快的經驗，於是便推論出所有或大多數男人或女人都是這樣。「他們跟狗沒什麼兩樣。」某個曾經因丈夫出軌而受傷的女人如是說道，她發誓絕不再跟男人有任何瓜葛。「女人最囉嗦！」一個傢伙這麼說，他剛剛因為沒有把馬桶的蓋子放下來而被太太訓了一頓。〔註二〕

你是否曾經因為買了某個牌子的產品發生不愉快的經驗，而發誓不再購買這個品牌？「福特

註一　更準確來說，哲學家通常把這種**可能性的**推論（probabilistic inferences）稱為**歸納**推論（inductive inferences）。

註二　我在第九章曾經討論過刻板印象的危險。許多這類的刻板印象有如傳家寶一般代代相傳，在社會化的過程中「烙印在我們身上」，如果我們說，這些刻板印象至少有一部分——可能是大部分——是源自於這類錯誤的推論，也不為過。

的車最爛！」一個捷豹的車主如此抱怨，因為他的車子有汽油味，引擎噪音超大，車內還會漏水。「義大利餐廳都很髒。」一位當地義大利餐廳的老顧客，在看完報導義大利餐廳的廚房有蟲子、蟑螂孳生的新聞後如是說。

上述的每種推論都預設了一個非理性的報導規則，讓你在同類事件採樣不足的情況下貿然進行普遍化。

貿然進行普遍化：如果某一類的成員具有某些你不喜歡的特徵，那麼其他所有（或大部分）的成員便都具有同樣的特徵。

你不難看出這條規則如此受歡迎的原因。和其他動物一樣，人類的身體構造能保護他因應環境的危險狀況。但當你企圖自我保護時，你所採取的措施卻可能剛好適得其反。例如，曾經有過一次不愉快就醫經驗的人，發誓再也不去看醫生，他很可能就是死於某種沒有診斷出來的疾病。重點不在普遍化**永遠無法**加以證實。事實上，所有的普遍化，即使是最可靠的，它的取樣都是某個群體的某一**部分**，然後再普遍化到所有或大部分的成員。如你所見，重點在於你的取樣是否真正代表整個族群的特徵。如果想要獲得治療貿然下結論的解藥，你必須要能分辨兩種歸納的差別：「用不具代表性的取樣倉促歸納」和「從代表群體的取樣進行歸納」。

預測規則

如果腦袋後面能長眼睛該有多好？如果能預見未來，是不是更好呢？我們太常在事後為自己的行為感到懊悔。即使我們的預測已經非常小心，難免還是會悔不當初。這正是世界的本質，難怪我們每個人多少都會對未來感到不安，即使是最縝密的計畫也會有出差錯的時候。所以對我們而言，最重要的就是掌握未來。但就目前的科技，我們並沒有一扇可以預見未來的未來之窗，所以我們必須依賴過去，以它做為預測未來的基礎。我們可以從過去的錯誤學到如何在未來避免重蹈覆轍。但是，不管我們從過去學到多少教訓，我們此時此刻所知道的和所預測的，還是會有些差距。在縮短兩者差距的過程中，我們會感受到強烈的不安，難怪我們在預測未來時，總是容易走極端。面對未來不可知的危險，有些人會用宿命的角度去看對待它，有些則是一派樂觀，希望能在其中找到一些慰藉。

很多人在預測未來時，常常使用下面這三條宿命論的規則：

墨非定律

任何可以出錯的事，都會出錯。

放大危險

如果事情有機會出錯，那麼它就可能出錯。

針對過去鑽牛角尖

如果某件事情過去曾經出錯，那麼它未來一定會再出錯，就像是一種定律的必然性，它會不斷出錯，不管你怎麼做都沒用。

這三條定律，每一條都帶有惡意，而且會帶來自我毀滅。只因為某些事有出錯的可能，墨非便告訴你它**絕對**會出錯。當風險被放大，可能性也跟著提高。強調過去的規則認為，我們的世界裡有一種宿命的宇宙秩序在運作，所以只要是過去曾經出過錯的，未來也無可避免的一定會出錯。

首先，墨非定律根本不是什麼定律。定律具有普遍性，換言之，它是不容許例外的。如果重力這項普遍定律本身以及從它所推論出來的其他定律並不可靠，那麼我們就不會稱它為定律。墨非定律並不可靠。舉例來說，你上次開車上高速公路時，你的剎車有可能剛好失靈、輪胎爆胎、方向盤卡死，還有其他數不清的倒楣事。所有這些事都有可能同時出錯，但事實上它卻沒有同時發生。所以，墨非定律是胡說八道——它根本就不是定律。

此外，有機會出錯的事未必就**可能**出錯。明天有可能下雨，但可能性只有百分之十，這表示明天百分之九十**不會**下雨。就統計上來說，你在下次暴風雨來襲時，被閃電打中的機率很低。雖然對我而言，在陽光普照的佛羅里達被閃電擊中的可能性比其他地方還高，但我還是敢跟你打賭，下次暴風雨來襲時，我不會被閃電擊中。當然，我不是百分之百肯定，因為這是不合理的。

然而，我卻可以很合理的相信，而且願意拿所有的錢跟你打賭。

同樣的，我也不會因為飛機有失事的可能而取消我的班機。有一次，我所搭的飛機因為著陸襟翼故障，造成降落問題。許多消防車在地面待命，以防飛機著陸時剎車著火。最後飛機順利降落，沒有任何意外發生。搭飛機有墜機的可能，並不代表它發生的機率很高。

同樣的，這次飛機的著陸襟翼失靈並不表示我下次搭飛機也會遇到同樣的事情。事實上，事後我搭過許多次飛機，航程都很順利，從未再遇過同樣的狀況。如果你一直執著在過去發生的事情上，你就無法發揮理性的判斷和謹慎的態度，反而會認為一切都是命定的，而把自己封閉在一個無法完成目標和實現願望的世界裡。你只是不斷讓自己挫敗，因為你每次都會告訴自己，你過去曾經失敗，所以這次也註定要失敗。例如，你告訴自己絕對不能再婚，因為你的第一次婚姻失敗了；或是你只能做些沒出息的工作，因為你過去一直都是如此。在這些例子裡，並不是宇宙裡存在什麼普遍的必然性限制了你的人生，讓你的前途黯淡無光。事實剛好相反，讓你的宿命預言成真的不是什麼宇宙能量，而是**你自己**。

一廂情願的想法

但走向另一個極端並不能讓你更切實際地面對未來。對未來抱持宿命的觀點會讓你的人生永遠無法擁有積極正面的改變，過度樂觀也一樣。一廂情願的想法會讓你老是在相同的處境裡打轉。一廂情願的規則是這樣的：

> 雖然過去有些事情老是出錯，但未來一定會有所改變。

這種一廂情願的想法和針對過去鑽牛角尖剛好相反。你一旦接受這條規則，便會完全**忽略**過去。你會不斷地告訴自己，事情未來一定會有所改變，儘管事實上從未真的改變過，你還是非常賣力地希望事情會在未來變得不一樣。新聞快報：「如果你現在不做些事情來改變你未來的處境，就算你對這世界抱持再多的希望也無濟於事。」如果你不對未來做任何相關的改變，那麼，在其他條件相同的情況下，你可以合理地預期過去的事會再度發生。重點不在於過去的事一定會重複發生。如果是這樣，那就叫宿命。重點在於，如果沒有有效的改變，你勢必會重蹈覆轍，這個可能性是很高的。

舉個例來看，家暴的受害者常常告訴自己，事情以後會好轉。「我知道他從前打過我，」受害者如是描述施暴者，「但我知道這次情況一定會有改觀——畢竟，他告訴我他很後悔。」是啊，他不知道歉過多少次了，但歷史卻依然不斷重演，不是嗎？

施暴者是否尋求諮商？他是否痛下決心尋找協助，或為自己的生活做些改變？他是否停止喝酒，參加「匿名戒酒會」(Alcoholic Anonymous meetings)，承認自己的問題，或在認知和行為兩方面努力改變？除非這些問題的答案是肯定的，否則期待未來會有建設性的改變，不過是一廂情願的想法。

你現在應該很清楚，為什麼用錯誤的普遍化及預測規則做為基礎，來分類你的事件報導不是一個好方法。理由摘要如下：

駁斥：當你貿然進行普遍化時，你會因為對某類事情預作判斷，給予負面評價而喪失對這些事情保持客觀性。如果你用墨非定律、放大危險、針對過去鑽牛角尖和一廂情願的想法做為預測事情的基礎，你只會對未來產生不必要的焦慮，破壞你對未來生活做出建設性改變的機會。

化解貿然普遍化的解藥

第一帖解藥：用科學的方式思考

要學科學家使用的方法，不要學獨斷論者：將你的普遍化結果建立在可能性，而非必然性上。（休姆）

休姆是第一個針對普遍化，以簡單扼要的方法提出質疑的哲學家。他如是問道：「如果不是我們的感官當下所能證明的，或不是我們過去的記憶所能回想的，那麼我們該如何看待向我們保證事物真實存在和事實的證據，它的本質是什麼？」休姆想知道的是，你如何證明你對某個群體所有或大部分成員所做的結論是正確的，如果你的推論基礎只是建立在對一小部分成員的觀察上？

對休姆而言，這種推論的答案根本無法證明。他認為，這種一般人習以為常的歸納其實只是一種心理事實，至於是否能證明為真，答案是否定的。舉例來說，即使你觀察了好幾百萬的人，並發現他們都有心臟和腎臟，你還是沒有觀察到全人類——過去的、現在的，以及未來的。所以，你如何能說所有人（至少目前活著的人）都有心臟和腎臟？在休姆看來，要如此宣稱，你必須預設大自然是一致的，所以尚未觀察到的人和已觀察到的人是一樣的。但我們有什麼權利做這樣的假設？根據休姆的看法，證明這個假設的唯一方法就是用過去觀察到的規律做基礎。但這也意謂著要證明它，你又必須做同樣的假設。但如此一來，你無疑是用你所預設的東西來證明你想證明的東西。這樣的做法顯然會變成一種惡性循環。如果有什麼事情是反哲學和反理性的，這肯定可以得獎。

休姆的觀點非常重要。在他之前的哲學家認為，從經驗歸納而來的事情是很確定的。休姆為了澄清問題，他定義了何謂採用科學觀點。科學的觀點告訴我們，透過觀察所發現的自然律，並不是絕對不會出錯的必然真理。相反的，它們頂多只是一種**可能性**，可能的程度高低要看你的證據多寡而定。所以，每個人都有心臟和腎臟這條生物學的定律並不是完全確定的。因為有人沒有心臟和腎臟，這是有可能的。我要強調的是，它是有可能的，雖然可能性不高。

就科學的觀點來看，所有從經驗而來的歸納，在未來都有被推翻的可能。這正是科學的觀點和獨斷的觀點不同的地方。如果你想做一個講求科學的人，那麼就不能執著於確定性，而要與可能性和平共處。

證據的功能是提供可能性。你觀察到有心臟和腎臟的人越多，你歸納的結果可能性也越高，但可能性永遠無法變成確定性。哈維生（William Halverson）在他經典的哲學入門裡，簡單扼要地對歸納規則說明如下：

> 在自然界裡，兩個東西越常被觀察到同時出現，那麼它們總是同時出現的可能性就越高。

採取科學的觀點就是這個意思。從科學的角度來看，以許多小例子為基礎所歸納出的結果，一般而言其可能性都不高。而可能性的高低決定了當我們面對某些實際的狀況時，能否合理地以這些歸納的結論做為我們**行動的依據**。當可能性很低時，科學的觀點反對用它做為行動的依據。這種科學的態度同時也告誡我們，即使你擁有許多證據支持你的歸納結果，也不可太過自信。

你是科學家還是獨斷論者？科學家擁有開放的心靈，但不是什麼事都能接受，而是要講求證據。獨斷論者的心靈是封閉的，他們不在乎證據。習慣用刻板印象看待他人的人不會是科學家，相反的，他們是獨斷論者。為了你自己以及其他人的幸福，用科學的方式思考，而不要用獨斷論的方法。

除非你想活在泡沫裡，否則你就要學會善用可能性，並用實際的態度來評估它。

第二帖解藥：避免帶有偏見的歸納

要留意一般人在進行歸納時先入為主的傾向。（彌爾、梅里黎．塞蒙〔Merrilee Salmon〕）

倉促歸納，遽下結論的意思是，當你所收集到的案例數量還不夠充足時，便貿然做出結論。這裡頭有個很大的問題：你怎麼知道你收集到的例子已經**足夠**支持你所做的歸納？

問題還可以變得更棘手，因為你取樣的數量可能很大，但卻帶有極深的偏見。假設你想知道有多少美國人贊成布希將社會安全私有化，就不能光問那些有錢投資股市且又經驗豐富的有錢人，你同時也要詢問那些沒錢投資的窮人和中產階級。否則即使你收集了幾千位有錢人對這個計劃的意見，證據還是不夠充足，因為你的取樣是有偏見的。

正如邏輯學家塞蒙所指出的：「真正的問題在於，取樣是否夠大，足以捕捉或代表這個族群的多樣性。」所以，要回答取樣的數量是否充足的問題，端看需要多少例子才足以構成具有代表性的取樣。

以偏見的取樣進行歸納是一個很嚴重的問題，尤其當它歸納的對象是人。如果有某些刻板印象，那麼你很可能會用符合一小撮人的例子來支持你的刻板印象。

以下就是一些常見的偏見來源。新聞媒體利用刻板印象，從某一類人裡選出其中一小部分，做為這類人的代表。例如，大家一直都認為男同性戀有點娘娘腔，雖然這種觀念可能已經慢慢在改變。所以，你有種印象，認為所有或大部分的同性戀都是這個樣子。當你遇到符合這種刻板印象的男同性戀時，你就會認定事實就是如此。這種想法一旦形成，你就不會想跳脫社會偏見的框架，去尋找和你刻板印象不符的男同性戀。就算遇到了這樣的人，你也會為自己尋找合理化的藉口：「嗯，他不過是個例外。」

儘管如此，並不是所有對人的歸納都帶有偏見。「大部分的人都希望有一個能遮蔽風雨的地方。」這樣的希望對大多數的人是成立的。針對某個城市、某個州、某個國家，甚至是全世界「大部分」的人，對議題進行無偏見的意見調查是可能的。例如，在我寫這本書的時候，顯然大多數的美國人都認為，布希總統對人民隱瞞了對伊拉克發動「先發制人」的戰爭的真正理由。我們若無法做出這種沒有偏見的歸納，那麼「由多數人統治」的民主政治就不可能運作。我們若無法做出這種沒有偏見的歸納，就不可能透過民主的過程選出或罷免政府官員，並對人民的集體意願賦予法律效力。

沒錯，要對數量龐大的族群進行歸納是一件非常困難的事，因為總是會有一些例外發生。然而，正如彌爾所指出的，就實際的目的而言，你通常只要針對一個族群裡的大多數成員進行歸納即可。彌爾舉了一個例子，一個政治人物只要知道大多數人對某個政治議題的反應，便可從中得到結論。

大家最愛引用的話：「那不過是歸納的結果。」拿它作為否定某個或所有歸納的結論也是不合理的。真正的問題在於，你的歸納是否有**充分的**證據做基礎。這意謂著你的取樣必須不帶偏見，而且數量必須夠大，能夠正確地代表族群成員的多樣性。

化解預測的謬思的解藥

第一帖解藥：做適當的改變，就能改變未來

由於可能性和數據有關，而未來又永遠無法確定，所以，現在就改變你的現狀，以增加你未來成功的可能性。（羅素、路易士）

前面有關歸納的幾點討論，同樣適用於對未來的預測。在做預測時，知道過去發生的事情可以做為你預測的基礎。但你必須小心建構你的陳述。兩件事情在過去越常伴隨出現，它們未來同時出現的可能性會越大。例如，因為你一直將閃電和打雷聯想在一起，所以當你看到閃電時，你預測接下來會打雷的可能性很大。但這只是一種可能性，不是確定性。深受尊崇的哲學家羅素就

曾說過：

> 首先，我們一定都會同意，兩件事過去相伴出現，從無例外的事實本身就足以清楚地證明，在我們下次觀察的例子裡，這兩件事將會相伴出現。但事實上我們頂多只能希望，事情相伴出現的頻率越高，則它們下次相伴出現的可能性就越大；也就是說，如果它們被觀察到相伴出現的次數夠多的話，它可能性差不多就是確定的。它無法達到完全的確定，因為我們都知道，兩件事情不管多常重複出現，總是會有失常的時候，就像我舉例的雞，有一天終於被扭斷脖子一樣。我們最應該尋找的是事情的可能性。

注意了！羅素在這裡謹慎地使用了「差不多確定」一詞，它的意思是永遠不可能確定。你永遠無法對未來確定。不管可能性有多高，你永遠無法確定未來和過去會一樣。就像習慣被餵食的雞一樣，最後的下場是被扭斷脖子。未來未必會和過去一樣。

此外，羅素也指出，「可能性永遠是相對於某些數據。」例如他提到，對於一位見過許多白天鵝的人而言，所有天鵝都是白的，這是很可能的。然而，由於我們知道，許多動物的顏色會隨品種而有所不同，所以所有天鵝都是白色的可能性就會大大減弱。

如果你宿命地接受歷史重演的規則——即過去曾經出錯的事，未來**必然**無可避免的會繼續出錯——那麼要指出你行事方式的謬誤並不難。首先，「必然」這個詞是獨斷的、反科學的。**即使**在你**過去**的生活裡，事情不斷出錯，這也只能證明你**未來**的人生**很可能**還是會繼續出錯。但讓我們坦誠一點。除非你跟我完全不同，否則你的人生至少有某些事情——而且可能有很多——不曾出過差錯。如果你吃了東西而且吸收了營養；如果你成功地開車上班、上學或買菜；如果你進了浴室，洗好澡或刷好牙；如果你已經成功地完成了這些以及許多其他的瑣事，那麼你的人生**每件事**都不斷出錯這句話就是錯的。

如果你說，你人生的每件重要的事都出錯，這也不對。如果你身體的各個器官目前都正常運作，讓你好端端的活著，那麼至少這一件非常重要的事並沒有出錯。我希望你們都能列出一張清單，記下所有你認為對你人生非常重要但**並沒有**出錯的事。

也許你是因為沒有完成某些重要的事情而煩惱。也許你夢想大學畢業、擔任某份工作、結婚生子；也許你對自己說：「我的夢想都沒有實現。」你深感挫折，甚至非常沮喪。

好吧，但要記住，宿命論有個致命的缺點。未來並不是由過去所決定的。如果是這樣，那麼預測未來就沒有任何意義了。路易士就曾一針見血地指出：「預測的未來若是宿命地從目前的情況所推出的，預測這樣的未來是沒有意義的，因為……你根本無法改變它。」但你的確是可以改變你的未來。未來事件的可能性和數據有關，這點你要謹記在心。如果你改變數據，你便能改變結果的可能性。例如，如果你上了大學，你便增加了你會畢業的可能性。如果你實際上已經修過某些學分，那麼這個可能性就更高了。為了達成目標所做的努力越多，你能達陣得分的可能性就越大。困坐愁城，宿命地認定過去會一再重演，你是不可能達成目標的。不過，這是因為你什麼事都沒做，才讓成功變得遙不可及。只要對你的人生做些適當的改變，你是可以改變可能性的。現在就看你的囉！

第二帖解藥：成功的方式只有一種，先搞清楚自己的目標

扭轉墨非定律：在證據充分的基礎上做判斷，讓人生朝向正面發展的可能性變大。（亞里斯多德）

同樣的方法也可以運用在墨非定律上：如果某件事可以出錯，那麼它一定會出錯。很多事情可以出錯，但並沒有出錯。所以，事情**可能**出錯和**真的**出錯，兩者之間並沒有必然的關聯。因為事實上可以出錯的事很多，但實際上卻未必真的每件事都會出錯。亞里斯多德很久以前便指出，事情出錯的方式可能有無限多種，而圓滿成功的方式相較之下，可能只有少數幾種，所以如果你希望事情成功，你就要小心運用你的判斷力。根據亞里斯多德的看法，作惡的方法有很多，正直的行為只有一種——例如，在某個情況下，無法勇敢堅持下去的原因很多，但符合「中庸之道」的方法只有一個。這位偉大的哲人如是說：

> 失敗的方式可能很多（因為惡的種類是無限的……而善的種類則是有限的），所以成功的方式可能只有一種（正因為這個原因，前者容易後者難——沒有擊中目標容易，命中目標難）。

就像弓箭手一樣，如果知道自己瞄準的目標，命中的機率就會比較高。如果只是盲目射擊，我們很可能根本打不中。

所以墨非定律至少有些真理。如果你只是對著人云亦云的人生目標漫無目地的射擊，你很可

能什麼也打不中。盲目射擊的一個重要的原因，是你所賴以判斷的證據不夠充分。如果你做判斷的證據不夠充分，那麼事情出錯的可能就會很高。我將墨非的論點做了一個比較合理的修正：在沒有充分證據的情況下，如果你貿然做判斷，事情便很可能會出錯。這是**消極的**墨非定律。下面這個則是新改良後**積極的**墨非定律：若要提高事情圓滿成功的可能性，你的判斷一定要建立在充足的證據上。

一個找我諮商的女士從來沒有成功的約會經驗。每隔幾個禮拜，她就會試著到酒吧釣男人，偶爾也會透過朋友介紹對象。經過幾年的努力，她還是無法找到心儀的人。最後，這位女士認定她永遠無法獲得美滿的兩性關係，所以乾脆放棄了，不想再嘗試。

這位女士用來做決定的證據並不充分。她的約會經驗乏善可陳，這麼說一點也不誇張。但將自己從這個循環抽離出來，只是讓她對自己的預言成真。我為她指出，遇到心儀對象的機會，事實上是會隨著她與合適的男人約會次數增加而變大的。所以她同意增加約會的次數來提高機會。例如，她參加了網路相親活動，每週固定參加一些社交活動，同時也請朋友和親戚幫忙介紹。大約半年後，她有了固定的交往對象，而且看起來很可能會有結果。在增加了合適對象的條件後，她找到真命天子的機會也提高了。她的故事著實給了墨非定律當頭一棒，它告訴我們，事實上事情是可以往好處發展的，只要你願意努力提升可能性，而不是讓「命運」牽著鼻子走。

第三帖解藥：我們註定自由，也註定要冒險

人生在做選擇時難免要承受一些風險，你要有心理準備。但在對增高的風險遽下結論前，要

先檢視這些風險的證據。（柏拉圖、齊桑姆、沙特、克利佛、哈特）

墨非定律的一個較弱的形式是**放大風險**。它會把小風險變大——如果某件事有**任何**機會出錯，那麼它**可能**會出錯。墨非定律除了會引起一種失敗主義者的反應（「幹麻還要試！」），當你想試試看時，放大風險還會引起嚴重的焦慮。我們害怕的，其實就是未來的不可知。當你一股腦兒栽進不可知的未來時，如果成功的勝算很低，你自然就會往壞處想，你會告訴自己做不到，最後抓狂。有什麼方法可以讓你不要把自己搞得這麼累？

首先，你所報導的風險總數應該是你客觀確認的**風險因數**之函數。例如，在高速公路上爆胎是可能發生的事，但若沒有任何證據顯示發生爆胎的因數，那麼它發生的可能性就很低。千萬不要因為某件事有一點點風險，就自動做出這件事風險很高的結論。在下結論之前，要先看看你風險因數。

我敬愛的導師齊桑姆曾告誡過我們，當你在推論某些事情的可能性時，絕不能忽略任何可能影響你結論的前題。因為某些證據對某些事情而言，風險可能很低，但在另一組證據下，它的風險卻可能很高。例如，當你發現輪胎已經快壞了，或胎紋已經磨損了，或者是你知道某個型號因為材質瑕疵已被廠商召回，那就是另一回事。

但這並不表示你要無時無刻留意風險因數，把自己搞到發瘋。購買前先上網查一下某個牌子的輪胎記錄——甚至是整輛車的——有時能找到一些很有用的資訊，例如召回記錄、碰撞測試結果，以及其他產品安全的相關資訊，但查到某個程度後，你就要從網路回到具體的世界做決定。

我們的生命有限，不可能無所不知。所以，如果你堅持要有完整的資訊才能做決定，那麼你將永遠無法做決定。這就是為什麼即使是犯罪調查，求證有罪也不能只靠合理的懷疑。這雖不完美，但卻是我們能擁有的最佳方法。

光是統計數字也不適合拿來做為「人生指南」。知道高速公路因爆胎而喪生的比例並無法告訴你，你或**任何一個特定的人**在這種事故中喪生的風險有多高。飛機墜機的統計數字也一樣。知道某家航空公司，甚至是某架飛機的統計數字，也無法告訴你，你當下所搭的**這班飛機**運作情況如何。

我有一次搭飛機，登機後才知道其中一具引擎故障，機師正在處理問題。在登機之前，我並不知道任何讓這架飛機列入高風險名單的特殊情況。但是，當機長告訴乘客引擎出問題時，我就有理由往另一個方向思考。當其他乘客耐心地坐在位置上等候時，我起身走向空服人員，要求改搭另一個班機。我告訴他們，我不介意等候他們處理其他相對較小的問題，但我不想把自己的性命拿來和引擎故障做賭注。機長和其他工作人員同意我的看法，讓我改搭另一班飛機。最後，那班飛機無法起飛，其他的乘客要求加開班機讓他們返家。

我並不是沒有承擔一些風險的準備。柏拉圖也會提醒你，我們生活的世界是一個不確定的世界。你現在正在閱讀的這本書是真的，並不是你自己幻想出來的，就理論而言，這只是**可能性很高**。這樣的說法常會讓哲學家成為大家取笑的對象。然而，如果你要的是一個零風險的環境，那麼你才是不切實際。

想要開拓財源嗎？想談戀愛，並擁有一個有意義，且以信任為基礎的人際關係嗎？想要接受大學教育嗎？如果是，那麼你就必須承擔風險。不管是好是壞，人生難免會有意外。我認識一個人，他只是去做例行治療，卻再也沒有活著出來。沒人能向你保證，事情一定會和你所預期的一樣。這就是人生。

記得嗎？沙特說過，我們「註定自由」（見第五章），這同時也意味著我們註定要冒險。選擇的自由和**冒險的自由**是一樣的。所以面對風險時，你一樣要理性地加以評估。過度理想化而忽略風險是一個極端，過度誇大它們則是另一個。這兩種評估風險的方法實際上都不可行。採用第一種方法，你會讓自己冒無意義的風險。採取第二種做法，即使是合理的風險也會讓你感到害怕而裹足不前。到最後，你還是必須決定要冒**何種**風險，而不是什麼風險都不承擔。

風險的扭曲有時會以**每況愈下**的預測方式出現：即預測一連串像滾雪球般越滾越大的負面後果。「如果我今晚沒辦法睡覺，我明天則無法正常思考。我會把工作面談搞砸。我會找不到好工作。我會永遠再也找不到像那樣的工作。我會一輩子做這沒出息的工作。」經過這一連串的負面推論之後，你最後肯定還會再加上這麼一段：「這真的是太可怕了，我實在受不了了！」這裡的問題在於思考本身，而不是在於預測是否證實。你編造註定悲慘的可能性，不斷打擊自己，搞得自己焦慮不堪。你無法入睡，正是因為你把自己弄得心神不寧。

但這並不是說，擔心一定是壞事。至少當**真的**有事需要擔心時，它就不是壞事。我的教授哈特就曾犀利地指出：

> 在危險的情況下感到恐懼是非常重要的……但情緒的價值是變動的，它的價值會隨著與現實的衝突而降低，變成暴力和偏執的根源。這類情緒對思考不但沒有幫助，反而還會控制它，讓我

們不但無法依據危險的情況思考，還會讓它一直陷在想像的情境裡。這種偏執的強烈情緒剝奪了代表理智的意向性特徵，而這些特徵是我們理性道德行為最重要的要素。

根據哈特的看法，恐懼的感覺在引導你注意不同的環境面向時，扮演重要角色，有的環境面向可以幫助你，有的則會妨礙你。適度的焦慮會讓你在繁忙的高速公路上保持警覺。它也能讓站哨的士兵保持警戒。在真正危險的情況下，這樣的焦慮是很有用的。但是這種建設性的功能卻會被極度焦慮這類的強烈情緒所破壞，像是每況愈下的預測所引發的極度焦慮。

別讓自己掉入這種自我毀滅的幻想裡，這點很重要。在這種情況下，最重要的是堅持證據。別忘了克利佛的告誡：對所有你所相信的事提出質疑是你的責任（見第九章）。例如，你認為搞砸了這次的面試，就永遠再也找不到工作的證據在哪裡？你大叫一聲，「真是無聊！」然後翻身入睡——睡不著時就數哲學家吧！別再數羊了。

事實上，每況愈下的預測也可以利用過去的經驗加以駁斥。讓我舉個例子，一九九四年奧勒岡州舉行公投，通過了尊嚴死亡法案，允許有行為能力的奧勒岡重病居民——經合格醫生診斷並證明只有六個月生命，且經由第二位合格醫師確認——施行安樂死。這個法案允許開藥給合乎規定的病人，只要他口頭及書面要求結束自己的生命。

然而，許多反對這個法案的政治人物卻質疑它的合憲性，讓它在法院擱置到一九九七年，直到奧勒岡人民再次舉行公投重新執行該案。反對者擔心這項法案會造成對少數民族及窮人的歧視，而且可能引發一連串的自殺風潮，最後造成對生命的輕忽和毀滅。

在我執筆撰寫這本書時，這個法案已經執行了八年左右，之前所擔心的事一樣也沒發生。只有少數的病人選擇這個合法的方式，而且大多數是中產階級的白種人。美國司法部長曾為此法案提請美國最高法院裁定，理由是違反聯邦法律對非法藥品的管制。

儘管美國政府可以使用各種方法將自己的道德價值強加在美國人身上，但這個法案的執行經驗卻駁斥了之前認為安樂死（經過審慎限制）可能對人類生命造成毀滅性後果的臆測。如今過去的經驗已證明了之前評估的可能性並不正確。這也是為何司法部長只好另闢蹊徑！

政治人物和老百姓一樣，都要仔細評估過去經驗所提供的證據，來為他們的政治和生活選擇做決定。例如，限制人類的自由將會帶來反效果，這是可以預見的。過去有許多獨裁者都曾試過這麼做，但最後只是造成自己的滅亡。極權政治如日中天時，通常都是以人民的苦難為代價，到頭來報應的還是自己。這些和人民想法背道而馳的人不是對歷史無知，就是心存妄想（或者兩者都是）。

第四帖解藥：用理性控制恐懼，就是勇敢

當面對攸關他人和自己安危的情況時，要用「中庸之道」來處理恐懼感和自信感。（亞里斯多德）

我在第三章曾稍微提了一下我之前的一個個案，他是精神科的護理人員。每天晚上下班後，他就會對隔天工作可能出錯感到極度焦慮。他一直告訴自己，他的工作非常重要，因為別人的生

命操縱在他手上，他一旦出錯，就可能對病人造成嚴重的後果。

沒錯，他是有可能有把事情搞砸，造成病人嚴重受傷，但可能性並不高。畢竟，他是合格護士，而且還有其他支援的護理人員和他一起輪值。但由於要求完美，他告訴自己必須要完全掌控情況〔註三〕，而且過度放大事情可能失控，並導致病人受到嚴重傷害的風險，結果變得每天晚上都很焦慮。

這個案例很明顯是跟理性控制恐懼的能力有關。從品格倫理（character ethics）的觀點來看，這位個案的行為是很懦弱的。他過度擔心事情會發生意外。此外，根據亞里斯多德的觀點，理性地控制恐懼是需要勇氣的。

亞里斯多德認為，勇氣「是一種處理恐懼感及自信感的方法。」面對一般人恐懼的事情——羞辱、貧窮、疾病、孤獨和死亡——他認為，勇敢的人能坦然面對這些事情，並依據原則行事；而這正是德行的目的。但我們面對這些事情時，有時可能比較害怕，有時可能沒那麼害怕，或害怕其實沒有那麼可怕的事情，這都是有可能的。我們會犯的錯包括害怕我們不該怕的事情，害怕我們事實上不需害怕的情況，以及在我們不該害怕的時候害怕等等；對於能夠激發自信的事情亦然。而勇敢的人則會透過正確的動機，用正確的方法，在正確的時刻面對應該面對的事，恐懼應該恐懼的事，而且在應該有自信的時候感到自信；一個勇敢的人會採取對情況最有利的方式來感

註三　我在前面曾經提到，他還有苛求認同的問題。事實上，他之所以會要求自己要完全掌控情況，問題的根源就在於他對認同的苛求。

受和行動，一切按原則的指導行事。

我的個案擔心自己會對病人造成傷害，他擔心的事似乎是有道理的。但因為他的病人並沒有任何立即的危險，他顯然是擔心得太早了。此外，他的自信心很低，這點和他的能力以及所受的訓練很不相當。我的個案在面對他的情況時，顯然並沒有展現應有的勇氣。相反的，他顯得**非常**害怕。〔註四〕

但這並不表示你應該走向另一個極端，變得過度自信。如亞里斯多德所言，這種人之所以什麼都不怕，只是因為他們不認為有什麼事是應該害怕的。相反的，真正勇敢的人知道什麼是危險，而且不會輕忽它。開車就是一個很好的例子。當你開始認為你值得獲頒年度最佳駕駛獎時，你便可能讓自己陷入出車禍的危險。一個真正勇敢的駕駛不會輕忽開車的危險。相反的，他會隨時將這些危險謹記在心，以便能更加小心地處理它們。〔註五〕

所以，重點在於不要過度自信，也不要太沒信心；不要害怕過頭（膽小），也不要什麼都不怕（魯莽）。如我之前所說，評估風險時，必須將該活動所可能觸及的風險因素納入考量。在面對重大的危險時一點也不害怕，跟因為一點小小的危險就被嚇壞了一樣，都是愚蠢的行為。

最近，曾在海軍陸戰隊服役三十七年的退伍上校約翰．穆沙（John Murtha），站出來呼籲美國儘速從伊拉克撤兵。他是一位獲得授勳的戰場英雄，曾因越戰獲頒銅星動章和紫心動章。不久前，他親自到伊拉克視察戰況。他指出，布希政府處理這場衝突的方法是「一個用幻想包裝的瑕疵政策」，並警告美國若繼續參與這場戰爭，就是「讓敵人聯手起來反對我們」。當他發現伊拉克的情況比他們當時在越南還危險時，他站出來為無數因這場戰爭而喪生的人說話。

副總統錢尼回應穆沙，指責他沒有「骨氣」。錢尼年輕時曾因數度延後入伍而未曾當過兵，如今卻大剌剌地指控一位獲得授勳的戰地英雄懦弱。亞里斯多德有段非常有智慧的話：「對危險無知的人也會顯得很勇敢……那些因事實被矇蔽而受騙的人，他們如果知道或懷疑他們所知道的事情和事實並不相符，那麼他們一定會嚇得飛也似地逃走。」那麼，誰才是真的有骨氣？是一個在越南面對過類似危險的人，還是一個看到危險拔腿就跑，但叫別人去送死就不怕的人？

雖然穆沙一開始也贊成對伊拉克進軍，但他並不害怕承認這是他的錯。其他人——伊拉克人民和美國人民——的幸福，比努力保住自己的面子來得更重要。在另一方面，錢尼則未能持平地考量繼續對伊拉克進軍可能帶來的慘重損傷，對一個毫無親身經驗的地區，他顯然是太過自信。錢尼斷然堅持冒一個他沒有資格評估的危險，以及他頑固地拒絕聆聽——或至少尊重——比他有資格的人，顯示他是一個沒有勇氣的人。

在面對危險時，過度自信和缺乏自信常常是源自於無知。例如，在對危險進行評估時，我們常常不是反應過度就是反應不夠。有些人自認為自己是金鋼不壞之身，所以對身體健康總是不太在意。舉個例子，我認識一個傢伙，他的朋友感冒了，但他還是跟他共用一個杯子，而且還很自豪。這個可憐的傢伙最後差點因此送命。用這種漫不經心和過於自信的態度來面對健康上的危

註四　我這位個案的「動機」是否符合亞里斯多德所說的勇氣，我也深感懷疑。因為他的動機主要是強烈需求主管的認同，但對亞里斯多德而言，勇氣的正當動機是做對的事，只因為它是對的。

註五　也有人稱它為「防衛性駕駛」（defensive driving）。

險，有可能導致傳染病的散播，甚至造成全國大流行。

性行為也是一個很好的例子。雜交是很不智的行為，因為經由性行為而感染愛滋病之類的性病風險是很高的。但在另一方面，現在仍然有一些人（和二十年前相比，現在已經少多了）擔心和愛滋病患握手會被傳染。所以，亞里斯多德的結論很正確，無知經常是不當處理恐懼和自信的問題根源。

所以，在確認危險之前要先自我教育，這樣的做法通常是不會錯的。譬如說，上網搜尋愛滋病的傳染模式和高危險的性行為類型。也就是說，你必須小心謹慎，不要因為錯誤的詮釋資訊而誇大或輕忽了危險。例如，熱吻通常都不是高風險的行為，但如果熱吻的對象是愛滋病患，他碰巧又牙齦出血，你便可能經由接吻而感染愛滋病。但若只是在嘴唇上輕輕一吻，或嘴唇沾到別人的唾液，便擔心可能感染愛滋病，這是沒道理的。

第五帖解藥：一廂情願是盲目的態度，醒醒吧

如果你在自我毀滅的惡性循環中繞圈子，對自己的未來感到悲觀，那就拋開對安全感盲目、荒謬的渴望吧！因為它只會讓你的生活變成一灘死水。盡你所能提高光明前途的可能性吧。（叔本華）

除此之外，你還應該避免過度一廂情願的想法——即使某件事之前不斷出錯，你還是認為它未來會改善。宿命論會毀了你的未來，因為不管怎麼做，你永遠走不出憂鬱和失敗命運；而一廂

情願的想法則會誤導你，讓你認為不必做任何改變，事情就會好轉。不管是前者還是後者，到頭來你只會讓自己在一團混亂中翻來覆去，欲振乏力。

羅素就曾清楚地指出，兩件事情在過去同時發生，而且沒有例外的次數越多，它們在未來會同時發生的可能性也就越高。這意謂著，如果過去某件事老是出錯，但你卻不曾針對造成這些錯誤的生活習慣做適當的改變，那麼未來同樣的事情就很可能會再繼續出錯。當然，我這麼說，並不表示這是必然的。只要你能針對相關的面向改變現況，那麼你就可以改變你的未來。

面對不斷導致不良後果的習慣，很多人就是固執不肯改變。就像打扁了又會再彈回來的沙袋一樣，變成一種惡性循環。這類的人天真地相信，當他們下次被打倒再站起來時，事情會變好，情況會改善。家暴的受害者——他們不斷被施暴，不斷送醫治療，每天過著如履薄冰的生活，直到下次再度被施暴——就是不斷抱持著這種自欺欺人的想法。「下次情況一定會改善。」一當風暴過去，回復平靜後，她總是這麼說。但這不過是下次再度被暴力攻擊的序曲，只有永久的改變——有時是受害人死亡——這個惡性循環才會終止。

有些只想混文憑的大學生，必修課被一當再當後，還是依然故我，對未來總是抱持著樂天的想法。這類學生從不改變他們不良的學習習慣，只是一味地打混，直到情況惡化到永遠無法改變的地步——通常是最後完全放棄，中途休學。

我有幾個學生，每隔幾年就會再度出現，最久的長達十年，每次他們都會為「主修課程」修更多的課，但隨著畢業的時間越來越近，這些人的「主修」也會跟著改變。每次復學，他們的熱情就會重新點燃，但很快的就會再度化為灰燼，然後等待下一波讓他們永遠成為邊緣人的惡性循環。

這類的循環都有個共同的特徵，那就是一廂情願的想法。他們一廂情願地漠視過去的證據，結果導致問題不斷重複出現。我有時真的忍不住想大叫：「張開你的眼睛吧。你不過是在自欺欺人。」套句沙特的話，你一直活在錯誤的信念裡。你不由自主地像個陀螺般轉個不停，直到最後不可避免地停下來。這時你的時間已經耗盡，所以事情最後又告吹。醒醒吧，你必須正視證據。

命定主義認為意志完全由外在情況所控制，而上述的例子剛好成為支持命定主義強而有力的實例，因為如果人真的有**自由**，怎麼會選擇這樣的生活呢？如果這跟你的情況有點類似，那麼這就是挑戰你意志力的時候了。你是否有能力跳脫這種循環，真真實實地過生活？

重點不在意志力本身是否是受外力控制。人類有能力改變自我毀滅的行為，這點你不必探索深奧的形上學也能領會。如我之前所提到的，當人們嘗試改變自我毀滅的行為模式時，我們的理論便再次得到證實。不管你是宿命論者或是堅信自由意志者——也就是所謂的自由派——你都無法否認這種改變是真的可能，而且實際上也在發生。

那麼，有什麼方法可以引導你的意志力，讓你擺脫自我毀滅的惡性循環？

最好的因應之道，就是堅持凡事講求「真憑實據」。對於沒有充分證據支持的事情，要有懷疑的精神，這是你的職責。如果過去某些情況總是不斷引發相同的不良後果，你還認為「事情這次會有所改變」就是違反理性。再也沒什麼比這更荒謬的了。它只會重複相同的結果，除非你能對你的人生做出有意義的改變。

叔本華相信，凡事都能透過「充足理由律」（principle of sufficient reason）加以解釋。這個原則認為，凡事必有其存在的理由。當相同的理由出現時，你便可以預期會產生相同的結果。但你不能把它做為合理化的藉口。叔本華認為，人有一種自衛的盲目渴望，但它總是事與願違地走向死亡和毀滅，這就是真實世界。根據叔本華的看法，克服這種盲目的混亂動力的唯一方法就是抵抗它。讓你的生命在自我毀滅的循環中慢慢耗損，的確能提供某種變態的穩定。這就是為什麼受虐者常常會懷疑他們有能力離開施暴者。他們告訴自己，獨立謀生有多困難，他們是多麼幸運有人能扶養他們。所以他們只好用樂觀的想法安慰自己，拿它做為自己忍受這種受虐關係的合理化藉口。

如果你放任這種盲目的渴望而不加以抵抗，它最後只會讓你走向毀滅。叔本華肯定會告訴你，善用你的智慧來抵抗這種渴望。方法之一就是完成你的自我毀滅——讓你自己完全暴露在這種對安全盲目而異常的渴望，不管它是什麼，這種渴望是與生俱來的，讓人向下沉淪的毀滅和「邪惡」的力量。讓隱藏在你的合理化藉口下的事實，和過於樂觀的想法排排站，事實必然會讓你的樂觀想法黯然失色。只有這種震撼思考體系的方法才能幫你醒過來。醒醒吧，正視證據。

但這並不是要你變成悲觀主義者。我也不建議你像叔本華一樣，抱持著極端的悲觀想法，認為自然界的每件事都是這種邪惡的毀滅力量的作用結果，而我們的世界則是所有可能存在的世界中最糟的一個。在那些你沒有必要拋棄幸福的情況裡，悲觀是不合理的。羅素在評論叔本華的哲學時曾提到：

他的悲觀主義讓人可以接受哲學，而無須說服自己所有的「惡」都是可以解釋過去的，正因為如此，就做為一帖解藥而言，它是很有用的。

事實的確是如此，不是所有的惡都可以用這種「事情下次會改觀」的方法就能「解釋過去」。在這樣的例子裡，樂觀是不合理的。在這種情況下，如果你仍然不改變過去的行為，那麼對未來感到悲觀才是比較實際的做法。但這並不表示你該讓自己變得沮喪。沮喪代表你放棄了。這裡的悲觀指的是為建設性的行動做好準備。

所以，成績不好的學生可以努力培養新的閱讀習慣，或是想辦法讓自己集中精神。不斷約會卻總是找不到對象的人，可以放棄尋找完美另一半的想法（因為這世界不存在這種人），承擔一點風險去建立長久的關係。家暴的受害者則可以向受過訓練的專業人員尋求協助。

醒醒吧。改掉你**盲目的**樂觀態度，因為這種合理化的方法是很危險的。回到現實，對你的情況感到悲觀吧，只有這樣，事情才可能真的有所改變。你必須付諸行動，才能擁有幸福的未來。給你自己一點可以**真的**樂觀起來的東西吧。

真正的幸福掌握在你手中，但你必須為它付出心力。你每發揮一次意志力，下次要再發揮意志力時便更容易。最後，你一定能戰勝老是讓你在谷底打轉的壞慣性。培養具有建設性改變的前進動力，就像一具不斷運轉的永動機。在人生這條變化多端的高速公路上，你只要踩下油門，就能不斷前進，一步步朝向成功的未來駛去。一廂情願的想法只會讓你在慣性的作用下停滯不前。發揮你的意志力，準備出發吧。

【第十一章】講求科學思考：對治盲目預測

「為什麼會有愛滋病這種傳染病和海嘯這種天災？」「為什麼壞事會發生在好人身上？」「為什麼我會碰到一連串的厄運？」這些「為什麼」的問題清單可以長到無止盡。老是**沒有根據地**猜想為什麼這些討厭的事情會發生，常會引發無謂的、自我打擊的焦慮、憤怒、罪惡和沮喪的情緒。

儘管如此，追問「為什麼？」卻是理性真諦的核心。蘇格拉底對話式的哲學方法就是以這個問題為基礎。科學的探究也常常從問「為什麼」開始（和結束）。所以，重點不在於是否提出問題，而是**如何**去呈現你的問題。〔註一〕

註一　「為什麼？」這個問題本身就很含糊。有時候，我們問為什麼只是需要一個解釋（explanation），有時候則是為了尋找正當的理由（justification），但有時甚至不知道為什麼要問為什麼。連續殺人犯泰德．邦迪（Ted Bundy）曾說過，他一直在接觸色情刊物，這是促使他犯罪的部分原因。許多罪犯都有受虐的背景。雖然這些事實能夠提供解釋，但卻不足以做為殺人的正當理由。相反的，「為什麼偷竊是犯法的行為？」這個問題要的是一個正當的理由。「因為如果我們允許偷竊，我們就不可能有滿意的生活」，為我們的法律提供了合理（道德）的理由，而不只是一個解釋。本章所處理的「為什麼？」，主要是針對解釋的意涵，而非正當的理由。

我們在第十章已經清楚看到，用錯誤的普遍化規則和預測規則當基礎來歸納你的觀察，只會造成自我打擊。在面對這些破壞性的習性時，你只要能採取理性的哲學方法，便能減輕自己的壓力，提升自己的幸福。在本章，我將告訴你如何避免因盲目的猜測所衍生的壓力，並運用科學的生活方法來獲得更大的幸福。

廣義來說，科學的生活方法是指，當你回答生活中許許多多的為什麼時，要用能讓你**合理地**找到並確認答案的報導規則為基礎。我在第十章曾經提到，這個範疇裡有三條相關的原則：解釋原則、因果原則和違反事實的原則。

解釋原則

解釋原則告訴你如何解釋你特別好奇或困惑的事情。「為什麼我沒有被錄取？」一個滿臉不悅的應徵者發著牢騷。然後，她很有自覺地解釋：「我敢說，肯定是因為我太胖了。」「他為什麼到現在還不回家？」一個焦慮的母親如是問，她正等著十幾歲的兒子參加學校的聚會回來。「都已經半夜兩點了，他兩個小時前就該到家了。」然後，她用自己最害怕的事來解釋這個事實：「他可能發生車禍了。」

「為什麼他不能對我友善一點？」一個員工和老闆打招呼，對方只是淡淡的回了句「哈囉」。於是她開始尋求解釋，「他可能在生我的氣，或者，更糟的是他想開除我。」

在這類不勝枚舉的例子裡，我們常用自己最害怕的事情來回答我們的問題——害怕被拒絕、害怕失去最愛的人或物、害怕遭背叛。這點正說明了人類沒有安全感的習性。為了自我保護，我們常會忽略許多很明顯的事情，讓自己為毫無必要的事煩心，並浪費許多寶貴的時間在可能性很低的事情裡打轉。

但這不表示我們不會走上相反的極端，選擇用最好的解釋來安慰自己。舉個例子，做母親的雖然有很強的理由懷疑自己的兒子染上毒癮——她發現床上藏了一包毒品——她還是接受了兒子的解釋，那些毒品是他朋友的。另外一個例子是，一位九歲大的女孩不斷對母親抱怨她的繼父觸摸她的下體，做母親的卻拒絕相信：「妳只是因為嫉妒，想拆散我們。」在這些例子裡，證據被合理化而遭到忽視，取而代之的是比較無害、比較不具威脅性的解釋，這種解釋的選擇同樣是出於恐懼。第一個例子是母親對兒子可能染上毒癮的恐懼；第二個例子則是妻子對丈夫可能是兒童性侵者的恐懼。

這些都是不當的解釋，但我們可以理解，為什麼有些人寧可選擇相信比較無害的解釋。但解釋的邏輯講求的是可能性，而不是恐懼或偏好。而可能性是要講證據的，不能因為你恐懼什麼或偏好相信什麼，而任意讓它放大或縮小。解釋的邏輯是科學的邏輯，它是有幾分證據說幾分話。

如果你想用科學的方法解釋事情，那麼就必須避免使用下面這兩條事件報導規則：

恐懼的解釋

如果你害怕某個解釋勝過另一個，那麼可能性比較大的就是你比較害怕的那個。

拿手的解釋

如果你對某個解釋比較拿手，那麼你比較喜歡的那個解釋發生的可能性就會比較高。

這兩條規則都將實際的重要性和解釋的可能性（可信賴度）混淆了。沒錯，你的孩子晚歸是因為塞車，和他因車禍喪生相較，後者對你生活造成的負面衝擊比較大。但這絕不是它可能性較高，或是你覺得它可信度較強的理由。但事實上，大部分的人都會這麼做。當我們被恐懼壓得喘不過氣時，我們的反應就是，讓某個特別糟糕的可能性突然大幅拉高，把其他較不具威脅性的競爭者遠遠拋在腦後。

對事情提出解釋時，你能做到多科學？你對事情的解釋是奠基在你的恐懼上？還是你會傾向選擇比較不具威脅性，而且最能符合你希望的解釋？如果是，你不是唯一會這樣做的人。在人類嘗試對世界提出解釋的過程裡，訴諸這類解釋的例子不勝枚舉。舉個例子，為什麼人類有很長一段時間總是把黑死病和其他天災視為觸怒天神的後果？因為它出自我們對生活的恐懼。神明也許會因為我們供奉的祭品而息怒。所以，我們要努力重獲恩典才能保住小命。

沒錯，當人類對大自然的掌握能力越強，就越不會訴諸這種超自然的解釋。如今，對瘟疫降臨的恐懼，大部分已經被我們有足夠能力控制大自然的自信所取代。然而，即使在今日，許多人之所以相信上帝，主要還是出於對地獄的恐懼，而且有些人仍然相信，像愛滋病這類的疾病是上帝對同性戀和其他「罪人」的懲罰。

正是這種對宗教的盲信行為，讓十七世紀的伽利略遭到迫害。天主教想把「依據上帝的形象所創造的」人類放在宇宙的中心。但是伽利略（和在他之前的哥白尼一樣）找到了證據支持地球是繞著太陽旋轉，而不是相反過來。教會將他的學說視為異端，因為它推翻了地球中心說。教會堅持他們所拿手的解釋——一個最能符合教義的解釋——以便讓他們能將所有與教義不符的證據用合理化的藉口解釋過去。

因果原則

你是否會避免從梯子下面走過，或和黑貓面對面？你是否會跨過人行道的裂縫或是敲木頭來驅除厄運？當你不小心打破鏡子時，你是否擔心會倒楣七年？你是否擔心打翻鹽巴？你是否在生日裡打人家屁股或被別人打屁股？這些迷信有些是從驅除惡靈、取悅神明演變而來的，有些則是為了祈求平安和消除厄運，而跟超自然的力量打交道。為什麼有些人會相信這些行為？你可能會說：「為了避免厄運。」但是並沒有證據顯示，像打破鏡子這類的事情會為你帶來厄運。在這些例子裡，用來判斷因果關係的不是證據，而是恐懼。

那麼，這種判斷一開始是如何形成的呢？例如，打破鏡子和厄運有什麼關係？古時候的人認為，因為鏡子裡有某人的影像，一旦被打破，鏡裡的人就會受傷。但為什麼一開始會有人做這樣的連結？沒錯，鏡子裡的影像的確就像本人，所以這可能是其中一個原因。但這類的迷信可以流傳這麼久，其中一定還有更深層的理由。

許多年前，我曾打破過一個鏡子。接下來的幾年，我的運氣真的很差。要我把厄運和那面該死的鏡子聯想在一起是很容易的。畢竟，厄運真的就是在那個受詛咒的鏡子摔成碎片之後才開始的。

但是這樣的推論有一個問題，我的厄運開始出現之前，發生的事情太多了。例如，我拿到了博士學位、搬到了另一州、找到了一份新工作等等。我也可以說，是因為我搬到佛州才招來這一連串的厄運。但這樣的推論真的很荒謬。

不久前，我在一個電視談話節目聽到一名觀眾來電，提到自從美國駐兵伊拉克後，就再也沒有任何恐怖攻擊事件發生，他的意思是，美國在伊拉克的駐軍防止了恐怖份子對美國本土的攻擊。但沒有恐怖攻擊也可能是因為副總統錢尼的幕僚長李比因偽證罪被起訴、因為中情局幹員普拉米的身分曝光、因為柯林頓的自傳出版、因為卡崔娜颶風橫掃紐奧良。

當我還在念大學時，常穿同一件襯衫去考試。我還記得大一新生的第一次考試，那次碰巧也是穿那件襯衫，結果我是全班最高分。自從那次以後，我每次考試就穿那件衣服，而且一直都拿高分。一段時間後，這件衣服已經有些破舊了，但我還是習慣穿它，直到我的小狗皮皮把它給咬爛，而且還吞了下去。當這件襯衫的碎片最後終於在狗便裡重見天日，穿不穿這件衣服，對我而言已經無所謂了。我要感謝皮皮，讓我知道自己錯了。雖然我的幸運襯衫沒了，但我的考試成績還是一樣好。

所以，這個廣受喜愛的因果規則是站不住腳的：

因為如此所以這般的規則（註二）

如果一個事件在另一事件之後發生，那麼前面發生那件事就是後面這件事的原因。

這個規則唯一有點道理的地方是，原因的確是常在結果之前出現。但光靠這點並不足以做為因果判斷的合理原則。彌爾就曾經指出，如果光憑這點就能判斷因果關係，那麼我也可以說黑夜引起白天，因為白天總是在黑夜之後發生。但這麼推論是很愚蠢的。

我在前面曾經提到，有些人認為愛滋病是上帝為了懲罰同性戀而降臨在人類身上的。但採取科學觀點的人會告訴你，這種疾病是細菌透過患者的血液或身體分泌物（如精液）傳染到另一個人身上的，最主要的傳染途徑是沒有保護措施的性行為和共同使用針頭。第一種說法是無法實驗的，所以也無法否認。就這點而言，它是反科學的。但要注意，它們並沒有自相矛盾。事實上，他們還可以拿出一點不迷信、而且還蠻科學的說法來解釋他們的觀點。例如，你可以說，上帝並不希望人們雜交，所以利用因果律來阻止這類的行為。這些因果律還包括了如果你對性行為不夠小心，你就會染上愛滋病這類經由性交傳染的疾病。

你或許也注意到了，第三種觀點並未違反愛滋病的科學觀點。事實上，如果你假設上帝的意志反映在控制這類疾病傳播的因果關係上，那麼，這個假設甚至可以用科學的方法加以試驗。可

註二　我們常用一句拉丁文來表示這條謬誤的規則：post ergo proctor hoc。它的意思是「因為如此，所以這般。」

惜的是，有些採取宗教觀點的人認為，宗教的虔誠和信奉上帝是無法和科學並存的。他們認為兩者只能選擇其中一個，而且一旦向科學低頭，就是對上帝不敬。同樣的，有些採取世俗科學觀點的人，認為宗教的解釋是反科學的，任何對這類解釋的讓步就是犧牲對科學的承諾。所以，一邊是宗教信徒向世俗主義者宣戰；另一邊則是世俗主義者向宗教信徒宣戰。下面是雙方陣營各自採取的規則：

宗教狂熱主義

為了堅守對上帝的信仰，你必須譴責世俗的科學解釋，並採取宗教的觀點。

世俗狂熱主義

為了堅持對科學的承諾，你必須譴責宗教的解釋，並採取世俗、科學的觀點。

這兩條規則建立在一個相同的假設上：宗教和科學是互不相容的。這不只犯了因果的謬論，更是一種僵化的觀點。你若不相信宗教，你就是異端；你若不相信科學，你就是迷信。沒有討價還價的餘地。但我在前面就強調過了（透過亞里斯多德的協助），這種極端主義只會導致對事實的扭曲，影響你的個人幸福和人際關係。適當的信仰並不是什麼愚蠢的行為，而一個能接納適當信仰的科學觀也不是瘋狂之舉。那些用祈禱取代科學，並等待上帝行動的人從未了解，上帝和自然界的因果關係並不是水火不容的，不論我們能從科學得到什麼幫助，它都是自然律的產物，它屬於自然界，從而也是「創造」的一部分。蔑視科學解釋的創造論者和瞧不起宗教解釋的世俗主義者，兩者所犯的錯誤都是一樣的。

我的意思並不是要你相信創造論才能避免錯誤。我也不是要你非得相信上帝不可。我的重點是邏輯的，而不是本質的。科學和宗教不是黑與白。他們是可以彼此相容。有許多的灰色地帶——溫合的宗教觀——可以讓科學和宗教都能言之成理。如果無法明白這點，只會讓雙方陣營的狂熱份子製造不必要的嫌隙。

那麼這就表示我認為我們可以在自然科學的課堂上教授宗教解釋？不，一點也不。就像我不認為我們應該在宗教課程裡教授演化論，或在人體解剖學裡教授經濟學一樣。那麼，我是否承認這**兩門**學科可以讓你對我們的世界擁有更一致、更相輔相成、更富有啟發性的哲學觀？是的，我正是這個意思。

就像創造論和演化論處理的都是宇宙起源的問題，經濟學和人體解剖學處理的都是人的特性，用的方法雖然不同，但卻可以相輔相成。問題的根源通常是因為對創造論採取字面的詮釋，狂熱的信徒堅信人類源自亞當和夏娃。堅信這種字面解釋的人必然會認為，創造論和演化論絕無妥協的餘地。如果這些信徒不願承認某些假設和科學是可以相容的（即使他們本身無法接受這些假設），並把這些觀點視為罪惡的異端邪說，或對神諭的不敬，那麼他們就是宗教狂熱份子。而這正是把宗教推向反科學的極端。對於那些站在世俗這一邊，同樣缺乏包容心的人也一樣。

違反事實的原則

反科學的宣稱同樣也能用違反事實的形式出現。你是否注意到，我們所談論的事情，有很多是根本沒有發生的？我們常會說，「要是我那時能」或是「要是我那時會」或「要是我那時如此這般」就好了，而不是我們當時實際上做了什麼，而且還言之鑿鑿，好像那些沒有發生的事情一定會這麼發生似的。我們把事情在心中重複播放，但用的不是它真實發生的版本，而是其他的版本。

「我那時要是走高速公路而不抄小路，也不會遲到。」「我要是多吃點維他命C就不會感冒了。」「要不是我們的四分衛在開場的前四分之一局就受傷，我們一定可以痛宰他們。」「要是高爾當總統，九一一恐怖攻擊事件也不會發生。」「要是我在低價時買進那些股票，我今天就可以過著優渥的生活。」「要是我那天沒穿那件紅色的性感洋裝，他絕不會對我做出那種事。」「我要是再努力一點，一定可以把他打敗。」「要是他心臟病發作時，我人在家裡，我就可以救他了。」「我那時要是陪著他，他今天也不會死！」等等。

你可以隨你高興，想像事情要不是這樣或那樣該多好，但一天天過去了，事實不會因此而有所改變。但這並不表示，所有和事實相反的宣稱都是沒有根據的，這點我稍後會再討論。但事實是，許多這類的宣稱常被拿來做為逃避現實、不願勇敢面對它的藉口。例如，遭到性侵的受害者會責怪自己，而不是責怪加害者，這是很常見的，尤其當對方是親人，如父親。「我一定是做了什麼壞事才會得到這種報應。」一個受害者如是說，宣告她自己有罪。這和咒罵自己「我真是個無用的廢物」一樣，但這與事實並不符合。

走上另一個極端的人，時常提出違反事實的聲明，目的是為了讓自己能夠抬起頭來，讓自己覺得好過些。為了展現自己從小被灌輸的男性威嚴，一個愛面子的男人可能會因為一點小事而責怪他的老婆。他可以順理成章地運用違反事實的判斷：「要不是妳一直講話害我分心，我就不會出車禍。這都是妳的錯！」隨心所欲地扭曲事實是多麼容易啊！太多的藉口只會讓你生活在你所做的夢境裡。

請你特別小心下面這條規則：

要是那時能／那時會／那時是的想法

如果你或別人當時不那麼做，我們的世界就不會變成現在這個鬼樣子。

這條規則給毫無根據的臆想太多空間了。然而，讓你自己一直陷在這種假想中是很容易的。例如，我在脆弱的時候會想，如果我兩年前沒爬上羅德岱堡的家德堡禮堂的頂樓，去看傑瑞盛菲德的表演（而且還是在我一整天跪在地上修理廚房的水管之後），我膝蓋的韌帶也不會斷裂。但天曉得？膝蓋經過長時間的緊繃，只要稍微扭到就可能撕裂韌帶。就算不是看表演時發生，也可能在別的場合發生。我對盛菲德並沒那麼著迷，但這真的不是他的錯。

現在你可以清楚地看到，在薄弱的基礎上盲目猜測不是個好主意。理由總結如下：

駁斥：當你訴諸恐懼或拿手的解釋規則，你不但會誤導自己和別人，還會忽視其他解決問題的可行方案。同樣的，如果你總是用「因為如此，所以這般」的思考模式作為你判斷因果關係的基礎，那麼你就會養成輕浮的處世習慣、變得迷信，而這只會讓你在面對問題時走進死胡同。你一旦走進宗教和科學狂熱主義的極端，就無法以理性的、有效的方法來處理你在日常生活中所遭遇的問題。當你用如果「那時能夠」、「那時會」、「那時是」這類沒有根據的推測來合理化自己的過錯、惡行和失敗，你便錯失了從過去經驗學習的良機；當你用與事實不符的言語來詛咒自己，只會讓自己更沮喪、更受傷，從而陷入自我毀滅的狀態。簡而言之，如果你所採用的報導規則，總是讓你在證據不足時貿然做出結論，那麼你只會破壞自己和他人的幸福，永遠無法達成你的目標。

化解錯誤解釋的解藥

第一帖解藥：用批判的方法來考慮其他可能的解釋

對事情提出解釋時，要用批判和科學的方法，不要訴諸恐懼或用一己的主觀好惡來反應。

（卡爾．巴柏〔Karl Popper〕）

在第十章裡，我希望你**在切合實情**的情況下保持悲觀，重點是要切合實情，也就是在應該悲觀時要悲觀，這個標準是非常重要的。因為極度的恐懼會讓人用偏頗的眼光看事情。

這就是我所謂的**恐懼解釋法**的根源。你把事情往最壞的情況想，然後突然間，你便認定它是真的。當你極度恐懼時，可能的情況和實際的情況便經由想像加以連結，尤其是當它攸關你的個人利益時。「我的天啊！」當一位母親聽到「車禍」這個字從她十幾歲的兒子口中說出時，她緊握著手中的聽筒，忍不住一聲驚呼。閃過她腦海的第一個念頭是最糟的——擔心自己的寶貝兒子車禍重傷。經過兒子不斷保證只是一點小擦撞，做母親的焦慮終於漸漸緩和下來，心跳也慢慢回復正常。

當你最重視的人（或事）可能受到嚴重的傷害時，即使可能性並不高，你也很難把自己從當下的情境中抽離出來，理性地判斷。這的確不容易，但決定權在你手上。這是意志力是否足夠的問題。你越是鍛鍊自己的意志力，你就越能夠培養出在充分的理由下做推論的習慣。

根據巴柏的觀點，像愛因斯坦和牛頓這類偉大科學家和變形蟲的不同之處，就是他們在解決問題時採取的是**批判的方法**。變形蟲透過嘗試錯誤的方式來學習，調整牠的前進方向以克服環境中的障礙，這種方法是基因決定的。科學家採用的雖然也是嘗試錯誤的方式，但這種解決問題的方法卻是以理性的方法為基礎。

那麼，你要怎樣才能從單細胞生物升級，向老愛因斯坦看齊？

在巴柏看來，解決問題的批判方法包括了三個步驟：

1. 永遠以一個問題或問題情境為起點。

2. 接著嘗試各種解決問題的方法。它通常包括各種理論，而這些理論在經過測試後，通常都是錯的：因為它們常常只是一些假設或臆測。

3. 在科學裡我們也透過除錯的方法，即排除我們的錯誤理論來學習。

讓我們來想想那位等著十幾歲兒子回家的母親。兒子開車出去，卻比平常晚歸——大約晚了兩個小時。「他在哪裡？」她心裡嘀咕著。她對自己提出了這個問題。這個問題之所以會出現，是因為有幾件事讓她很困惑：到了說好回家的時間還不見人影；他通常不會這麼晚回家；他的手機也沒人接。所以這位母親需要一個解釋。

如果她往最壞的地方想——他出車禍了，甚至可能已經死了或昏迷，那麼她就會不斷想著自從兒子拿到駕照後她最害怕發生的事。她越往那些壞處想，恐懼就越來越強，直到變得再也無法承受，在她的心裡炸開來。當恐懼的解釋榮登了可能性的寶座，所有其他的可能性都被擊敗了，退到幕後去。這就是我所謂的恐懼解釋法。

我曾經認識一位藝術系的教授，他吹噓他是依女學生的胸部大小打分數。「真是可惡！」你會這麼說。「學生的成績應該是他們用作業品質和考試分數**得來的**。」以恐懼為基礎的解釋跟以性欲為基礎的解釋，是不是很類似呢？兩者都把個人情緒和相關證據混為一談。在後面這個例子裡，成績的高低應該是根據對該學科的掌握程度而來；而前面的例子裡，可能性的高低則應該依據證據來判定。

就像還沒有機會證明自己能力的新生一樣，每一個可能的解釋都要經過測試才能給予評價。

否則，你便會做出沒有根據的貿然判斷。要服用**批判的方法**這帖解藥，你必須要公正地根據事情的可能性來考慮其他的可能解釋。

所以，巴柏的第二步驟就是要你留意其他的可能性。只要能解釋所有的事實，不管你想到的是什麼，都是有可能的。也許這位少年整晚都在車子的後座和女孩子親熱，根本沒空做別的事——所以他把手機的鈴聲關掉了，以免被打擾。也許活動結束後，他決定和另一群朋友到附近的星巴克喝咖啡。也許是車子沒油了，他下車去找加油站，卻把手機忘在車上。也許他被外星人綁架了，他們攔劫了手機訊號。

根據巴柏的看法，第三步驟就是排除其他的解釋，直到你找到站得住腳的證明。例如，你可打電話去附近的星巴克，看看他是否在那裡。如果不在，那麼你就必須排除（或者至少駁斥）星巴克這個假設。你可以打電話給高速公路警察。你也可以打電話給史蒂芬金，問看看是否有外星人在城裡開星際會議的消息。或者，你也可以坐下來再等一下，看他會不會打電話回來或開門進來——這樣你就可以排除車禍死亡這個假設了。

對於那些守在門口，心情沉重、恐懼焦慮的父母，看到孩子回家可能是鬆了一口氣，卻又忍不住要生氣：

「你跑去哪裡了？我都快擔心死了！你難道不能打個電話讓我知道你沒事嗎？」

「喔，對不起，媽媽。」男孩用禮貌、鎮定的口氣回答道：「我們只是在學校前面放鬆一下。我想我沒聽到手機震動的聲音，音樂開得太大聲了。」

教訓：與其窮緊張，不如聽巴柏的話。

巴柏的方法是，想辦法看看某個解釋是否可以被否證，而不是被確認。最後勝出的解釋便是那個無法被證明為假的解釋。我們總是認為，在接受某個解釋之前，我們必須要先**確認**它才行，而巴柏的方法特別之處，便是駁斥了這個觀念。

巴柏強調否證比證明重要的主要理由是，即使是毫無批判力的理論都可以聲稱它可以被證明。你是否吃過幸運餅乾，裡面的紙條寫著這類的話：「好運將很快降臨在你身上。」這類預言成真的方式有很多——從一整天工作順利到中樂透都算——它會成真一點也不奇怪。也許你的車子常熄火。你當然可以用形而上的斷言主張你的油箱裡有無法被偵測到的隱形小精靈在作怪。這也可以說得通，對吧？所以每次車子熄火時，你就可以說：「你看，我跟你說過了，那些可惡的小妖精又在作怪了！」問題在於，我們沒有任何方法可以否認這個解釋，因為這些小生物是肉眼看不到，也偵測不到的。

巴柏認為，著名的心理學家佛洛伊德的精神分析理論是無法被否證的。舉個例子，你如何證明小男孩有戀母情結這個看法是錯的？或者，你如何證明小女孩有「陽具欽羨」的情結——即她們覺得自己被去勢，所以會「幻想」自己像小男孩一樣？如果你問一個小男孩，他是否覺得他媽媽對他有性吸引力，他一定聽不懂你在說什麼。此外，大多數的小女孩也不承認她們想要小雞雞。

然而，佛洛伊德學派的虔誠信徒卻不覺得要確認他們的理論有什麼困難。即使證據顯示和理論不符，他們還有「潛意識」這個又深又黑的大鍋子在一旁備用。他們會宣稱，一個人的真正動機，是壓抑、掩藏在深層的潛意識之中的，即使是本人也無法觸及——除非他想加入嚴格的精神分析活動一直到老。

人們正是利用這種方法，在現實和證據相衝突的時候硬拗，以符合他們想要的解釋。當伽利略在十七世紀挑戰地球是宇宙中心說時，教會用的正是這套方法。為了用他們擅長的理論來解釋星球的位置，教會假設了一個非常複雜的小軌道，稱為「周轉圓」。然而，這種竄改事實的行為和一般人說謊被揭穿時所經歷的過程很像。他們不斷編造一個又一個的藉口，只為了把矛盾的地方掩飾過去。但這種行為最大的問題在於，說實話反而**簡單多了**。

第二帖解藥：比較簡單的解釋通常是比較正確的

如果你有兩種解釋可以選擇，兩者同樣都能完整解釋事實，那麼，選擇比較簡單的那個。

（奧坎〔William Ockham〕、畢爾斯利〔Beardsley〕）

說實話比較簡單，因為真實的信念彼此支持，共同組成一個有條不紊的系統。當你為了解釋一個明顯的矛盾，於是開始不斷在一個附加條件上面再加上另一個，這正是你開始失去別人信任的時候。

此外，你附加在一個解釋上的條件越多，你被證明為錯的機率越高。簡單的解釋可能性較高，因為它們需要的假設比較少。你做的假設越少，被證明錯誤的機率就越小。這也是為什麼老練的哲學家通常都很小心，在證明他們的觀點時，儘量避免沒有必要的假設。

所以當你面對兩種同樣能解釋事實的說明時，比較合理的方法是選擇比較簡單的那個。比較簡單的解釋通常是比較正確的，這是十三世紀的哲學家奧坎最喜愛的原則。奧坎在他的哲學論述中常常提到這個原則。「Pluralitas non est ponenda sine neccesitate.」意思是：「如無必要，勿增實體。」

事實上，給予現實過多複雜而沒有必要的說明，有時是一種心智失常的症狀。例如，根據哲學家夢露．畢爾斯利和依麗莎白．畢爾斯利的觀點：

妄想症這種精神病所可能有的一種主要症狀，即患者會在所有可能的假設中，傾向選擇比較複雜的那個，並以它做為採取行動的依據。患有妄想症的人，當他走出大門，看到某個郵差打扮的人從街上迎面走來，他不會單純地推論這個人是郵差。他會認為這個人是他太太的情夫偽裝的，或認為他是一直跟蹤他的外國間諜，而且可能一整晚都躲在他的車庫裡，在一台短波無線電發射器前彎著腰，為一顆塑膠炸彈裝上小扣環。這種偏執的妄想通常都包含了他相信自己受到威脅（可見得他是多麼寬宏大量），他堅信自己的幻想，即使這些幻想的解釋相當複雜，已遠超過他的觀察所及，他也不會退縮。

畢爾斯利認為，從這點來看，偏好較簡單的解釋而不是比較複雜的，「幾乎可以說是理性的主要特徵。」當然，這並不表示你永遠要選擇比較簡單的解釋。某個解釋可能比另一個簡單，但它可能無法適當地解釋所有的事實。然而，在所有條件都相同的情況下，比較合理的方法是選擇較簡單的，而不是較複雜的解釋。

所以，這帖解藥可以防止你為了拯救拿手的解釋，不斷在上面疊上一個又一個的附加條件。如果你正在這麼做，那麼最好趕快認錯。當然，如果你偏好的解釋最後證明是真的，那是再好不過了。例如，沒有小孩會吸毒，沒有父親會觸摸女兒的私處，這的確是很好。但狗屁倒灶的事不可能永遠都找得到藉口來掩飾。如同我在討論「世界以我為中心」這條規則中提到的，外在世界不會因為你的信念和偏好而改變。你不能因為比較喜歡某個解釋便把它視為事實。

化解謬誤的因果關係的解藥

第一帖解藥：不要訴諸神奇的力量，那會削弱你的理性

在判斷什麼原因引發什麼結果時，要以科學的實驗和分析做證據，而不是奇想和恐懼。（巴柏、培根、彌爾）

未經批判的評估一樣會對因果解釋造成危害。在因果關係的領域裡，訴諸怪力亂神而非理性的科學思考，會讓你處在一種無謂的、自我打擊的焦慮狀態中。例如，當你打破鏡子，你對自己說：「看我做的好事！七年厄運！」然後，一旦發生倒楣的事，你便怪罪打破鏡子這件事。

根據巴柏的觀點，科學思考和這種怪力亂神的解釋，明顯區分了你所處的社會類型。在巴柏看來，原始社會，他稱之為「封閉的」社會，是建立在奇蹟和迷信之上，而進步的社會，他稱之為「開放的」社會，是奠基於理性、科學的思考。當社會充斥著恐懼和迷信，而不是理性和科學的觀念，這樣的環境最適合那些把自己視為真理的裁判者的獨裁政權崛起。

根據巴柏的看法，在開放的社會裡，人民會對他們的領導者所說的話提出質疑，並要求提供證據。這種社會裡的人民非常重視言論自由，而且擁有方法可以推翻企圖破壞民主制度的領導者。他們會反對以超自然的解釋做為社會政策的基礎，而且能夠包容並尊重不同宗教信仰的人，因為他們知道這種歧異是無法透過科學思維來化解的。

面對執政當局，謹記巴柏對開放和封閉社會的區分是很重要的。例如，在九一一恐怖攻擊事件後，美國政府企圖把這次的攻擊行動和海珊扯上關係。超過百分之六十的美國人相信海珊要為九一一負責，並支持布希進軍伊拉克。然而，美國政府並沒有針對這次的軍事行動為美國人民提供證據。事實上，大家一直很好奇，為什麼參與九一一攻擊行動的恐怖份子沒有一個是伊拉克人。此外，同樣令人想不透的是，為什麼像海珊這樣一個世俗主義的獨裁者，會跟賓拉登這種一點也不世俗的恐怖份子合作。布希政府無法對美國人民說明這些事實，因為要說明事實就無法不說謊。然而，美國人，包括國會本身，都被鼓勵要對政府有信心。當布希要求國會放棄憲法賦予它宣戰的職權，把進軍伊拉克的權力交給他，由他全權決定時，這樣的信任受到了挑戰。除了少數例外，我們所選出來的國會議員盲目地將這個重大的職權讓給了一個人，這個權力是我們的祖先賦予全體國會的。許多當初不加批判便聽從布希的人現在都後悔了。

因為擔心另一波恐怖攻擊，國會破天荒地簽署了美國愛國者法案，支持放棄最重要的美國公民自由。這個法案的條款包括了祕密進入民宅（也就是所謂的「祕密監視」條款），以及聯邦政府可以取得美國公民的個人情資——包括購書明細和DVD租借清單。這些條款涉及的層面相當廣，只要有恐怖主義的嫌疑，即使沒有正當的理由，也可以透過這些擴張的法律權力加以調查。令人遺憾的是，這些打擊恐怖主義的方法，至今尚無法向美國人民展示令人滿意的效果。（註三）

在民主社會裡，你不能用盲目的信任取代批判的思考。這類的教訓不斷在歷史中重演。不是用理性辯論的方式，而是訴諸恐懼威嚇來達成目的的政府，毫無例外的都是極權政體。我希望透過這個社會觀點的切入，能讓你明白，為什麼培養理性、批判的判斷能力對重視個人自由的人民是很重要的。

註三　此外，美國愛國者法案更侵犯了我們受憲法保障的個人自由。直到我撰寫本書時，聯邦政府依然在沒有搜查令的情況下大規模竊聽個人電話、監看個人電子郵件。但根據美國愛國者法案的規定，祕密搜查（sneak and peek）至少是需要申請搜查令的。參見二〇〇五年十二月十六日紐約時報，由里森（James Risen）和李奇布勞（Eric Lichtblau）撰寫之〈布希讓美國政府不需法院許可便進行電話監聽〉（Bush Lets U.S. Spy on Callers）一文。布希總統曾解釋，他之所以對伊拉克發動先發制人的攻擊是奉了上帝的指示。參見康維爾（Rupert Cornwell）撰寫之〈布希：上帝要我侵略伊拉克〉，二〇〇五年十月七日獨立報。但我想請你告訴我，有什麼實驗方法可以證明是上帝要他對伊拉克開戰？用信仰取代理性判斷來處理國家大事，其危險性是可以預見的。一個國家要發動戰爭，套句巴柏的話，它的理由至少要能夠被否證。你可以否證伊拉克有大規模殺傷性武器——事實上我們做到了——但對於總統的宣稱，是上帝指示他對另一個主權國家主動發動攻擊，卻是無法被否證的。人類必須對這些決定負責，請出上帝是無法幫你卸責的，這跟你無法用「是魔鬼要我這麼做的」，做為理由來為殺人辯護一樣。這是一個個人的決定。

你現在（或曾經）認為海珊是九一一的主謀嗎？你覺得美國現在有因為通過了愛國者法案而比較安全嗎？如果你這麼相信的話，那麼你不是唯一的人。接受這些未經批判的因果判斷很容易，尤其是當新聞媒體不斷強調這些關聯，而政治人物則在公開談話中用相同的口氣重複它。

你相信對伊拉克宣戰是上帝的旨意嗎？你認為像卡崔娜這類的天災是觸怒上帝造成的嗎？你對打破鏡子這類常見的迷信是否也深信不疑？你自己是否也曾有過一些奇怪的行為或儀式，例如帶著會招來好運的兔子腳，或是穿上幸運的衣服（像我那件可笑的「考試襯衫」）？如果是，那麼你並不是唯一會這麼做的人。但是訴諸這種神奇力量的方法會造成一個嚴重的後果，它會削弱你理性判斷因果關係的能力。

什麼因造成什麼果是一種理性的判斷，和把信念寄託在某些神奇或超自然的宇宙力量或權威是不一樣的。後者是封閉社會的做法，對自由、民主的生活型態沒有任何貢獻。相反的，它會讓你對未來即將發生的事情感到焦慮。休姆在他著名的《人類悟性探討》（*Inquiry Concerning Human Understanding*）一書中有一段話，將這個觀點做了很清楚的說明：

> 我們觀察週遭的外在事物，想找出因果關係的作用，但我們根本找不到任何力量或必然的連結：我們根本找不到任何一種性質，可以將結果和原因連結起來，確認某個事件是另一個事件的結果。我們所能發現的，只是一個事件實際上接著另外一個發生。

例如，休姆提到，當撞球枱上的一顆球撞到另外一顆，我們看到第二顆球移動，但卻無法發現任何必然將這兩個球的運動連結在一起，讓它們變成原因和結果的東西。我們只能發現，根據過去經驗，某個運動常常會隨著另外一個運動發生。兩者之間並沒有什麼特別的力量，也沒有任何必然性將它們連結在一起。

休姆利用這個方法來說明因果關係是建立在經驗上的，如果沒有經驗的證據，我們根本無從得知這種關係。你可以竭盡所能對海珊發揮你的想像，把他想成一個無惡不做的人，但在沒有經驗證據的情況下，你不能把他和九一一混為一談。

但即使兩件事時常伴隨出現，也不表示它們具有因果關係。彌爾就曾精闢地指出，即使你經常觀察到某件事會跟隨著另一件事出現，這也不表示第一件事就是第二件事的原因。如黑夜總是伴隨著白天出現，但這並不表示前者是後者的原因。

那麼你要如何才能確定某兩件事具有因果關係？

我在大學第一次讀到培根的《新工具》（*Novum Organum*）時，我對他發現熱是由運動所產生的這件事深感敬佩。為了證明他的理論，培根列了三張表。第一張表是包含了各種東西的清單，每樣東西都有熱。這張表的東西包括了陽光、火熱的隕石以及閃電、動物、馬糞和其他各種排泄物。然後他做了第二張表，裡面的東西和第一張類似，但沒有熱。這個表格裡的東西包括了月光、星星和彗星、蔬菜和植物。最後，他做了一張表格，比較同一樣東西的溫度差異，例如不同季節的陽光溫度變化、活的動物和死的動物的溫度差異、以及剛排泄的糞便和很久之前的排泄物的溫度。

根據這些表格，培根排除了有熱時但沒有出現的東西，以及出現時偵測不到熱的東西，還有當熱增加，東西卻減少，以及熱減少，東西卻增加的狀況。例如，他發現光線和亮度不會隨著熱量的改變而增加或減少。

當培根做完分析後，他做出如下結論：

根據對不同事物的觀察結果顯示，不管是什麼東西，運動顯然是造成熱的一個特別原因。最明顯的例子就是火焰，它永遠在運動，還有沸騰或冒煙的液體，它們也是不停地在運動。這個現象同時也出現在興奮或因運動而使溫度增加，如呼喊或爆炸。

培根是對的，因為熱就是分子在運動。

彌爾之後曾對培根的方法加以補充，他認為光是觀察並不足以顯示因果關係的連結。你還必須實驗。例如，要確定你對某種食物過敏，你可能要多吃一點這類東西。這正是過敏的基本測試。醫生會給你擦上許多不同的過敏原，看看哪種會在你身上引發皮膚過敏反應。

對於那些迷信和怪力亂神的宣稱，你只要用批判和科學的方法來檢視它們的原因，便能揭發它們的真面目。根本就沒有任何實驗可以證明打破鏡子會倒楣七年，或招來什麼厄運。迷信，不管是什麼形式，都是恐懼的結果，支持它的是「因為這樣所以那樣」的思考邏輯，而不是科學的思考方式。

第二帖解藥：讓宗教及科學在你身上相容並存

在找出事情的原因時，不要讓你的宗教信仰變成一種盲信而影響你的理性判斷能力。同樣地，不要因為你對科學的承諾而變得過度狂熱，影響你對宗教看法的包容之心。（休姆、詹姆斯、沙特、阿奎納、布伯）

那麼上帝呢？認為上帝要對發生在你身上的事情負責，這是違反科學或怪力亂神的想法嗎？這種想法算不算是一種迷信？

許多年來，我一直仔細聆聽許多朋友熱切地談論發生在他們生活中的一些「很神奇」的事情，他們認為光是科學的因果自然律是無法完全解釋這類事情的。例如，我之前有位學生在課堂上提到一場車禍裡，他「很神奇」地逃過一劫。當他的車子撞上另一輛車的一剎那，他感覺到一股靈氣在車上守護他、保護他。他的車子撞爛了，但他卻幾乎是毫髮無傷地被拋出車外。我的學生相信是上帝救了他。他形容救護員和警察根本無法解釋，他是如何逃出這場車禍的，而只有幾處擦傷和瘀血。我的學生說，在經歷這場車禍前他是個無神論者，但事後他便和上帝建立了嶄新而強烈的個人連結。

我從不懷疑這位學生在談論他的經驗時是坦率而誠實的。然而，他對於發生在他身上的事情，是無法用科學方法加以測試的。那麼我們可以合理的相信他的假設嗎？

當某件事情的發生違反了我們所知的自然因果規則，這就是我們所說的奇蹟。這類事情和我們過去經驗觀察到的事實相互牴觸。在我剛剛提到的這個例子裡，我的學生聲稱，是上帝將他從車子裡救出來，讓他撿回一條命。這樣的解釋和我們從這類事情觀察到的自然律相違背，所以面對這位學生對事實所做的詮釋，我們不得不保持懷疑的態度。

在我們懷疑論的朋友休姆看來，「只有經驗才能對人類的見證提供效力；同樣的，也是經驗向我們保證了自然律。」某些經驗——我們過去累積的經驗——可以證明其他人的見證是無效的，因此「我們可以把這句話當成座右銘：沒有任何人的見證具有證明奇蹟的效力」。

不過休姆在這裡指的是相信號稱奇蹟的**他人報導**。但此處並未觸及到另一個問題，那就是這項奇蹟的見證人，是否有正當的理由相信他**自己的報導**。不管其他人是否有正當的理由相信我這位學生號稱為真的報導，我的學生自己有足夠的理由相信自己的報導嗎？

我的看法是：不容許自己選擇相信發生在自己身上的奇蹟，這種極端的做法，跟宗教家否認他人有**不信**上帝的權利一樣，都是獨斷的。那麼，如果我學生的母親選擇相信她兒子大難不死是上帝在顯靈呢？我們要用質疑的眼光看她嗎？如果你或我選擇相信奇蹟，而不再堅守自然律，這又該如何看待？藉由下面詹姆斯的例子，將可以更清楚的了解。

詹姆斯告誡我們：

如果有一條規則，完全禁止我承認某類事實，而這類事實是真實存在的，那麼這條規則就是非理性的……。當一個假設活靈活現到動搖我們意志的地步，我們有權可以相信它，並自行承擔後果。

你的宗教信仰——當它們是如此「活靈活現」（對你如此之重要），以至於你的意志受到了動搖——是你的權利，不管相信它或否認它會有什麼風險，那都是你個人必須承擔的後果。你不該將這些風險強加在那些和你信仰不同的人身上。這點再次回應了我們之前所強調的價值：克服一般人常會有「世界以我為中心」的這種謬思，因為這種錯誤的想法將無可避免地讓你和那些跟你生活有交集的人不快樂。

但如果相信奇蹟，你是否就必須放棄對科學的承諾？

是的，至少在你必須放棄「只相信可以通過經驗加以測試的事」這個信念。但是，你不該因為一個例外而放棄這條規則。奇蹟，如果真的有的話，那也是非常少的。如果你主張奇蹟每隔一段時間就會出現，那麼這個規則就會因為例外而瓦解，同時也會破壞別人對你的信賴感。狂熱的宗教信徒正是如此，他們對宗教的狂熱破壞了他們對現實的感受力和判斷力。如果不是這種極端的情況，我倒不認為在某個程度上希望奇蹟出現或相信它們的存在，會影響你對幸福的追求。事實上，這樣的信念甚至還能豐富你的精神生活，而不會破壞你實際做決定的能力。（註四）但一個什麼事都不做，只是等待上帝顯靈，任由孩子病死的信徒，就是相信奇蹟而踰越了實際（和道德）界限的好例子。

信仰上帝並不等於坐以待斃，讓上帝決定你或親人的生命。它也不是要你等待奇蹟。更不是

註四　但若你所相信的奇蹟是迷信，則要另當別論。因為迷信沒有任何精神上的價值。

等待上帝的啟示，你才能知道哪些事是對的或錯的。如同沙特的告誡，詮釋那些啟示的人最後還是你自己。

在各種不同的宗教裡，許多宗教學者的著作對上帝和自然律（即科學嘗試描述的世界）密切和諧的關係都深表認同。例如，阿奎納就相信，「自然律」是理性受造物對永恆律（上帝的律法）的參與。所以他認為，服侍上帝的方式就是善用他們的理性判斷。另外一個不同的觀點，是布伯對上帝和自然關係的看法：

> 上帝對人所說的話，在我們的生活事件裡隨處可見，而發生在我們世界裡的每一件事，不管是個人的或歷史上的，都在為我們傳遞命令、訊息和要求。很多事情的發生和狀況的出現，都是上帝的話語所促成並賦權的，要求我們每個人要有自己的立場，做自己的決定。我們常常覺得根本什麼也聽不到，但那是因為我們的耳朵長久以來，已被耳屎塞住了。

根據布伯的觀點，上帝透過大自然對我們說話。自然是科學的領域。上帝和科學並不是競爭者，兩者是可以和諧共存的。例如，柏克來相信，自然律——因果律——是上帝賦予人類的，因此，我們可以將它奉為生活的準則。信仰上帝未必和科學的人生觀相衝突。做一個宗教及科學可以在你身上相容並存的人。宗教和科學的觀點可以是一致的，我們應該承認並包容這種可能性（即使你自己本身並不接受這種觀點）。在這樣一個時代裡，某些創造論者為了捍衛上帝而反對進化論，而某些進化論者則完全反對宗教，這絕不是什麼好事。（註五）

化解「如果那時能」「那時會」「那時是」的解藥

第一帖解藥：未經檢視的生活是不值得過的

要知道與事實相反的假設是否可信，那就採用這個哲學方法：仔細想想它的預設，以及你是否能夠合理地為它辯護。（齊桑姆、路易士、蘇格拉底、羅素）

奉守自然律（例如物理定律）和信仰上帝並不互相矛盾。這根本是不用傷腦筋就可以了解的事，可惜狂熱份子就是不懂。不過哲學家對什麼才是自然律，也不是一開始就意見相同。當然，像「所有人類都是有心臟和腎臟的生物」這種全稱命題沒什麼問題。但有些陳述使用了「所有」這個詞，但卻根本不是什麼定律，如「所有在本頁出現的文字都是中文」。那麼，你要如何區分哪些全稱命題是定律，那些不是呢？

是我的指導教授齊桑姆提出了一個很合理的答案：他認為，自然律隱含了與事實相反的陳述。例如，如果外星人是人類，那麼他就有心臟和腎臟。這是真的，對吧？再舉個例子：如果

註五　重點在於，創造論者仍然可以相信進化論，而進化論者仍然可以相信上帝是萬物之因，例如，上帝是無限的自然因果律之先驗原因（transcendent cause）。

「hombre」這個字出現在本頁，那麼它就是英文，這未必是真的。第一條普遍命題隱含了與事實相反的假設命題，而第二條普遍命題則沒有。這就是為什麼第一種陳述是定律，而第二種不是。

齊桑姆的老師路易士精闢地指出，即使是我們對外在世界的概念，也是依賴與事實相反的聲明。他說道：「如果我們不相信當某事被加以測試時（事實上這件事當時並未被測試），只會產生特定而非其他的結果，那我們就不應該相信不是透過經驗取得的客觀現實和事實。」例如，「你的冰箱裡現在有食物」，這句話實際上代表什麼意思？即使冰箱的門是關著的，你看不到裡面的東西。其中一個含意是，如果你打開冰箱門（雖然你現在沒有立刻打開它），你會看到食物。對路易士而言，除非你能透過這種和事實相反的陳述來證明你的論述，否則物理世界持續存在（如冰箱裡的食物）這個概念是沒有意義的。

現在你終於知道，和事實相反的陳述是多麼重要了吧？你不能全盤否定它們。在我們的日常生活中，如果「那時能」「那時會」「那時是」……的陳述很多。我們常常拿它做為我們自己（以及別人）的藉口，用它來規避責難，以及表達懊悔。在這個事實的競技場中，我們常會發現許多冒牌貨。所以，關鍵在於要能夠明辨理性和非理性的假設。

和事實相反的陳述就是要你**假設**某件事是真的，但這個陳述和真實的情況是相反的，然後以這個假設為基礎來做出**結論**。以這個陳述為例：「我如果打開冰箱的門（事實上我並未打開），我就會看到我昨天放進去的牛奶。」這個陳述做了下列的推論：

假設（和事實相反）：我打開冰箱的門。

那麼，我就會看到牛奶。

當然，要獲得「我看到牛奶」這個結論，我顯然還要加入某些**假設**。例如，我必須假設沒有人把牛奶從冰箱拿走（例如，喝了它或把它丟掉）。如果你的冰箱通常只有你一個人在使用，那麼要為這個假設辯護並不難。如果是這樣，那麼你這個和事實相反的陳述就是相當合理的，如果不是，那就要另當別論了。

揭露和事實相反的推論背後的預設，這正是哲學思考的核心。蘇格拉底曾說過：「未經檢視的生活是不值得過的。」這就是個很好的例子。如果你只是**預設**某些事情，但卻從不檢視你的假設，你肯定會遭受許多情緒上的痛苦和折磨。羅素也曾生動地表達過相同的觀點。他說過，一個人若無法學習用哲學的方法（亦即對凡事保持懷疑的態度而非單純地視為理所當然）來待人處世，「那麼他的一生將受制於常識所衍生的偏見、在當代或國家中流行的成見，以及從未經過理性深思熟慮便在心中滋長的歧視。」

讓我們來看看一位性侵受害者不假思索對自己所說的話：「我如果沒穿那件紅色的性感洋裝，我就不會被性侵害。」她的推論如下：

假設（與事實相反）：我沒有穿那件紅色的性感洋裝。

結論：我不會被性侵害。

這個結論正確嗎？是的，沒錯！這是因為你還假設了許多其他的事情：

假設一：我若不穿那件性感的紅色洋裝，我就不會太性感。

假設二：性侵犯只要看到性感的人就會興奮。

假設三：性侵犯只有在性欲被挑起時，才會性侵人。

如果一個女人穿上紅色洋裝很性感，那麼她大概穿上其他的衣服也一樣性感，這點足以說明第一個假設並不正確。而第二個和第三個假設也是錯的。性侵害是一種力量和控制的犯罪，而不是性。這就是為什麼穿著家居服的老太太一樣會遭性侵害。所以，一位接受了這些假設，卻從未加以檢視和批判的性侵受害者，只是讓自己承受無謂的痛苦。

我的一位個案，當她發現丈夫是同性戀時說道：「如果我再有女人味（更性感）一點，他就不會喜歡另一個男人。」她的推論如下：

假設（與事實相反）：我用更性感的方式對待我丈夫。

結論：我丈夫就不會喜歡另一個男人。

為了從她的假設推出她的結論，她還必須預設男同志會變回異性戀，只要他的女人願意在性方面熱烈地回應他。但除了偶爾串場的男同志聲稱他「已經變回來了」之外，即使是性欲極盛的性感女神出馬，要把一個男同志變成異性戀者的可能性是微乎其微的。一旦我的個案了解到這點，她便能停止責怪自己。

另一個例子是發生在開車時。我的朋友開車參加聚會，途中因為開得太靠近路邊，結果擦撞了一個郵筒。在又驚又窘的情況下，我這位朋友斥責坐在他旁邊的太太：「如果不是妳一直跟我說話，我也不會撞上那個郵筒。」我怎麼會知道他這麼說？因為我就坐在後座。他的推論如下：

假設（與事實相反）：我開車時妳沒跟我說話。

結論：我就不會撞上郵筒。

要從這個假設推出這個結論，我的朋友至少必須假設兩件事：

假設一：沒有其他別的人或事情使我分心。

假設二：只有在別人讓我分心的情況下，我才會撞上郵筒。

第一個假設至少是有問題的。因為我當時也在講話——我一路上都在閒扯。假設二則是更大的廢話，因為人是會犯錯的，我們的知覺推算難免會有失準的時候，而且我們有時還會恍神。事實上，我的朋友承認，前一天晚上他幾乎沒怎麼睡。

當你把這些不實的假設串在一起，你得到了什麼？狗屎一堆。這個可憐的傢伙根本沒有必要如此自衛，而且還想把責任推給太太，還好沒有成功，因為他太太回他：「那是存在的藉口！套句沙特的話，你在自欺。」她老公是個哲學家，所以她也學了一些哲學術語。至於我這位哲學家朋友，他的行為卻不怎麼哲學。

第二帖解藥：只有事實才算數

別一直想著如果「那時能」、「那時會」、「那時要是如此這般」就好了，而陷在過去無法自拔。要善用過去的智慧來展望未來。（沙特）

如果「那時能」、「那時會」、「那時要是如此這般」就好了，這種非理性的想法常常和其他非理性的規則結合在一起，製造打擊自我的負面情緒。最常見的例子就是和責怪一起出現。例如，我在本章前面曾經提到，性侵的受害者常常因為遭受侵犯而責怪自己，認為自己是無用的人。許多小時候曾受到性侵的女人後來都變成妓女，這絕非偶然。因為這些女人覺得自己不配擁有相互尊重、非壓榨性的兩性關係。

許多失去摯愛的人常常活在因為自責而產生的非理性的罪惡感中，這些人有時候會告訴自己，如果他們當時不那麼做，他們最愛的人現在就還活著。有些人則毫無必要地為離婚感到苦惱，有些人則為不幸的事感到悔恨，不斷地在心中回想這些事情，告訴自己事情原本可以不要如此這般。

並不是所有和事實相反的假設都是錯的。有時是因為你老是把事情往壞處想、認為自己原本做得到，才讓問題越演越烈。例如，當一個失去了摯愛的人，不斷告訴自己如果對方還活著該有多好，這樣的想法是不合理的。此外，一直在「如果那時能……」的想法裡打轉，並沒有任何好處。正如沙特所強調的：「只有事實才算數。」老是朝和事實相反的方向想，只會讓你覺得自己是「失落的夢想、破滅的希望、無望的期待」。比較建設性的方法是往前看，讓過去啟發未來。轉身迎接未來吧！

結論：幸福圓滿

你現在應該很清楚，哲學可以增進你心靈的健全及生活的幸福。對於一般人常用來折磨自己和他人的不當行為，哲學提供的解藥是很有效的。我希望你已經開始消化並吸收這些智慧的活力膠囊。我希望你把它當成屠龍寶刀，拿來對付那老是阻擋在人類幸福的道路上，破壞個人、人與人以及社會幸福的惡魔。

破壞人類幸福的事情實在太多了，從自我壓抑到集體大屠殺，都和這十一種嚴重的謬思有關，這點我在本書已經詳細論述過了。我們生活在一個科技知識突飛猛進的時代，只要點一下滑鼠就可以找到大量資訊，而許多大自然的奧祕也開始慢慢解開。但除非我們能夠面對自己心中的惡魔，否則這些進步也沒什麼意義。長生不老只是給我們更多的時間把自己搞瘋。可以更快速的旅行、造訪其他的銀河系，只是給我們更多的空間去掠奪、去破壞。如果我們不願深入思考那些偉大的哲學家努力解決的議題，並找出它們的意義，那麼所有這些科學的進步就失去了它們的價值。我們跟活在黑暗時期也沒什麼差別。

對於人類存在的問題，古代哲人的確有許多本質上的歧見。羅素曾精確地陳述了這個問題：

許多問題——那些和我們精神生活息息相關的問題也包含其中——就目前看來，是超出人類智慧所能解答的……然而……哲學的任務之一就是不斷地思考這些問題，讓我們注意到它的重要性，去檢視所有探討這些問題的方法，激發我們探索世界的熱情，因為侷限於確定的知識會扼殺這種熱情。

哲學方法之所以如此重要，原因就在於它的多樣性和特殊性。如果人類面臨挑戰時的適當反應只有一種，那麼人類就失去了自主性，和機器沒什麼兩樣。哲學要能豐富我們大多數人的精神生活，它就必須和人類一樣，充滿彈性和多樣性。

儘管如此，還有一些共同的事情是大多數哲學家都沒有異議的。首先，哲學家們都會認同本書所提出的十一種謬思**的確是**謬誤。哲學家努力對我們的世界提出合理的解釋，尤其是攸關人類幸福的條件。這也是為什麼這些謬誤一直都是哲學處理的核心問題。我在本書中也提到，哲學史有很大一部分可以看成是針對這些謬誤所調製的理性處方。

幸福十一誡

此外，當哲學家承認某項謬誤時，同時也隱含了承認一個真理的存在。難怪你對十誡一點也不陌生，根據舊約，上帝在西奈山將十誡傳給摩西。這些真理是用「汝不可」的否定語氣來敘述的，如汝不可殺人、姦淫、偷盜、不可妄想他人之妻等等。每一誡都告訴你**不可以**做某種事，因為這些事被認定是違反道德的。本書所提出的十一項主要謬思，每項也都有一個「汝不可」的告誡。以下是我給你們的**幸福十一誡**：汝不可

1. 要求這個不完美的世界，不管是全部或其中任何一部分，要完美無瑕。
2. 否認世界或人類與生俱來的價值。
3. 把所有不好的事都視為最糟的，這樣做忽略了它其實是相對性的。
4. 盲目服從，像機器般行動、說話、思考。
5. 無法用自主的方式來控制自己的情緒、行為和意志。
6. 把「為生活煩惱」當成一種神聖的道德義務。
7. 操縱並欺騙他人來達成自己的目的。
8. 要求外在世界符合你的個人信念、偏好、欲望及價值。
9. 用非黑即白、孤注一擲或刻板印象的方式過度簡化事實。
10. 忽視現有的證據而對未來進行歸納和判斷。
11. 根據自己的偏好，或用恐懼、迷信、奇蹟或其他不科學的思考方式，來對原因和理由提出解釋。

那麼有沒有哪些哲學家的理論是可以挑出上述毛病的？有的。例如，馬基維利就認為操縱是一種很好的政治手段。但本書只是提供一個見證，證明歷史上有許多哲學家對這些重要的概念是

非常支持的。

這些告誡是否和十誡一樣具有「約束力」？如果有人到處殺人搶劫，你當然不可能期望這個人能幸福快樂地過日子。但是如果你老是要求這個塵世要完美無瑕；老是責怪你自己、別人和這個世界；老是凡事往壞處想等等，那麼你一樣也無法幸福快樂的生活。

這些要求和十誡一樣重要。就像不殺人搶劫是最低的道德要求一樣，人類幸福的十一誡也是人類幸福的**最低條件**。〔註一〕一個不會殺害鄰居的人不會因此就獲頒崇高道德獎。因為這還需要其他條件，諸如為崇高的目的犧牲時間、金錢甚或自己的生命。同樣的，要得到**最大的幸福**，僅僅是遵守這人類幸福的十一誡是不夠的。例如，用相對的角度去看待不幸是一回事，但能在不幸中成長茁壯又是另一回事，尼采不就是這麼告訴我們的嗎？

和十一條用「汝不可」所陳述的人類幸福戒律不同，哲學解藥的特徵是肯定句，告訴你應該做什麼而不是不該做什麼。這是因為，如你所見，這些解藥的目的是提升人類的道德生活，而非僅止於符合人類幸福的最低標準。因此，當尼采提出「最大的苦難……造就最高尚的人」時，他想告訴我們的是，把受苦當成提升人類能力的方法，而不是避之唯恐不及的事情。以邏輯為基礎的治療法認為，它是一種獲得超越的德性的方法，尤其是培養面對困境的勇氣。在一位女士遭到

註一　人類幸福的十一誡屬於「義務性道德」（morality of duty），它和「期待性道德」（morality of aspiration）不同。請參見導論。

殘暴攻擊後，被棄置等死的案例裡（第三章曾討論過），勝利的確是來自逆境，因為她變得比從前還堅強。

對於那些處境和這位女士相同的人而言，尼采的解藥可能會比艾彼科蒂塔斯的處方來得有效，後者強調的是追求寧靜。（註二）從這裡我們可以很明顯地看出，在面對相同的謬思時，多抓幾帖哲學解藥是很有用的。在人生的旅途中，你所處的環境無可避免地一定會有所變動。為你的未來多準備幾帖有效的哲學解藥吧！有些藥方即使今天用不到，但明天可能就會派上用場。

準備好迎接挑戰了嗎？人類的進步絕對值得你一輩子努力追求。亞里斯多德就曾意味深長地說過：「看到一隻燕子並不代表夏天到了，同樣的，只有一天也不夠；所以，只追求一天或短暫的一段時間，是不會讓人得到幸福和快樂的。」故態復萌也是人之常情，畢竟我們是不完美的。透過哲學培養超越的德行，並獲得無上的幸福，這絕不是智者或聖人的專利。它是一種**人類的**潛能。如果你正在閱讀本書，那麼你就有可能在心靈成長的道路上不斷前進。如果你已經在書中找到幾帖解藥，那麼你可能就獲得了許多有用的概念，這些概念通常是傳統治療所無法提供給你的。

事實上，傳統的方法比較容易走上極端。有些人強調正向心理學（positive psychology），忽略了衍生人類問題的根源是非理性思考。其他的理論則太過於強調非理性思考，反而無法幫助你建構活力、積極的解決方法。相反的，以邏輯為基礎的治療法不但能處理非理性思考（十一項謬思），而且提供你許多精心調製的哲學處方。此外，和其他理論方法不同的是，以邏輯為基礎的治療法有系統、且全面性地探索哲學這個豐富的寶庫，幫助你提升能力（十一項超越的德行）。

但這並不表示一般的方法沒有用、也不重要。我也不是要你用本書或其他自學書籍取代專業治療。如你所見，真理通常是在兩個極端之間。此外，你能從什麼方法得到多少東西，端看你願意付出多少努力。

如果你的目標很小，只是希望不要那麼焦慮、不要那麼沮喪、罪惡感不要那麼強，或是不要那麼愛發脾氣，總而言之，也就是壓力不要那麼大，那麼你可以服用我在前面為你調製的，藥效溫和的十一帖「汝不可」的解藥。就達成這個比較小的目標而言，傳統的理性治療事實上已經發展出一套非常完備的認知和行為技巧。反之，如果你要的人生不只這些，不只是多一點，而是**多很多**，那麼，為何不去追求你的目標？對於那些壓迫心靈、浪費人類創意潛能的非理性情緒和行為，我建議你用哲學來對抗它。最後，祝你一切順利。不，不只是順利而已，我願你平靜、成功，而且幸福圓滿。

註二　艾彼科蒂塔斯曾說過：「不要希望每件事都按照你希望的方式發生，而是讓事情按它原來會發生的方式發生，如此你才可能擁有平靜的生活。」Epictetus, *Encheiridion, in From Plate to Derrida*, 4th ed., ed. Forrest E. Baird and Walter Kaufmann(Upper Saddle River, N.J.: Prentice Hall, 2003)

當下，繁花盛開

作者—喬．卡巴金
譯者—雷叔雲　定價—300元

心性習於自動運作，常忽略要真切地去生活、成長、感受、去愛、學習。本書標出每個人生命中培育正念的簡要路徑，對想重拾生命瞬息豐盛的人士，深具參考價值。

有求必應
【22個吸引力法則】

作者—伊絲特與傑瑞．希克斯夫婦
譯者—鄧伯宸　定價—320元

想要如願以償的人生，關鍵就在於專注所願。本書將喚醒你當下所具備的強大能量，並帶領讀者：把自己的頻道調和到一心所求之處；善用吸引力心法，讓你成為自己人生的創造者。

超越身體的療癒

作者—勞瑞．杜西
譯者—吳佳綺　定價—380元

意義如何影響心靈與健康？心識是否能超越大腦、時間與空間的限制，獨立運作？勞瑞．杜西醫師以實例與研究報告，為科學與靈性的對話打開一扇窗。

不可思議的直覺力
【超感知覺檔案】

作者—伊麗莎白．羅伊．梅爾
譯者—李淑珺　定價—400元

知名精神分析師梅爾博士，耗費14年探究超感官知覺（ESP），從佛洛伊德有關心電感應的著作，到中情局關於遙視現象的祕密實驗。作者向我們揭露了一個豐富、奇幻的世界。

占星、心理學與四元素
【占星諮商的能量途徑】

作者—史蒂芬．阿若優
譯者—胡因夢　定價—260元

當代美國心理占星學大師阿若優劃時代的著作！本書第一部分以嶄新形式詮釋占星與心理學。第二部分透過風、火、水、土四元素的能量途徑，來探索本命盤所呈現的素樸秩序。

占星．業力與轉化
【從星盤看你今生的成長功課】

作者—史蒂芬．阿若優
譯者—胡因夢　定價—480元

富有洞見而又深具原創性的本書結合了人本占星學、榮格心理學及東方哲學，能幫助我們運用占星學來達成靈性與心理上的成長。凡是對自我認識與靈性議題有興趣的讀者，一定能從本書中獲得中肯的觀察。

心靈寫作
【創造你的異想世界】

作者—娜妲莉．高柏
譯者—韓良憶　定價—300元

在紙與筆之間，寫作猶如修行坐禪
讓心中的迴旋之歌自然流唱
尋獲馴服自己與釋放心靈的方法

狂野寫作
【進入書寫的心靈荒原】

作者—娜妲莉．高柏
譯者—詹美涓　定價—300元

寫作練習可以帶你回到心靈的荒野，看見內在廣闊的蒼穹。撞見荒野心靈、與自己相遇，會讓我們看到真正的自己，意識與心靈不再各行其是，將要成為完整的個體。

傾聽身體之歌
【舞蹈治療的發展與內涵】

作者—李宗芹　定價—280元

全書從舞蹈治療的發展緣起開始，進而介紹各種不同的治療取向，再到臨床治療實務運作方法，是國內第一本最完整的舞蹈治療權威書籍。

非常愛跳舞
【創造性舞蹈的新體驗】

作者—李宗芹　定價—220元

讓身體從累贅的衣服中解脫，用舞蹈表達自己內在的生命，身體動作的力量遠勝於人的意念，創造性舞蹈的精神即是如此。

身體的情緒地圖

作者—克莉絲汀．寇威爾
譯者—廖和敏　定價—240元

身體是心靈的鑰匙，找回身體的感覺，就能解開情緒的枷鎖，釋放情感，重新尋回健康自在。作者是資深舞蹈治療師，自1976年來，運用獨創的「動態之輪」，治癒了無數身陷情緒泥淖的人。

敲醒心靈的能量
【迅速平衡情緒的思維場療法】

作者—羅傑．卡拉漢、理查．特魯波
譯者—林國光　定價—320元

在全世界，思維場療法已經證明對75%至80%的病人的身心產生恆久的療效，成功率是傳統心理治療方法的許多倍。透過本書，希望讀者也能迅速改善情緒，過著更平衡的人生。

心靈工坊 PsyGarden

探索身體，追求智性，呼喊靈性，
攀向更高遠的意義與價值
是幸福，是恩典，更是內在心靈的基本需求，
企求穿越回歸眞我的旅程

Holistic

綠野仙蹤與心靈療癒
【從沙遊療法看歐茲國的智慧】

作者—吉妲．桃樂絲．莫瑞那
譯者—朱惠英、江麗美　定價—280元

心理治療師吉妲．桃樂絲．莫瑞那從童話故事《綠野仙蹤》中的隱喻出發，藉由故事及角色原型，深入探索通往人們心理的療癒之路。本書作者莫瑞那是《綠野仙蹤》原作者李曼．法蘭克．包姆的曾孫女，她爲紀念曾祖父贈與這世界的文學大禮，特地於此書中詳載《綠野仙蹤》的創作背景、家族故事及影響。

覺醒風
【東方與西方的心靈交會】

作者—約翰．威爾伍德
譯者—鄧伯宸　定價—450元

東方的禪修傳統要如何與西方的心理治療共冶一爐，帶來新的覺醒？資深心理治療師約翰．威爾伍德提供了獨到的見解，同時解答了下列問題：東方的靈性修行在心理健康方面，能夠帶給人什麼樣的啓發？追求靈性的了悟對個人的自我會帶來什麼挑戰，並因而產生哪些問題？人際關係、親密關係、愛與情欲如何成爲人的轉化之鑰？

教瑜伽．學瑜伽
【我們在這裡相遇】

作者—多娜．法喜
譯者—余麗娜　定價—250元

本書作者是當今最受歡迎的瑜伽老師之一，她以二十五年教學經驗，告訴你如何找對老師，如何當個好老師，如何讓瑜伽成爲幫助生命轉化的練習。

瑜伽之樹

作者—艾揚格
譯者—余麗娜　定價—250元

艾揚格是當代重量級的瑜伽大師，全球弟子無數。本書是他在歐洲各國的演講結集，從瑜伽在日常生活中的實際運用，到對應身心靈的哲理沉思，向世人傳授這門學問的全貌及精華。

凝視太陽
【面對死亡恐懼】

作者—歐文．亞隆
譯者—廖婉如　定價—320元

你曾面對過死亡嗎？你是害怕死亡，還是怨恨沒有好好活著？請跟著當代存在精神醫學大師歐文?亞隆，一同探索關於死亡的各種疑問，及其伴隨的存在焦慮。

生命的禮物
【給心理治療師的85則備忘錄】

作者—歐文．亞隆
譯者—易之新　定價—350元

當代造詣最深的心理治療思想家亞隆認爲治療是生命的禮物。他喜歡把自己和病人看成「旅程中的同伴」，要攜手體驗愉快的人生，也要經驗人生的黑暗，才能找到心靈回家之路。

日漸親近
【心理治療師與作家的交流筆記】

作者—歐文．亞隆、金妮．艾肯
審閱—陳登義　譯者—魯宓　定價—320元

本書是心理治療大師歐文．亞隆與他的個案金妮共同創作的治療文學，過程中兩人互相瞭解、深入探觸，彼此的坦承交流，構築出這部難能可貴的書信體心理治療小說。

心態決定幸福
【10個改變人生的承諾】

作者—大衛．賽門
譯者—譚家瑜　定價—250元

「改變」爲何如此艱難？賽門直指核心地闡明人有「選擇」的能力，當你承認你的「現實」是某種選擇性的觀察、解讀、認知行爲製造的產物，便有機會意志清醒地開創自己的人生。

鑽石途徑 I
【現代心理學與靈修的整合】
作者—阿瑪斯
策劃、翻譯—胡因夢　定價—350元

阿瑪斯發展出的「鑽石途徑」結合了現代深度心理學與古代靈修傳統，幾乎涵蓋人類心靈發展的所有面向。這個劃時代的整合途徑，將帶來有別於傳統的啓蒙和洞識。

鑽石途徑 II
【存在與自由】
作者—阿瑪斯　譯者—胡因夢　定價—280元

開悟需要七大元素——能量、決心、喜悅、仁慈、祥和、融入和覺醒。這些元素最後會結合成所謂的鑽石意識，使我們的心靈散發出閃亮剔透的光彩！

鑽石途徑 III
【探索眞相的火焰】
作者—阿瑪斯　譯者—胡因夢　定價—260元

你是誰？爲什麼在這裡？又將往哪裡去？這些問題像火焰般在你心中燃燒，不要急著用答案來熄滅它，就讓它燒掉你所有既定的信念，讓這團火焰在你心中深化；讓存在變成一個問號，一股熱切的渴望。

鑽石途徑 IV
【無可摧毀的純眞】
作者—阿瑪斯　譯者—胡因夢　定價—420元

在本系列最深入的《鑽石途徑IV》中，阿瑪斯提出個人本體性當在剝除防衛、脫離表相、消除疆界後，進入合一之境，回歸處子的純眞狀態，讓知覺常保煥然一新，在光輝熠熠的實相中，看見鮮活美好的世界。

萬法簡史
作者—肯恩．威爾伯
譯者—廖世德　定價—520元

這本書要說的是——世界上每一種文化都是重要的部分眞理，若能把這些部分眞理拼接成繁美的織錦，便可幫助你我找出自己尙未具備的能力，並將這份潛能轉譯成高效能的商業、政治、醫學、教育、靈性等活力。

生命之書
【365日的靜心冥想】
作者—克里希那穆提
譯者—胡因夢　定價—400元

你可曾安靜地坐著，既不專注於任何事物，也不費力地集中注意力？若是以這種方式輕鬆自在地傾聽，你就會發現心在不強求的情況下產生了驚人的轉變。

關係花園
作者—麥基卓、黃煥祥
譯者—易之新　定價—300元

關係，像一座花園，需要除草、灌溉、細心長久的照料。健康的花園充滿能量，生機盎然，完美的親密關係也一樣，可以滋養每一個人，讓彼此都有空間成長、茁莊。

健康花園
作者—麥基卓、黃煥祥
譯者—魯宓　定價—240元

你是否覺得自己孤單、憂鬱、不滿足與無所依靠？爲了想讓自己過得健康快樂，你也許已經向外嘗試不同的解決之道。但是，其實不需要改變外在世界就可以活得更健康，關鍵在於，你要能夠改變內在的你。

生命花園
作者—黃煥祥、麥基卓
譯者—陶曉清、李文瑗、般正洋、張亞輝
　　　姚黛瑋
定價—450元

我們每一個人的功課，就是要去找到屬於自己的，通往自由、負責、健康與快樂的路徑，一個能眞正滋養自我的心靈花園。

存在禪
【活出禪的身心體悟】
作者—艾茲拉．貝達
譯者—胡因夢　定價—250元

我們需要一種清晰明確的實修方式，幫助我們在眞實生命經驗中體證自己的身心。本書將引領你進入開闊的自性，體悟心中本有的祥和及解脫。

箭術與禪心
作者—奧根．海瑞格
譯者—魯宓　定價—180元

海瑞格教授爲了追求在哲學中無法得到的生命意義，遠渡重洋來到東方的日本學禪，他將這段透過箭術習禪的曲折學習經驗，生動地記錄下來，篇幅雖短，卻難能可貴地以文字傳達了不可描述的禪悟經驗。

耶穌也說禪
作者—梁兆康
譯者—張欣雲、胡因夢　定價—360元

本書作者試圖以「禪」來重新詮釋耶穌的教誨，在他的筆下，耶穌的日常生活、他所遇到的人以及他與神的關係，都彷彿栩栩如生地呈現在我們的眼前；頓時，福音與耶穌的話語成爲了一件件禪宗公案與思索的主題。

生命不再等待

作者—佩瑪·丘卓　審閱—鄭振煌
譯者—雷叔雲　定價—450元

本書以寂天菩薩所著的《入菩薩行》爲本，配以佩瑪·丘卓既現代又平易近人的文字風格；她引用經典、事例，沖刷掉現代生活的無明與不安；她也另外調製清新的配方，撫平現代人的各種困惑與需求。

當生命陷落時

【與逆境共處的智慧】

作者—佩瑪·丘卓
譯者—胡因夢、廖世德　定價—200元

生命陷落谷底，如何安頓身心、在逆境中尋得澄淨的智慧？本書是反思生命、當下立斷煩惱的經典作。

轉逆境爲喜悅

【與恐懼共處的智慧】

作者—佩瑪·丘卓
譯者—胡因夢　定價—230元

以女性特有的敏感度，將易流於籠統生硬的法教，化成了順手拈來的幽默譬喻，及心理動力過程的細膩剖析。她爲人們指出了當下立斷煩惱的中道實相觀，一條不找尋出口的解脫道。

不逃避的智慧

作者—佩瑪·丘卓
譯者—胡因夢　定價—250元

繼《當生命陷落時》、《轉逆境爲喜悅》、《與無常共處》之後，佩瑪再度以珍珠般的晶瑩語句，帶給你清新的勇氣，及超越一切困境的智慧。

無盡的療癒

【身心覺察的禪定練習】

作者—東杜仁波切
譯者—丁乃竺　定價—300元

繼《心靈神醫》後，作者在此書中再次以身心靈治療爲主、教授藏傳佛教中的禪定及觀想原則；任何人都可藉由此書習得用祥和心修身養性、增進身心健康的方法。

十七世大寶法王

作者—讓保羅·希柏　審閱—鄭振煌、劉俐
譯者—徐筱玥　定價—300元

在達賴喇嘛出走西藏四十年後，年輕的十七世大寶法王到達蘭薩拉去找他，準備要追隨他走上同一條精神大道，以智慧及慈悲來造福所有生靈。

大圓滿

作者—達賴喇嘛
譯者—丁乃竺　定價—320元

「大圓滿」是藏傳佛教中最高及最核心的究竟眞理。而達賴喇嘛則是藏傳佛教的最高領導，一位無與倫比的佛教上師。請看達賴喇嘛如何來詮釋和開示「大圓滿」的精義。

108問，與達賴喇嘛對話

作者—達賴喇嘛
對談人—費莉絲塔·蕭恩邦　定價—240元

作者以深厚的見解，介紹佛教哲理、藏傳佛教的傳承，及其對西方現代世界的重要性，對於關心性靈成長，以及想了解佛教和達賴喇嘛思想精華的讀者，這是一本絕佳的入門好書！

隨在你

作者—吉噶·康楚仁波切
譯者—丁乃竺　定價—240元

心就像一部電影，外在世界的林林總總和紛飛的念頭情緒，都是投射於其上的幻影。如果我們可以像看電影般地看待自己的生命，就可以放鬆心情，欣賞演出，看穿現象的流動本質，讓妄念自然來去。

當囚徒遇見佛陀

作者—圖丹·卻准
譯者—雷叔雲　定價—250元

多年來，卻准法師將佛法帶進美國各地重刑監獄。她認爲，佛陀是一流的情緒管理大師，可以幫助我們走出情緒的牢籠。

病床邊的溫柔

作者—范丹伯
譯者—石世明　定價—150元

本書捨棄生理或解剖的觀點，從病人受到病痛的打擊，生命必須面臨忽然的改變來談生病的人遭遇到的種種問題，並提出一些訪客箴言。

疾病的希望

【身心整合的療癒力量】

作者—托瓦爾特·德特雷福仁、
　　　呂迪格·達爾可
譯者—易之新　定價—360元

把疾病當成最親密誠實的朋友，與它對話——因爲身體提供了更廣的視角，讓我們從各種症狀的痛苦中學到自我療癒的人生功課。

心靈工坊 PsyGarden

Holistic 076

這麼想就對了：哲學家教你破除11種負面想法

The New Rational Therapy: thinking your way to serenity, success, and profound happiness

作者—伊利特・科恩（Elliot D. Cohen）

譯者—蔡淑雯

審閱者—尤淑如

出版者—心靈工坊文化事業股份有限公司

發行人—王浩威

總編輯—王桂花　執行編輯—周旻君

特約編輯－王郁兮　美術編輯－李宜芝

通訊地址—106台北市大安區信義路四段53巷8號2樓

郵政劃撥—19546215　戶名—心靈工坊文化事業股份有限公司

電話—02）2702-9186　傳真—02）2702-9286

Email—service@psygarden.com.tw　網址—www.psygarden.com.tw

製版・印刷—彩峰造藝股份有限公司

總經銷—大和書報圖書股份有限公司

電話—02）8990-2588　傳真—02）2990-1658

通訊地址—241台北縣新莊市五工五路2號（五股工業區）

初版一刷—2012年7月　初版六刷—2021年5月

ISBN—978-986-6112-46-1　定價—420元

國家圖書館出版品預行編目資料

這麼想就對了：哲學家教你破除11種負面想法 / 伊利特.科恩(Elliot D. Cohen)作；蔡淑雯譯. -- 初版. --
臺北市：心靈工坊文化, 2012.07
面；　公分
譯自：The new rational therapy : thinking your way to serenity, success, and profound happiness
ISBN 978-986-6112-46-1(平裝)
1.人生哲學　2.修身
191.9　　101011453

心靈工坊 PsyGarden 書香家族 讀 友 卡

感謝您購買心靈工坊的叢書，爲了加強對您的服務，請您詳填本卡，
直接投入郵筒（免貼郵票）或傳眞，我們會珍視您的意見，
並提供您最新的活動訊息，共同以書會友，追求身心靈的創意與成長。

書系編號－HO076　　書名－這麼想就對了：哲學家教你破除11種負面想法

姓名　　是否已加入書香家族？□是 □現在加入

電話（公司）　（住家）　手機

E-mail　生日　年　月　日

地址 □□□

服務機構 / 就讀學校　職稱

您的性別－□1.女 □2.男 □3.其他

婚姻狀況－□1.未婚 □2.已婚 □3.離婚 □4.不婚 □5.同志 □6.喪偶 □7.分居

請問您如何得知這本書？

□1.書店 □2.報章雜誌 □3.廣播電視 □4.親友推介 □5.心靈工坊書訊
□6.廣告DM □7.心靈工坊網站 □8.其他網路媒體 □9.其他

您購買本書的方式？

□1.書店 □2.劃撥郵購 □3.團體訂購 □4.網路訂購 □5.其他

您對本書的意見？

封面設計	□ 1.須再改進	□ 2.尚可	□ 3.滿意	□ 4.非常滿意
版面編排	□ 1.須再改進	□ 2.尚可	□ 3.滿意	□ 4.非常滿意
內容	□ 1.須再改進	□ 2.尚可	□ 3.滿意	□ 4.非常滿意
文筆／翻譯	□ 1.須再改進	□ 2.尚可	□ 3.滿意	□ 4.非常滿意
價格	□ 1.須再改進	□ 2.尚可	□ 3.滿意	□ 4.非常滿意

您對我們有何建議？

▲您的意見，我們將轉貼在心靈工坊網站上，www.psygarden.com.tw

廣　告　回　信
台北郵局登記證
台北廣字第1143號
免　貼　郵　票

心靈工坊 PsyGarden

台北市106 信義路四段53巷8號2樓

讀者服務組　收

免　貼　郵　票

（對折線）

加入心靈工坊書香家族會員
共享知識的盛宴，成長的喜悅

請寄回這張回函卡（免貼郵票），
您就成爲心靈工坊的書香家族會員，您將可以——

⊙隨時收到新書出版和活動訊息

⊙獲得各項回饋和優惠方案